资源管理学

汝宜红

中国铁道出版社

2006年·北京

内 容 简 介

本书在借鉴与吸收国内外资源管理学理论和最新研究成果的基础上，密切结合我国资源管理的实际情况，从系统管理的角度，论述了包括自然资源、产品资源、废弃物、再生资源的管理理论和方法。

全书共分九章，包括资源管理总论、自然资源管理、产品资源管理、废弃物管理、再生资源管理、资源系统管理、资源产业管理、资源资产管理、资源核算管理等。书中每章后附有复习思考题。

本书可作为环境工程、管理科学工程研究生、高年级本科生的教材，亦可作为环境管理、环境保护部门的科技人员、管理人员的培训及参考书。

图书在版编目(CIP)数据

资源管理学/汝宜红编. —北京：中国铁道出版社，2001.4(2006.2 重印)
ISBN 7-113-04103-5

Ⅰ. 资… Ⅱ. 汝… Ⅲ. 资源管理-研究 Ⅳ. F205

中国版本图书馆 CIP 数据核字(2001)第 10295 号

书　　名：资源管理学
作　　者：汝宜红
出版发行：中国铁道出版社(100054，北京市宣武区右安门西街 8 号)
责任编辑：陈若伟　编辑部电话：路电(021)73094，市电(010)63223094
封面设计：李艳阳
印　　刷：北京市彩桥印刷有限责任公司
开　　本：787×960　1/16　印张：14.25　字数：283 千
版　　本：2001 年 4 月第 1 版　　2006 年 2 月第 2 次印刷
印　　数：4 001～8 000 册
书　　号：ISBN 7-113-04103-5/C·74
定　　价：24.00 元

编辑部电话：(010)73316，发行部电话(010)63545969

前　言

随着人口迅速增长和人类对地球影响规模的空前扩大，在人口、资源、环境与经济发展关系上，出现了一系列的、尖锐的矛盾，引起了人们的忧虑与不安。1972年在斯德哥尔摩举行的环境大会，敲响了资源与环境问题的警钟，有力地推动了资源保护工作。然而，尽管人们做了多方面的努力，资源问题不仅没有得到真正改善，许多新问题还不断出现，其发展的速度超过人们的想像，具有全球规模的特点。中国是一个发展中国家，人均资源十分有限，为此，解决资源短缺和可持续发展问题是我国一项长期而艰巨的任务。

资源管理学是一门年轻的科学，许多特性和规律还需要不断地认识和探讨。现有的书籍中，基本上以自然资源管理为主，而本书则从系统管理的角度，论述了包括自然资源、产品资源、废弃物、再生资源的管理理论和方法，本书论述了资源系统管理方法及案例和资源产业管理理论。近年该领域的问题开始引起世界的关注，本书既可以用于广大资源学者进行科学研究，又对现场实际管理工作有一定的参考价值。

《资源管理学》一书是在国家自然科学基金会资助项目(79670003)“特大城市固体废物发生量及其种类的建模研究”的研究成果的基础上撰写而成的。

本书由汝宜红担任主编。全书共分为九章，其中第一、三、四、七、八、九章由汝宜红编写，第二章由高红岩编写，第五章由徐杰编写，第六章由田源编写。

本书在编写过程中，得到了李振教授、李金昌教授的悉心指导。闻学伟、郑凯、王涛、王敏、张云龙、韩克强、河清松等同志在资料收集与文字整理方面给予大力帮助。在此一并表示衷心的感谢。

由于资源管理学理论与方法仍在发展之中，本书有待不断充实与完善。再加上作者水平有限，不足之处在所难免，欢迎广大专家和读者批评指正。

编者

2001年2月

目　录

第一章　资源管理总论

第一节　资源的概念、特点及分类

一、资源的概念

“资源”是我们经常遇到的一个概念，它具有丰富的内涵。国内外的专家、学者对其有各种各样的解释，至今还没有一个被人们普遍接受的定义。

我国《辞海》对资源的解释是：“资财的来源，一般指天然的财源。”只是从字面上解释，比较笼统，意思不够明确。《现代汉语词典》把资源解释为：“生产资料或生活资料的天然来源。”这种解释虽然比较具体了一点，但和《辞海》的解释一样，都只局限于自然资源的范围。其他专业书刊还有一些类似的解释，如：“资源通常是指自然界存在的天然物质财富。”“资源一般指的是一种客观存在的自然物质，如矿产资源、水利资源、森林资源、草场资源。”“地球上和宇宙间一切自然物质都可称作资源，包括矿藏、地热、土壤、岩石、风雨和阳光等等。”类似的解释不胜枚举。联合国环境规划署对资源的定义是：“在一定时间和技术条件下，能够产生经济价值、提高人类当前和未来福利的自然环境因素的总称。”以上都是对资源的狭义解释。

在现代管理科学中，从资源经济学的角度扩展了资源的内涵。有人提出：“各种自然因素及由其他成分组成的各种经济自然环境，以及人类社会形成并不断增长的人口、劳动力、知识、技术、文化、管理等，凡是能进一步有利于经济生产和使用价值提高者，都可称为资源。它包括自然资源、经济资源和智力资源三个大部分。”显然，这是对资源广义的解释。

狭义的资源概念与广义的资源概念不同，这主要涉及到资源范围的界定。对资源概念的界定不宜太窄，但也不能太宽。自然资源是资源的基础，一切其他资源都是人类与自然之间的物质变换转化而来的。从资源经济学的角度看，资源除自然资源外，还包括其他资源，如产品资源、再生资源、劳动力资源、资金资源、智力资源以及可以成为生产力现实要素和潜在要素的其他资源。总之，凡是宇宙中客观存在、经过开发可以被人们所利用，能够构成生产要素进入社会再生产过程，或者为再生产提供环境条件和前提条件，为人们的生产、生活需要服务的因素，不论是以劳动对象形式表现，还是以劳动手段或劳动环境形式表现；不论是实物，还是货币或智力；也不管是自然界早就存在的，还是经过人们加工、凝结着人类劳动的，都可以看成是资源。

二、资源的分类

按照不同的标志和方法,可以将资源分成若干类别。

(一)按照资源的存在形态分类

按照资源的存在形态,资源可以分为自然资源和社会资源两大类。

1. 自然资源

自然资源是存在于自然界能被人类利用的资源。主要包括:土地资源、气候资源、水资源、海洋资源、森林资源、草场资源、野生动植物资源、矿产资源、能源资源、地热资源、旅游资源等。

2. 社会资源

社会资源是相对于自然资源而言,主要包括以下方面。

(1)人力资源:包括各类具有劳动能力、科技知识和技能的人。

(2)技术资源:包括可用于工业、农业、建筑业、交通运输业等各行业的各种设备、工具等劳动资料。

(3)经济资源:包括物质资料(主要原料、材料及可回收利用废旧料)各种物质财富。

(4)信息资源:包括科学技术信息、生产信息、市场信息和资源信息等。

(二)按照资源能否更新分类

按照资源能否更新、再生,资源可分为不可更新资源和可更新资源。

1. 不可更新资源

不可更新资源,也称为耗竭性资源或存量资源。有些资源,如矿产资源是以有限的储量蕴藏在某些特定的地点,它们的形成是极其缓慢的,一般需要数万年甚至上亿年,可以认为是不能更新的。这种资源肯定是越开采储量越少,至到最后耗尽用光。

2. 可更新资源

可更新资源,亦称非耗竭性资源或流量资源。这类资源又分两种情况:一是资源总量不受人类行为的影响,如物质资料、人力资源、信息资源;动植物资源、森林资源、环境资源等。前一部分资源量的减少可以恢复而且不存在临界点,后一部分资源量的减少虽然也可以恢复,但是存在临界点。

上述不可更新资源和可更新资源,通常也称为不可再生资源和可再生资源。

(三)按照资源是否寓有人类劳动分类

人类创造世界,有些资源是人类创造的,但也有些是天然的,并不是人类劳动的结晶。所以按资源是否寓有人类劳动,可将资源分为原始自然资源和经人类加工的资源。

1. 原始自然资源

原始自然资源是指未经过人类加工、自然界本来就存在的资源,如原始土地资源、原始森林资源、矿产资源、海洋资源等。这种资源又称为第一性资源。

2. 经过人类加工的资源

它是以第一性资源为物质条件，在此基础上经过人们投入不同程度的劳动而形成的资源。如钢材、水泥、木材、化学纤维等。此类资源根据人类投入其中的劳动量的大小，可分为初级、中级和高级第二性资源。初级第二性资源是经过人们粗加工的产品，如经过抚育的森林；人们投入的劳动量比较少，自然成分相对下降的资源，称为中级第二性资源；如果再将原木按照一定的规格锯成型材、板材，供应给用料单位，投入的劳动量就更多，自然成分则更小，称为高级第二性资源。

在第二性资源中，有一些资源本来在自然界中是不存在的，完全是人造资源，如人造金刚石、人工合成橡胶、人造纤维等。

(四)按照资源可被利用的情况分类

资源能否进入生产过程和消费过程，有两种情况，可分为两种资源，即潜在资源和现实资源。

1. 潜在资源

所谓的潜在资源，是指客观上存在的、当前尚不能被利用，而未来可以被利用的资源，主要是自然资源，如未采掘的地下矿藏。潜在资源有三种类型：一是已经探明查实，在短期内即可开采利用的自然资源；二是客观存在，但是由于某些条件的限制，近期内不能开采利用的资源，但一旦具备条件就可投入使用；三是估计相当长的时期内难以利用的资源，它将随着生产力的发展和科学技术的进步，逐步创造条件，可望能够被利用。

2. 现实资源

现实资源是指已经勘探清楚，而且已经作好了开采的前期准备，即可投入生产以满足人们需要的资源。

(五)按照资源分布与地面的相对位置分类

从资源主要是自然资源的分布看，有地上资源和地下资源，陆地资源和水中资源，以及空间资源。

1. 地上资源与地下资源

地上资源主要是指土地资源、森林资源、生物资源等；地下资源主要是矿产资源、地热资源、水资源等。

2. 陆地资源和水中资源

陆地资源属于地上资源，是相对于水中资源而言。水中资源主要是海洋资源，海洋是人类开发利用的一个新的资源领域，它蕴藏着丰富的生物资源、矿物资源和能源。

3. 空间资源

空间资源包括平面空间(附在地球表面的表层空间)资源、立体空间(以地球为托面的空间)资源和宇宙(地球大气层以外的空间)资源。

三、资源的特点

一切资源特别是自然资源都有其共同的特点，大致可概括为5个方面，即资源的有限性、整体性、多用性和经济性。

(一)有 限 性

资源的有限性亦称稀缺性,是资源最重要的特征,它包括两个方面的含义。

1. 任何资源在数量上总是有限的

因为一切资源的基础——自然资源是有限的。除气候资源外,其他自然资源如土地资源、森林资源、矿产资源、海洋资源、草场资源等都是有限的,不是取之不尽、用之不竭的。而社会资源中的技术资源和经济资源,则是利用自然资源(如矿产资源、森林资源等)生产出来的。所以,由于自然资源是有限的,社会资源必然也是有限的。

2. 可代替资源的品种是有限的

为了满足人们生产和生活的某种需要,必须投入一定品种和数量的资源。根据实际需要所投入的资源品种可以相互代替。如为了发电,可以利用煤、石油、天然气、水力、风力、潮汐、地热等资源,尽管可用于发电的资源有很多种,但是其种类总是有限的。

对于资源有限性这一特点应辩证地看,一方面一切资源特别是自然资源在数量上和品种上都是有限的,但随着科学技术的发展,通过新的科学发现和技术发明,人类会发掘出新的资源或新的代替资源,如利用核能发电等。另一方面人类也可以开发出过去不能开发的一些储量丰富的资源。但是绝不能认为依靠科技进步就完全可以避免资源有限给人类带来的危机。因为科技新发现是不确定的,新技术的发明也需要一个过程,有时甚至是一个漫长的过程。资源的有限性必须引起人们的高度重视,不能盲目乐观。

自然资源稀缺程度与自然资源的储量、人类技术条件、经济系统中的自然资源分配机制有关。衡量自然资源稀缺程度的指标有:实物指标,测量自然资源的自然(物理和生物)稀缺;货币指标,衡量自然资源及其产品的价值、使用费、自然资源的生产成本。资源的稀缺性是经济学的基本命题,其实,这种稀缺性是相对的,是自然资源缓慢再生与人的过快需求相比较而言的。这就要求我们在自然资源的开发利用过程中,必须把自然资源的开发、利用与再生结合起来,注意来源和节约。

(二)整 体 性

各种资源特别是自然资源在生物圈中相互依存,相互制约,构成完整的资源生态系统。其中任何一个要素的变化,必然会引起其他要素的相应变化。各要素之间的相互依存,相互作用,互为因果,关联交织构成一个统一的整体。一种资源的数量或质量发生重大变化,或一种资源与另一种资源相互关系发生重大变化,都可能引起大范围局部甚至整体的变化。例如,山区森林遭到破坏,会影响径流的变化,加重下游平原的旱涝灾害,影响对小气候的调节。又如开采地下资源造成的大面积采空区,在重力作用下可能导致地层断裂、弯曲、陷落和崩塌,产生一系列的槽形凹地,使其表面的土地资源和生态环境遭到破坏。如果灌区不善于用水,只灌不排,使地下水位上升,当超过临界水位时,就会造成次生盐渍化,危害作物生长,使水资源由水利变为水害。总之,各种资源之间的这种连锁反应,有时是积极的、有益的,能促进整个生态平衡;有时则是消极的、有害的,能破坏整个生态平衡。

资源的这种整体性,要求我们必须全面、科学地看待资源,对自然资源应进行综合研究,综合开发,并尽可能综合利用,使有限的资源发挥最大的作用。

(三)地　域　性

资源的地域性或称区域性,主要是对自然资源而言。自然资源在地域上的分布是极不均衡的,不同区域有不同的自然资源优势。如我国山西省煤炭资源的探明储量占全国总储量的 27% 以上;长白山区的森林面积和木材蓄积量分别占全国的 11% 和 13%。从世界范围看自然资源的分布也是极不均衡的,如波斯湾盆地面积只不过 10^6 km^2,但已探明的石油蕴藏量约占世界总储量的 58%;南非的黄金储量占世界总储量的 50%。

在一定时期内,资金资源、物质资料、人力资源、信息资源等,在空间分布上也存在着明显的地域性。如发达国家拥有大量的资金、物资、科技人才和信息资源;而绝大多数发展中国家则缺少这些资源。对于一个国家也是一样,由于经济发展不平衡,造成资源分布的不平衡,如在我国沿海地区,特别是对外开放的大城市,人力资源、物力资源、财力资源和信息资源都比较丰富,而在西部边远地区,相对来讲这些资源就比较缺乏。

资源的地域性要求在发展经济的过程中,应充分发挥地区性资源优势,因地制宜,扬长避短,取得最大的效益。自然资源空间分布的不均匀性,造成不同区域资源组合和匹配都不一样。这就要求资源的开发、利用和布局必须因地制宜。

(四)多　用　性

资源一般都有多种功能和用途,可满足多方面的需要,同一种资源可以作为不同生产过程的投入者;不同的行业或部门对同一种资源存在着共同的需求;同一行业或同一部门的不同经济单位存在着对同一种资源的共同需求。资源的多用性,正适应了人们对物质需求的多样性,

由于资源的多样性,就要求对资源进行合理配置,一方面应考虑使有限的资源能满足不同行业 、不同部门、不同经济单位的实际需要,另一方面应考虑将有限的资源投入效益最好的行业、部门和单位,使资源得到最有效的利用。

(五)经　济　性

从资源经济学的角度看,一切资源均有使用价值,没有使用价值就不成其为资源。但资源不一定都有价值。具体来讲,有三种情况。

第一种情况是,有一部分自然资源目前看来是取之不尽、用之不竭的,如太阳能、风能等,它们都有使用价值,不需要投入人类劳动即可利用,而且是无偿使用,所以它没有价值。

第二种情况是,有一部分自然资源是客观存在,有其特定的使用价值,如果不加入人类劳动,它虽然有使用价值但无价值,一旦投入人类劳动(包括活劳动和物化劳动),

它就变得既有使用价值又有价值。如自然风光是一种旅游资源,它的使用价值是观赏价值,当完全对外开放时,旅客可自由进入;当将其开辟为风景区、旅游区或公园时,投入必要的劳动,使其具有了价值。

第三种情况是,有些资源特别是自然资源,不投入必要劳动就无法被人们所利用。它本身既有使用价值又有价值,如煤炭、原油、天然气等,只有经过开采、加工后才能满足生产和生活的需要,实现其使用价值。

为此,自然资源又称经济资源。经济资源的正确开发和利用,必须在国家宏观指导下,让市场发挥配置资源的作用,所以我们必须认真研究价值规律在各种资源生产、流通、交换和消费中的表现,重视资源开发的劳动补偿,重视级差地租,重视资源价格的形成机制。

第二节 资源管理的意义和内容

所谓管理是人们在认识并掌握客观事物内在规律及其相互关系的基础上,运用计划、组织、指挥、协调、控制、激励等职能,以期有效地利用人力、物力、财力、信息等要素,达到人们预期特定目标的一切活动的总称。资源管理就是以资源为对象所进行的管理活动。

一、资源管理的意义

资源管理具有非常重要的意义,主要表现在以下几个方面。

(一)资源管理是可持续发展的客观要求

20 世纪以来,人类创造了前所未有的物质财富和精神文明。但伴随着生产力的发展和科学技术的进步,人口剧增、资源浪费、环境污染、生态破坏等一系列的社会问题,又严重地威胁着全人类的生存与发展。在这种形势下,人们不得不重新审视自己所走过的历程,不得不努力寻求一条人口、经济、社会,环境和资源相互协调发展之路,即一方面能满足当代人的需求,另一方面又不对后代人的发展构成危害,这称为可持续发展的战略。

可持续发展最早是由环境学家和生态学家们提出来的。1978 年,国际环境和发展委员会首次在文件中正式使用了可持续发展概念,并将其定义为:“在不牺牲未来几代人需要的情况下,满足我们这代人的需要 ”。进入 20 世纪 90 年代以来,可持续发展已成为经济学和社会学领域中的重要范畴。在制定发展战略时,追求可持续发展已成为国际社会的一个潮流。多年来我国一直关注并高度重视可持续发展问题,并编制了《中国 21 世纪议程——中国 21 世纪人口、资源、环境与发展白皮书》,可持续发展战略第一次被写进了我国经济和社会发展的长远规划。

可持续发展主要是包括资源和生态环境可持续发展、经济可持续发展和社会可持续发展三个方面。单从资源可持续发展来看，问题是相当严重的，据有关专家测算全世界石油资源保有可采储量不到 9×10^{13} kg，最多可开采 30 年，石油资源总量估计约 2×10^{14} kg，资源寿命约 50～100 年。铁、锰、铬、铜 、铅、锌、硫、磷、钾等金属和非金属固体矿产资源探明储量的使用年限，一般都不超过 50 年。其他可再生资源也是有限的。从我国的资源情况来看，人均资源占有量本来就比世界平均水平低，加之长期资源保持不力，资源浪费严重，致使一些重要自然资源的可持续利用面临日益严峻的挑战。所以加强资源管理、有效地开发资源、保护资源、利用资源是当务之急，具有重大的长远意义和现实意义。

（二）资源管理是国民经济持续、快速、健康发展的必要条件

我国是一个发展中的社会主义大国，目前正处在高速发展的工业化阶段。我国人口多、底子薄，只有保持持续、快速的经济增长，才能提高人民生活水平，增强国家的综合国力，提高社会生产力和科技发展水平，从而在激烈的国际竞争中处于有利地位。在我国经济领域，高产量、低质量，高速度、低效益，高投入、低产出，资源消耗高、浪费大的现象比较普遍，这就制约了国民经济持续、快速发展。

国民经济的发展离不开物质资源，因为它是经济发展的物质基础。物质资源是自然资源和物质资料的总称。自然资源经过人类开发加工以后，就转换成为物质资料。物质资料包括生产资料和消费资料。生产资料按其在生产中的地位和作用，可分为劳动资料（劳动手段）和劳动对象两大部分。

物质资源的生产和供应，是社会化大生产不间断进行的必要条件，因为任何一个生产过程都是劳动力借助于劳动资料作用于劳动对象的过程，劳动资料和劳动对象构成了生产资料。马克思曾指出："不论生产的社会形式如何，劳动者和生产资料始终是生产的要素"。生产资料是生产活动的要素，是必不可少的条件。劳动者通过自己的劳动和生产资料的结合，就会创造出新的生产资料和生活资料。为了连续不断地进行社会再生产，必须及时齐备、质量良好、经济合理地供应各种生产资料。这就要求对生产资料进行科学的管理，以充分利用物质资源，降低物质消耗，厉行节约，避免浪费，使有限的资源发挥最大的效益，最经济地保障物质资料供应，保证生产的顺利进行。

（三）资源管理是保护资源、维护国家利益所必须的

我国《宪法》第九条规定："矿藏、水流、森林、山岭、草原、荒地、滩涂等自然资源，都属国家所有，即全民所有"。我国《矿产资源法》第三条规定："矿产资源属于国家所有，地表或地下的矿产资源的国家所有权，不因其依附的土地所有权或者使用权的不同而改变"。

我国以公有制为基础，国有经济占很大比重，国有企业的生产资料也是国家的资源，甚至国有企业产生的废旧物资也属国家的资源。对国家的资源应加以保护，合理开发、合理利用。对资源的开发应制定规划，对资源的保护要提出有效措施，对资源的利用要厉行节约。因为资源是国家的财富，是发展经济的物质基础。全体人民都要珍惜、

爱护，要同一切破坏资源、滥用资源、浪费资源的现象作斗争。这就需要加强资源管理。

(四)资源管理是转变经济增长方式，提高经济效益所要求的

"积极推进经济增长方式的转变，把提高经济效益作为经济工作的中心"是我国经济和社会发展必须贯彻的重要方针。实现经济增长方式从粗放型向集约型转变，要靠经济体制改革，形成有利于节约资源、降低消耗、增加效益的企业经营机制，形成有利于市场公平竞争和资源优化配置的经济运行机制。

转变经济增长方式和提高经济效益是完全一致的。作为微观经济组织的企业而言，经营方式从粗放型向集约型发展，就是要从高投入、高消耗、高产出、高质量和高效益转变，从浪费资源向节约资源转变。

要提高企业的经济效益，必须首先降低产品成本。而在产品成本中物质资料占有很大的比重。如铁路系统的运营部门，资源消耗占运营成本的50%以上；工程部门，资源消耗占工程成本的60%～65%；工业部门，资源消耗占产品总成本的75%左右。所以降低资源消耗，节约能源和原材料，就可以降低成本，就能提高经济效益。这就要求必须加强资源管理，对企业而言主要是加强资源管理。

以上从4个方面谈了资源管理的意义。任何一个国家，不论其社会制度如何，也不管其发展程度如何，都十分重视资源的管理。我国正处在社会主义初级阶段，正处于由传统的计划经济向社会主义市场经济转变的时期，处于国民经济快速发展的时期，资源问题显得更加突出，资源管理也显得更加必要和重要。

二、资源管理的内容

资源管理的内容是全方位、多方面的，其内涵是非常丰富的。本书所研究的资源管理，主要是对物质资源中与生产资料有关的资源管理。

(一)资源管理的范围

资源管理的范围按照广义的资源定义，其涉及面是极其广泛的，本书所研究的资源管理的范围仅限于主要的自然资源、产品资源以及废弃物与再生资源。

1．对主要自然资源的管理

自然资源是一切物质资源的基础。抓住了自然资源的管理就抓住了资源管理的根本，特别是矿产资源、森林资源、能源资源、土地资源等，是一切生产资料的源头。管住源头是搞好物质资源管理的前提。如柴油是铁路运营所必须的主要能源，我国铁路内燃机车每年消耗大量柴油，要保证柴油的供应，必须从油田的勘探、原油的开采和油品的炼制等环节加强管理。

2．对产品资源的管理

自然资源经过加工制造成为某种产品。有的作为劳动手段(劳动资料)，如机械设备、运输设备等。对于某一个生产企业而言，其生产资料主要包括各种生产用建筑物、原材料、燃料、辅助材料、机械设备、运输工具等。

3. 对废弃物与再生资源的管理

再生资源是指在生产、流通和消费领域发生的失去原来使用价值的物质。经回收、加工、再生,可重新投入使用的物质资源。这种资源也称为第二物质资源。如淘汰的机器设备、运输工具、金属废料、废轮胎、废油、废纸、废玻璃、破旧纺织品等。铁路部门是产生再生资源的大户。如拆除的废旧钢轨、报废的机车车辆、报废的钢制桥架、报废的车辆车轴、废轴油、更换下来的电线电缆等。

(二)资源管理的内涵

资源管理具有丰富的内涵。根据不同的管理对象其具体内容有所不同。

1. 自然资源管理的内涵

自然资源的管理主要是对资源勘探、资源开发、资源利用和资源保护的管理。如对矿产资源勘探、开发进行统一规划、合理布局、综合勘探、合理开采和综合利用;对森林资源的合理采伐、综合利用、培育种植、经营管理等。

2. 产品资源管理的内涵

产品资源的管理,主要包括资源供求预测,资源综合平衡,资源的分配调拨,建立产品资源储备,组织产品资源供销,降低产品资源消耗,开源节流,通过市场机制合理配置资源等。具体应包括计划管理、采购管理、库存管理、营销管理、产品资源消耗定数管理、产品资源储运管理、物资财务管理等。

3. 废弃物及再生资源管理的内涵

再生资源管理主要包括废旧物资的回收、包装、储运、整理、加工,废旧物资的再生和利用。通过对再生资源的管理,变废为宝,化害为利,变无用为有用,变一用为多用,使资源能反复循环利用。

第三节　资源管理的原则和方法

一、资源管理的原则

资源管理是一项政策性、技术性、经济性很强的工作,资源管理工作的复杂性、艰巨性是比较大的。为了搞好资源管理,应遵循以下基本原则。

(一)系统性原则

系统是指由若干相互联系、相互作用的要素结合形成的,在一定环境中具有特定功能的有机整体。系统的基本特征是具有集合性、层次性、相关性和对环境的适应性。任何社会组织都是由人、物、信息等组成的系统,任何管理都是对系统的管理。

资源的开发、利用和保护也是一个系统,而且是一个大系统,所以资源管理也必须应用系统的理论、思想、原则、方法。具体应包括以下几点。

1. 统筹考虑达到系统整体最优化

系统是一个有机的整体,是由若干要素组成的,要素与系统之间的关系要以整体为主进行协调,要从整体着眼,局部着手,达到系统整体优化的目标。

从系统功能的整体性来看,系统的功能不等于要素功能的简单叠加,往往大于各要素功能的总和,即"整体大于各个孤立部分的总和"。各要素组成一个系统后,就组成了系统的整体功能,这是一种质变,它大大超过了各个部分功能的总和。因此,系统各要素的功能必须服从系统整体的功能,否则就会削弱整体功能。

资源管理必须坚持局部服从全局的整体性原则,国家利益(即全民利益)是最高利益,部门利益、地方利益、企业利益以及其他局部利益应无条件地服从国家的整体利益。从系统整体目的的整体性来看,局部和整体存在着复杂的联系和交叉效应。大多数情况下,局部利益与整体利益是一致的。对局部有利,对整体也有利,反之对整体利益有利对局部利益也是有利的。但有时对局部有利,对整体不一定有利,甚至是有害的。例如,由县、乡、村开办的"小钢铁"、"小有色"、"小水泥"、"小煤炭"等,无疑对县、乡、村是有利的,但从国家整体利益考虑就不一定有利,甚至有害。因为这些小型企业,设备和技术条件差,资源消耗高、浪费大,产品质量差,环境污染严重,损害了国家和人民的根本利益。

2. 放眼全局进行综合管理

所谓综合就是把系统的各要素的方方面面联系起来,考虑其中的共同性与特殊性,找出其规律性。一个系统特别是大系统,涉及一系列的复杂因素,如果对这些因素在分析的基础上综合得好,各种关系能协调一致,就能充分发挥系统的效能,反之就达不到预期的目标,甚至造成严重的后果。

在资源管理中,运用综合性原则,对系统要素进行综合分析十分重要。如本书所研究的物质资源的3个部分,即自然资源、产品资源和再生资源,它们相互联系、相互依赖、相互转化、相互制约,对它们不能孤立地看待,而应该看作是一个物质资源的有机整体。不但要重视每一部分自身的规律,而且要研究它们之间相互转化的规律。三者的关系如图1-1所示。

从图1-1中可以看出,自然资源—产品资源—再生资源形成一个资源大循环。永久废弃物从某种意义上讲也可以转化为自然资源。资源管理就是对资源大循环系统进行综合管理,应努力克服传统的单项管理的弊端,资源的勘探、开采、利用和保护,都应遵循综合管理的原则。

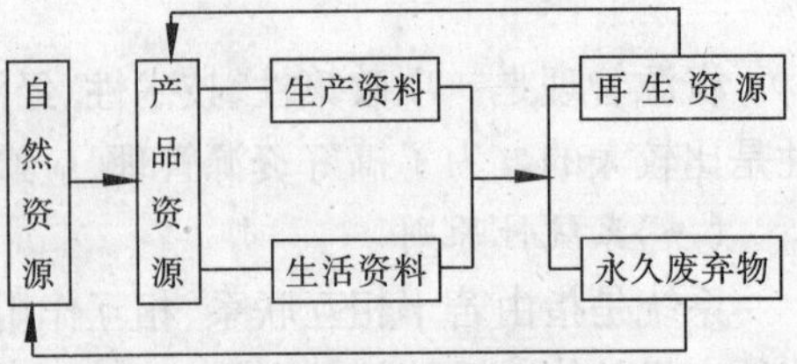

图1-1　资源系统示意图

3. 运用动态规律,实施动态管理

系统作为一个运动着的有机整体,其稳定性是相对的,运动状态则是绝对的。系统不仅作为一个功能实体而存在,而且作为一种运动实体而存在,系统与环境的相互作用也是一种运动。系统的功能是时间的函数,因为不论是系统要素的状态和功能,还是要素联系的状态和环境的状态,都在不停地发展和变化,运动和变化是系统的生命。

就资源管理而言,资源系统也是一个运动着的有机体。资源的探明量和产量、资源的分布与构成、资源的利用与消耗、资源的回收与再生等都是变化着的动态过程。这就要研究资源的时间布局,掌握时间布局的一般规律,按照各种资源发展与时间布局的关系安排各种资源的发展、开发和利用。

(二)战略性原则

战略是以未来为主导,实现组织总体目标的长期性谋划或对策。战略的基本特征是全局性、长远性和相对稳定性。战略管理是时代的需要、社会发展的需要。资源管理也应遵循战略性原则,实施战略管理。

1. 正确处理资源、人口与环境的关系

随着生产力的发展和科学技术的进步,生产规模扩大,人们生活水平提高,对物质资料的需求量增加,从而拉动对自然资源需求量的增多。在经济发展规模空前扩张的情况下,资源投入量剧增,而资源存量锐减,这对人类社会已构成了潜在的威胁。资源问题已经同人口问题、环境问题联系在一起,成为当代人类所面临的3个密切相关的最重大的问题。

由于人口激增引起资源消耗量的剧增,必然导致对自然资源的大量开采、利用和消耗,使人类濒临着全球性资源危机的严重威胁。所以资源管理必须与控制人口相联系。因为资源是有限的而人口的增长是无限的,解决这一矛盾的惟一出路是实行计划生育,降低人口出生率。

由于对自然资源的大量开采,必然会造成日益严重的环境破坏、污染和生态失衡。如由于滥伐森林、过度开采地下水,造成严重的水土流失,使土地沙漠化。所以资源的开采和利用必须考虑环境保护问题。

总之,资源的开发利用、人口的控制、环境保护有着密切的联系,应从战略管理的高度处理好三者的关系。

2. 对后代负责,从长远考虑

人类社会总是不断向前发展的,而社会的发展要求资源的开发与保护是相互制约的,只开发不保护其后果是灾难性的。人类要生存、发展,必然依赖自然环境。自然环境能被人利用并带来效益的那部分,可以认为是潜在的资源。因为随着科学技术的进步和生产力的提高,从发展的意义上讲,整个自然环境也就是自然资源。

资源管理必须重视对资源的保护,减少资源的浪费,降低资源的消耗,使有限的资源发挥最大的效能。同时要加强科学研究,开发新的资源。资源的开发利用不能只顾眼前不顾长远,不能只考虑当代人的需求,而不考虑子孙后代。

(三)经济性原则

资源工作中经济性的核心是效益,追求效益的不断提高是管理活动的出发点和归宿。效益是有效的产出与其投入之间的一种比例关系,可分为社会效益和经济效益,两者既有联系又有区别。经济效益是社会效益的基础,社会效益又是促进经济效益提高的重要条件。

资源管理同其他管理一样,最终目的是追求效益,而且追求的是长期稳定的高效益。追求高效益,必须自觉地运用客观经济规律,如资源的生产规律、消耗规律、价值规律等。

在资源管理中,必须把社会效益放到突出的地位,这是资源管理的特点所决定的。

二、资源管理方法

管理方法一般分为行政方法、法律方法、经济方法和教育方法等。资源管理也不例外,主要采用的也是以上几种方法。但在不同时期对不同的管理对象,所采用的管理方法有所侧重。如在传统的计划经济体制时期,强调集中统一,不管是宏观管理还是微观管理,主要采用行政管理的方法。而在改革开放以来,在传统的计划经济体制向社会主义市场经济体制转变的过程中,法律方法和经济方法得到了更多的运用。对于资源管理而言,与一般管理相比有其固有的特点,即特殊性,其管理方法向多元化发展的同时,行政方法还占有重要地位。

(一)管理的行政方法

行政方法是指依靠行政组织的权威,运用命令、规定、指示、条例等行政手段,按照行政系统和层次,以权威和服从为前提,直接指挥下属工作的管理方法。其实质是通过行政组织中的职务和职位来进行的管理,它特别强调的是职责、职权、职位的作用。

1. 行政方法的特点

在任何管理工作中行政方法的主要特点有以下几方面。

(1)权威性。权威是使人信从的力量和威望。这里的权威指的是政治权威。行政方法依托的基础是管理机关和管理者的权威,他们的权威越高,所发出指令的接受率就越高。

(2)强制性。行政权力机构和管理者所发出的命令、指示、规定等,对管理对象具有程度不同的强制性。行政方法就是通过这种强制性达到指挥与控制管理对象的目的。行政强制与法律强制不同,行政强制性是要求人们的行为服从统一的意志,但在具体方法上有灵活多样性。

(3)垂直性。行政方法是通过行政系统、行政层次来实施管理的。基本上属于纵向垂直管理,一切管理指令和规定自上而下层层下达,下级只接受上级的领导和指挥。

(4)具体性。相对于其他管理方法而言,行政方法比较具体。不仅行政指令的内容和对象是具体的,而且在实施过程中的具体方法也因对象、环境和时间的变化而变化。所以任何行政指令往往是在某一特定条件下、在一定时间内对某一特定对象起作用,具有明确的指导性和时效性。

(5)稳定性。行政方法是在特定组织行政系统范围内适用的方法。由于行政系统一般都有严密的组织机构、统一的目标、统一的行动以及强有力的调节、控制手段，所以运用行政方法具有较高的稳定性。

2．行政方法的作用

(1)行政方法的运用有利于组织内部统一思想、统一意志、统一目标、统一行动，能迅速有力地贯彻上级的方针政策，有利于对全局活动进行有效地控制。

(2)行政方法比较直接。可通过行政指令的传递，迅速产生效果。同时它又是其他管理方法的中介。行政方法可直接发挥计划、组织、指挥、协调、控制、监督、激励等职能。

(3)行政方法便于处理特殊问题。它可以随时、随地根据具体情况发出指令，对具体的问题进行具体分析，具体对待，灵活处理。

3．行政方法的运用

在社会主义制度下，行政方法不是管、卡、压，而是一种服务。行政管理方法是通过管理者实现的，管理效果直接受到管理者特别是主要管理者素质和水平的制约。在很大程度上行政方法是人治而不是法治，所以对管理者提出了很高的要求。有效运用行政方法的关键是提高管理者的素质和水平，实行民主集中制，充分发挥各级管理者的积极性，宣传、动员、组织和依靠广大群众参加管理。

在资源管理中，行政管理占有重要地位，具有特殊作用，因为资源特别是自然资源归国家所有，国家及各级政府部门都有责、有权对国有资源进行保护，并对资源的开发、利用、发展进行统一规划，对资源保护、开发、利用中发生的问题进行处理。所有这些问题的解决，都离不开行政方法。当然行政方法也有它的局限性，由于多方面的原因，行政方法的收效受到影响。

(二)管理的经济方法

经济方法是根据客观经济规律，运用各种经济手段，调节各种不同经济利益之间的关系，以获得较高的经济效益与社会效益的管理方法。经济方法所运用的经济手段主要包括价格、税收、信贷、工资、利润、奖金、罚款以及经济合同等。经济方法的实质是围绕物质利益，运用各种经济手段，正确处理国家、集体和个人三者的利益关系，最大限度地调动各方面的积极性、主动性、创造性和责任感，促进经济的发展和社会的进步。

1．经济方法的特点

在管理工作中运用经济方法，有如下特点。

(1)利益性。如前所述，经济方法的实质就是处理好国家、集体和个人三者之间的关系，它是通过利益机制引导被管理者去追求某种利益，间接影响被管理者行为的一种管理方法。

(2)关联性。经济方法是运用各种经济手段实施管理，而各种经济手段之间的关系错综复杂，影响面比较广。即使某一种经济手段的变化都可能会影响到其他经济手段的变化，有时还会影响到社会多方面经济关系，产生连锁反应。

(3)灵活性。经济方法比较灵活,对不同的管理对象可以运用不同的经济手段。对于同一管理对象,在不同的条件下和在不同的时期可以根据实际情况采用不同的经济手段。另外,针对某一管理对象,可采用一种经济手段,也可以同时采用两种经济手段。

2. 经济方法的运用

经济方法是运用各种经济手段或经济杠杆对管理对象实施管理。应用经济方法进行管理,必须综合运用各种经济手段,如果只是单一地运用某种经济杠杆,往往不能收到预期的效果。同时,还必须注意既要发挥各种经济杠杆各自的作用,更要注意整体上的协调配合。

经济方法是与激励机制相联系的,激励也是一种管理职能,它包括物质激励和精神激励,两者不可偏废。所以,要注意将经济方法与教育方法很好地结合起来。

我国的资源管理过去主要运用行政方法,自改革开放以来,情况发生了很大变化,运用经济手段、经济杠杆管理资源有了很大的发展。如自然资源核算、自然资源的有偿使用、自然资源的合理定价、资源利用中的奖励与惩罚等,都是经济方法。在社会主义市场经济条件下,经济方法得到了广泛的应用。在资源管理中经济方法的作用越来越突出。

(三)管理的法律方法

法律方法是指国家根据人民的根本利益,通过各种法律、法规和司法、仲裁工作,调整社会经济的宏观总体活动中所发生的各种关系,以保证和促进社会与经济发展的管理方法。

1. 关于法的基本概念

法是由一定的物质生活条件所决定的统治阶级意志的体现,是由国家制订或认可,并以国家强制力保证实施的行为规范的总和。其目的在于确认、维护和发展有利于统治阶级的社会关系和社会制度。

我国的法主要由以下4部分组成。

(1)法律。它是由全国人民代表大会及其常务委员会审议通过,由国家主席签署主席令发布的规范性文件,统称为法律。

(2)行政法规。它是由国务院根据宪法和法律制订,由国务院常务会议审议通过,国务院总理签署总理令发布的规范性文件,统称为行政性规范。一般情况下,法规是法律的具体化。

(3)行政规定。它是由国务院所属各行政主管部门,根据法律、法规授予的管理职能,为了有效地行使其行政管理权而制定的规范性文件,统称为行政规定。

(4)地方法规。由省、自治区、直辖市人民代表大会及其常务委员会或人民政府,根据当地的实际需要制订的规范性文件,统称为地方性法规。

2. 法律方法的特点

法律方法与行政方法相比较有相似之处,但又有本质的区别,其特点如下。

(1)严肃性。法律或法规的制订必须严格按照规定的程序进行。法律一旦制定和颁布后,就具有相对的稳定性,任何人不能滥加修改和解释,以保证其严肃性。司法也是严肃的行为,它必须通过严格的执法活动来维护法律的尊严。

(2)规范性。法律、法规是一切组织和个人行为的统一准则。法律和法规各条文的用语是极其严格的,具有科学、准确、简洁的特点,对其只能作出一种意义的解释。法律、法规在内容上不允许互相矛盾,法规应服从法律,一般法律应服从宪法。

(3)强制性。法律、法规一经制定和颁布,就要强制执行,各部门、各单位直到每个公民都必须严格遵守,不能因为法律、法规触犯了本部门、本单位和本人的利益而拒绝执行,否则就构成违法行为。

(4)平等性。法律、法规是对全社会的,也是对全民的,任何企事业单位和任何公民在法律面前人人平等。在法律面前没有特殊公民,不管其地位多高、权势多大都必须遵法守法。

3. 法律方法的运用

法律方法从本质上讲是通过上层建筑的力量来影响和改变社会活动的方法。由于法律的严肃性和强制性,要求必须做到有法必依、执法必严、违法必纠。在管理工作中运用法律方法,首先应加强法制教育,提高公民的法制观念,使每个公民能自觉地学法、懂法、守法并同一切违法行为作斗争。

在资源管理工作中运用法律方法是一种很有效的手段。但我国长期以来在资源管理方面的法制还不健全,有的是无法可依,即使是已颁布的有关资源管理方面的法律、法规(如《中华人民共和国矿产资源法》、《中华人民共和国森林法》、《中华人民共和国土地管理法》等)也执行不力,存在有法不依、执法不严、违法不究的现象。近几年来,在市场经济条件下,人们逐步认识到法律方法在管理工作中的地位和作用,法制观念不断增强,执法力度逐渐加大,产生的积极效果也更加明显。

(四)教育方法

教育方法是有关组织通过多种形式,使受教育者掌握知识、增长才干、培养能力、提高素质的有计划的活动。管理的人本原理认为,管理活动中人的因素第一,管理最重要的任务是提高人的素质。而人的素质是在接受教育和社会实践中逐步发展、成熟起来的。

1. 教育方法的特点

教育方法同以上3种方法相比有如下特点。

(1)教育内容的广泛性。为了全面提高受教育者的素质,教育的内容是多方面的,主要应包括政治思想教育、道德品质教育、专业技术教育、文化知识教育、业务能力教育、法制纪律教育等。

(2)教育方式的多样性。根据教育内容和教育对象的具体情况,可采取灵活多样的教育方式。例如可以不脱产(业余)、半脱产或全脱产;可以面授、函授、广播电视收听收看;可进行短期培训,也可以进正规学校接受学历教育;可以请进来,也可以走出去等。

(3)教育效果的滞后性。前面所提到的三种方法其效果显现比较快,而教育方法效果的显现比较慢,即具有很强的滞后性。常言道"十年树木,百年树人",受教育者接受教育需要有一个过程。这是一个人全面素质提高的客观规律。

(4)教育效果的长久性。教育效果具有滞后性,不能立竿见影,这是不利的一方面,而教育效果又具有长久性,这是有利的一方面。因为通过教育使人的全面素质提高,在工作中就能发挥积极性、主动性和创造性,并能在长时期内保持下去,一生发挥作用。

2. 教育方法的运用

"科教兴国"是我国既定的战略方针,"科学技术是第一生产力",而教育是基础。在管理工作中运用教育方法,就是抓住了根本。管理靠人才,人才靠教育。教育既应包括对管理者的教育又应包括对管理对象的教育。运用教育方法必须有一定的人力、物力和财力的投入,要为教育工作提供必要的条件。教育方法的实施应有目的、有计划、有组织、有步骤地进行,内容要有针对性,方式应灵活多样,以期收到良好的效果。

在资源管理中,运用教育方法也非常重要。如在全民中树立可持续发展的观念,树立珍惜资源、合理开发资源、充分利用资源和积极保护资源的意识,树立勤俭节约、艰苦奋斗的思想。这些都需要通过教育来实现。特别是在生活困难,文化水平低,缺乏法制观念的地区,经常发生滥伐树木、滥采矿藏、破坏资源的违法现象,这就需要通过教育的方法(从儿童开始),提高人们的思想认识和法制观念,以约束自己的行为。

第四节 我国资源管理存在的问题及对策

我国正处在经济体制由传统的计划经济向社会主义市场经济转变,经济增长由粗放型向集约型转变的时期。旧的观念、旧的体制、旧的经营方式的影响还存在,新的观念、新的体制、新的法规、新的经营体制还没有完全建立起来。我们在资源管理方面有成绩、有进步,但也存在不少的问题。

一、我国资源管理存在的主要问题

(一)在国民经济核算中忽视了对自然资源的核算

自然资源是一个国家或地区社会经济长期发展的物质基础。但我国现行的国民经济核算体系,只重视经济总产量的某种虚幻增加,资源基础持续削弱,在经济发展中出现资源空心化现象。这种做法实际上是用长期发展的削弱,去换取短期发展的暂时繁荣。这对于实现可持续发展的目标和要求是极为不利的。

(二)法制不健全,宏观调控缺乏力度

资源管理方面的法律、法规不健全,许多重要环节尚无法可依,存在着以言代法、以权代法的不正常现象。对国家已颁布的有关法律、法规,存在着有法不依、执法不严、违法不究的现象 。地方资源管理薄弱,有些地方各自为政,有令不行,有禁不止。资源国有意识淡薄，"靠山吃山、靠水吃水"，对国家的矿产资源随意开采，对森林资源滥砍乱伐，导致资源的严重浪费。

（三）投入多，产出少，造成资源的浪费

在过去一个时期内，我国基本上走的是资源消耗型生产的道路，整个经济资源投入量大，消耗量大，而物质产品产出少，产出与投入不成正比。我国产品对资源的消耗，远远高于世界发达国家的水平。如资源的综合消耗是美国的2.6倍，是日本的5倍。资源的回收率和利用率都比较低，有限的资源得不到有效的利用，造成很大的浪费。

（四）物流设施与管理落后，资源损失严重

由于我国长期以来重生产流通，在流通中又重商流轻物流，物流设施特别是运输和仓储设施落后，科学管理水平也比较低。物流的运输和保管条件比较差，尤其是我国自然资源的分布和生产力布局不均衡。运距长，地理、气候条件复杂，物资库存量大、在库时间长，再加上管理不善，物资在储运过程中受自然因素和社会因素的影响，损失和损耗比较严重。例如，由于多方面的原因，散装水泥得不到迅速推广，使袋装水泥的2.5%～5%白白浪费掉，而且还要消耗大量的包装材料。

（五）物资管理滑坡，出现一定程度上的混乱

在由传统的计划经济向社会主义市场经济体制转变的过程中物资管理遇到了新问题，物资企业行业性亏损。企业物资部门的职能管理受到冲击，设计、技术、工艺及生产部门介入物资采购，出现了物资 的多口管理；企业的各用料单位，受利益驱使自购物资；多经企业、集经企业插手物资购销，从中渔利等。所有这些都造成了物资管理一定程度上的混乱。

（六）废旧物资未能得到充分利用

对废旧物资的回收、再生和利用，是取得物资资源的一个重要方面。但长期以来，由于人们缺乏资源意识，缺乏资源危机感，大量的废旧物资未能得到充分的利用，造成资源的浪费。特别是在由传统的计划经济向社会主义市场经济转变的过程中，行政职能弱化，法制不健全，市场行为不规范，使废旧物资的回收多渠道、多层次，失去控制，造成混乱。由于废旧物资回收不力，所以也得不到很好的利用。废旧物资的再生得不到重视，资金短缺，投入不够，技术装备落后，资源再生的广度和深度都受到影响，一些资源得不到综合利用，造成极大浪费。

二、加强资源管理的对策

针对我国资源管理存在的主要问题，必须强化资源管理。

（一）建立与社会主义市场经济相适应的资源管理体制

在社会主义市场经济条件下，要建立现代企业制度，要正确处理国有资产所有权、使用权、经营权和受益权的关系。国有资源管理体制的一个主要方面，就是必须根据有关法律的规定，从法律上和经济上执行和保证资源的国家所有制，保证国有资源不可侵

犯。国有资源的所有权、使用权、管理权和受益权均属于国家。国家根据开发和发展的需要,可以把资源的使用权、管理权转移给适当的部门和企业。管理者代表国家管理资源,使用者按照规定使用和经营国有资源。具体来讲,就是把一部分资源的管理权交给地方政府或有关部门,把经营权交给企业。经营权应包括占有权、使用权和部分受益权。国家资源不能无偿使用,使用者必须向所有者交纳费用,体现所有者的权利。

要坚持所有权与经营权分离、政企分开的原则,建立适应市场经济要求,产权清晰、权责明确、政企分开、管理科学的现代企业制度。落实资源企业自主经营、自负盈亏、自我发展、自我约束的权利,使资源真正按照社会主义市场经济原则进行开发、使用和经营。这样才能杜绝资源浪费,有效地保护资源,使资源得到更好的利用和更快的发展。

(二)加强对国有自然资源的宏观管理

国家应强化对资源特别是自然资源的宏观管理,主要包括资源权属的管理、资产的管理、规划与计划的管理、开发与利用的管理、供应与调配的管理、价格和税费的管理等。应建立健全各级资源管理机构,在全国形成有效的资源管理网。原则上国家对资源权属的管理与资源开发利用的管理应分开,而资源的权属和资产的管理与资源调查勘测的管理应相互结合。对各种资源都应制定资源、人口、环境之间的综合规划,并列入国民经济和社会主义计划成本规划。

在对资源的宏观管理中,应综合利用各种管理方法,行政、经济、法律、教育等方法都应充分利用,不可偏废,特别应加强资源管理的立法和执法。要有法可依,有法必依,执法必严,违法必究。对严重破坏国家资源造成重大损失的应绳之以法。经济手段的应用也是不可忽视的,要认真贯彻国家资源有偿使用的政策,制定不同种类、不同丰度资源的不同收费办法,做到使用国家每一种资源都应作必要的补偿,杜绝无偿使用,随意占用,乱占乱用。应根据价值规律的要求,制定价格政策,合理调整资源的价格,建立主要由市场形成价格的机制。

(三)充分发挥市场配置资源的基础作用

在国家的宏观调控下,充分发挥市场配置资源的基础作用,有限的资源就能得到优化配置,发挥最大作用。因为这种资源配置方式是通过市场机制实现的,既能克服计划经济体制下决策权力过分集中的缺点,又不致出现混乱无序的状态。从信息机制看,通过市场交易和相对价格的确定,各个经济活动的当事人,都可以分享供求信息。从而解决了社会化大生产中信息广泛发生同集中处理的需要之间的矛盾。利用市场配置资源,是由于追求效用最大化的经济活动当事人根据市场信号,通过自己的计算,自主地做出并自觉执行的,从而能够使局部利益协调。

但是必须指出,发挥市场配置资源的作用,决不是不要国家的宏观调控。因为市场不是万能的,市场调节对生产来说往往是一种事后调节。市场主要是通过价格和需求量给生产者发出信号。但价格信号变化迅速,而资源的形成和开发需要有一个较长的周期。市场的需求变化也很快。若根据价格和市场需求调节生产,两者很难适应,就会出现供求失调。所以，发挥市场配置的作用，必须在国家宏观调控下进行。

利用市场配置，必须具备一定的条件，如市场体系比较健全和规范，市场信息灵通，价格比较合理、稳定等。这就需要培养、完善和发展市场体系，创造有利于资源开发利用的统一、开放、竞争、有序的大市场；推进价格改革，建立健全价格形成机制；改革商品流通体系，建立全国资源信息网络等。

(四)开源节流，走集约经营之路

资源的开发利用也要从粗放型向集约型转变。要向集约开发要资源，向节约利用要资源。资源的集约经营，包括调整产业结构，发展集约资源型产品，推广节能型机械设备，提高资源回收率和利用率，降低单位产品资源消耗，加快新资源的开发等。

开源就是增加资源的来源，如充分利用水能、风能、地热能、太阳能；加强地质勘探和各种自然资源的勘查，不断发现可被利用的资源；增加科技投入，发展高科技，研究新的代用资源，开辟新的资源门路；加强对废旧物资的回收，理顺回收体制，制定优惠政策，扩大资源再生的广度和深度，增加再生资源的品种和数量，在资源的消耗中，逐步提高再生资源的比重。

节流就是设法减少资源的消耗量，使有限的资源发挥最大的效能。这就要求强化资源意识和节约意识，树立节约光荣、浪费可耻的良好风气。在生产过程中，应制定先进合理的物资消耗定额，严格按定额发料和用料，以降低单位产品的物资消耗。同时还要降低资源在储运过程中的损耗，对物资储运应制定合理的自然损耗标准，以减少不必要的损耗 。

应积极推广物资的综合利用。物资的综合利用是科学、合理利用资源的有效途径。不综合利用资源，就是对资源的浪费。实践证明，综合利用资源，不仅可以变废为宝，缓解资源短缺状况，促使资源有续利用，化害为利，治理污染，改善环境，而且可以提高经济增长的质量和效益，对促进经济增长方式的转变和实施可持续发展战略发挥重要作用。我国资源的综合利用，发展很不平衡，潜力很大，很有发展前途。

(五)开辟两个市场，利用两种资源

扩大对外开放 ，利用国内、国际两个市场，国内、国际两种资源，可使国家之间取长补短，优势互补，取得更好的比较效益。

扩大对外开放是我国的既定国策。开辟两个市场，利用两种资源对扩大我国的资源来源，降低资源成本，加速我国现代化建设具有重要意义。购买外国资源，增加我国资源来源，是我国长期必须坚持的方针，要树立世界大市场的概念，只要外国的资源优质、低价又不附加商业以外的条件就可以进口。而且应开拓长期稳定的国外资源基地，以避免产生价格波动和来源波动，使资源长期得到保证。技术设备的进口，应选择技术含量高、消耗资源少、投入产出比高的设备，争取用较少的资源生产出更多的高技术产品。不能引进投资多、用料多、耗能高和造成污染的技术。要陆续调整出口结构，尽量减少资源型产品出口，应制止低价出售国家紧缺资源，使国家的紧缺资源得到保护。

复习思考题

1. 如何理解本书的“资源”一词”?
2. 怎样利用资源的特点进行资源管理工作?
3. 结合我国资源管理存在的问题,试分析我国进行资源管理的主要目的。
4. 资源的行政管理方法有哪几种?
5. 论述资源管理的法律方法与行政方法的优缺点。

第二章　自然资源管理

自然资源作为人类生活和生产资料的主要来源,是社会和经济发展的物质基础。因此,资源问题历来受到人们的普遍关注。20 世纪 60 年代,"罗马俱乐部"发出了"资源即将耗尽"的全球危机论。目前,"资源能否永续利用"的持续发展论又成为热点问题。我国作为一个发展中国家,随着经济的发展和人口的增长,对资源的需求与日俱增,供需矛盾将日益突出。强化资源管理,合理开发利用和保护自然资源已成为我国面临的紧迫任务。

本章以可持续发展为基本线索,首先提出自然资源及其管理的基本框架,在此基础上对自然资源的基本理论问题进行了探讨,主要提出自然资源的定价理论和配置理论,以引导自然资源的合理开发利用和配置,为自然资源的管理提供理论依据。最后讨论自然资源管理的具体操作问题,为自然资源的合理开发利用和保护提供管理策略。

第一节　自然资源管理概述

一、自然资源的内涵和特点

(一)概念和分类

目前,人们对自然资源尚没有一个一致的定义,比较统一的说法是从人类利用的角度提出的。因为在人类社会产生之前,地球环境完全按自己固有的规律演化,只有当人类和人类社会出现以后,地球系统的自然过程,才被赋予社会性和经济性。因此,自然资源从本质上来说是自然环境和人类社会相互作用的一种价值判断,是以人类利用为标准的。因此,自然资源一般指天然存在于自然界中人类可以利用的自然要素和条件。

从这个定义可以看出:①自然资源是一个动态概念。随着科学技术的发展与人们对自然认识的深化,以前被认为无价值的物质和条件会成为宝贵的资源。例如量子物理学、相对论的建立与有关技术的完善,使放射性元素成为获得能量的源泉。前苏联学者费多罗夫指出,一旦对自然资源某一部分利用的需要和利用的可能性相结合时,那一部分就可被视为资源。②"可以利用"表示只是提供了可以利用的机会,要使机会得以实现,还要受经济、社会、政治等方面的影响,这些方面又在很大程度上受各地区、各民族的主导文化与价值取向的影响。例如我国沿海地区的开放优势,如果没有开放政策,这种区位资源将不能实现。再如沙漠地区的广袤无垠,在当地人眼里是一片荒野,而在异域人眼中是引人入胜的旅游资源。这种文化上的差别和价值上的偏颇正是当前对自然资源认识和管理不相一致的一个重要原因。③“可以利用的自然要素和条件”不仅包括物质性资源，如化石燃料、矿石、木材等，还包括功能性资源如自然循环（风能、潮汐等）等。前者具有数量上的限制，常构成生产中的常规投入物，传统经济学所研究的就是这类资源。后者存在着容量或能力上的限制，如环境承载力和纳污能力，而且这类资源难以在市场上交换，往往直接进入消费过程。过去常把功能性资源排斥在资源之外，对其开发利用不加重视，也不注重保护，因此一方面加剧了物质性资源的短缺，另一方面产生了一系列严重的环境问题。本书主要探讨的是与生产过程有关的物质性资源，但物质性资源的开发利用与自然环境又是休戚相关的，因此在开发利用过程中，环境保护问题不容忽视。按照不同的依据，自然资源有不同的分类方式。

(1)按照自然资源的更新时间长短，分为可更新的和不可更新的资源，前者如森林、草地、生物资源等，后者如各种矿藏。

(2)按占有方式或可能占有方式分为专有资源和共享资源。所谓专有资源是指资源的范围和界限容易明确划分，对其容易进行控制和管理，从而在法律上容易定义其所有权的自然资源，如土地、水域、森林、矿山等；共享资源如地下水资源、环境资源、渔业资源等。这种分类方式要求我们界定资源的产权，为资源的管理提供依据。

(3)按照资源与开发速度之间的反馈关系，可把资源分为 3 类：第一类是资源的质量、数量与开发速度之间存在有正反馈关系的资源，即资源的开发能够促使资源系统向正向演进。对这类资源应加快开发步伐，如新能源等。第二类是相对负反馈关系组元，如果注意资源的保护和调控，节制开发，则资源开发对资源系统无恶性影响，否则为负反馈关系，如可再生资源等；第三类是绝对负反馈关系组元，如矿藏资源，对此必须控制开发速度。

(4)根据资源更新的速率与人类利用的速率的相对大小和人类对更新过程的干扰程度，将自然资源划分为可持续利用资源和非可持续利用组元，如潮汐能、风能和太阳能以及全球水分循环都属于可持续利用资源，它们的流动或转化基本上与人类目前的利用水平无关。而像化石燃料、矿物等属于非持续利用资源，与人类的利用相比，这类资源形成和更新过程很慢，此类资源的过度利用势必加剧其短缺。在这两类资源之间的大部分资源，它们能否持续利用很大程度上取决于人类的选择。人类可以使利用率低于自然更新率，也可以通过投资加快更新速率从而与利用率平衡，例如植树造林，铜、铁一类金属矿物的开发与再循环利用。

从上述自然资源的基本概念和分类中，可以看出人类如何利用对于自然资源是十分重要的。从某种时间尺度上看，所有的资源都是可更新的，新的石油、煤和金属沉积仍在不断形成之中，关键是看人类利用的速率与更新速率之间的相对大小。而且，人类的过度利用也能使可更新资源变成不可更新资源，如土壤的沙漠化，生物物种的灭绝，生态系统的崩溃，这些都是不可逆过程。因此，对自然资源的合理利用和加强管理是十分重要的。

(二)自然环境资源

自然环境资源既是自然环境中的重要组成部分,又是自然资源的主要分支,均为人类赖以生存和发展的基础物质条件。在当今世界,社会经济快速发展、环境问题日趋突出的形势下,自然环境资源保护工作越来越引起国际社会的关注。因此,进行自然环境资源保护,科学地开发利用自然资源,不仅有利于维护生态平衡,保护生物多样性,开展科学研究和对外合作交流,而且可以进一步促进经济发展,丰富人民群众物质文化生活。

我国幅员辽阔,土地总面积达960多万 km^2,跨寒温带、温带、暖温带、亚热带、热带,地形复杂,气候多样,千差万别的自然条件,形成不同的地理环境和动植物区系,自然环境资源比较丰富。在我国广阔的土地上,分布有高山、荒漠、戈壁、水域、湿地、冰川和长达18 000多 km 的海岸线。在不同的地域中,生存栖息着丰富的生物资源。

我国是世界上拥有野生动物种类最多的国家之一,现有兽类近 800 种,鸟类1 189种,爬行类 320 多种,两栖类 210 多种,鱼类2 200多种,占世界野生动物种类总数的10%以上。值得称道的是,我国特有的或主要分布于我国的珍稀动物,有闻名于世的大熊猫、金丝猴、藏羚羊、华南虎、褐马鸡、黑颈鹤、扬子鳄、白鳍豚、中华鲟等 100 多种。

我国有高等植物30 000多种,占世界高等植物种类总数的 12%以上。由于我国大部分地区未受到第四纪冰川覆盖的影响,保留了许多北半球其他地区早已灭绝的古老余遗种类和特有树种约 200 属、万余种,例如银杉、水杉、金钱松、银杏、供桐、水青树、钟萼木、香果树等都是中国特有的珍贵树种。同时我国还拥有大量栽培植物的野生亲缘种。这些都是人类极其宝贵的自然财富。保护好这些生物资源及其生存栖息的环境是我们肩负的神圣职责。我国参加了有关生物多样性保护、濒危物种贸易以及湿地保护与利用等国际公约,承担着履行有关国际公约、协定的义务和责任。

建立自然保护区是保护自然环境资源的一项根本性措施,类型多样的自然保护区不仅可以改善生态环境,而且还是人类认识自然、拯救濒危物种、开展科学研究的基地,是生物物种珍藏的基因库,是进行保护大自然教育的大课堂。作为自然保护区的保护对象,包括有代表性的自然生态系统、珍贵濒危动植物天然集中分布区、水源涵养区、冰川遗迹、有特殊意义的地质构造、地质剖面和化石产地等。

建国以来,在党中央、国务院的重视和关怀下,经过各级政府和有关部门的积极努力,我国自然保护区建设取得了重大成就。据 1993 年底的统计,我国已建各种类型的自然保护区 700 多个,其中国家级自然保护区 77 个。森林和野生动物类型的自然保护区已建立 501 个,总面积5 059 万 hm^2,占国土总面积的 5.26%,其中国家级自然保护区 56 个,总面积达600 万 hm^2。在这些自然保护区中,有 8 个自然保护区加入了“国际人与生物圈保护区网”,有 6 个自然保护区被列为《关于特别作为水禽栖息地的国际重要湿地公约》中的国际重要湿地。大批自然保护区的建立,有效地保存了我国各类典型的生态系统、最重要的天然原始森林、草原、珍贵濒危物种及其栖息环境,取得了一大批有关自然保护的重大科研成果,发挥了显著的生态效益、社会效益和经济效益。

自然环境资源保护事业在我国还是一项新兴事业,尚处于初创时期,目前,人们对建设自然保护区的重要性和必要性认识不足,在许多地方还没有引起应有的重视,有关法律法规尚未得到认真的贯彻执行,蚕食占用保护区土地、破坏自然保护区资源、随意改变自然保护区性质等情况仍然不断发生,严重影响自然保护区的建设和管理,威胁着野生动植物的生存繁衍。尤其值得注意的是我国人口众多,正处于经济发展阶段,随着改革开放的日益深化,对自然环境资源的需求量将越来越大,势必要开发利用更多的自然环境资源以满足日益增长的需求,当前如不下决心抓紧规划建设自然保护区并加强保护管理工作,将会使值得保留的典型自然生态系统、珍贵濒危动植物种及其栖息环境遭到破坏,造成无法挽回的巨大损失。因为在自然生态系统中,任何一个生物物种都发挥着无法取代的重要作用,假如一个生物物种遭到灭绝,就没有办法使其再生。

当前,加强现有自然保护区的保护管理,同时更多地划建新的自然保护区,加速我国自然保护事业的发展,仍然是一项十分紧迫重要的任务。我们要加快改革开放步伐,坚持解放思想,实事求是,大胆开拓,真抓实干,大力推进自然保护区建设,力争到21世纪初使我国自然保护区达到1 000个,总面积占国土面积的10%以上,把我国自然保护区建设提高到一个新的水平,更加有效地保护发展我国自然资源,为改善生态环境,促进社会经济的发展做出更大贡献。

(三)我国自然资源的特点

我国的自然资源一直有"地大物博"之称,但这只是一种表面的看法,如果只是这样简单地看问题,必然会导致我们在资源宏观管理政策上的重大失误。只有深入地分析认识我国资源的特点,才能正确地确定我国自然资源开发利用的方向与策略。

1. 资源的绝对数量多,相对数量少

自然资源是人们生产资料和生活资料的基本来源,人及其社会的生存和发展是建立在自然资源基础上的。因此,资源的丰匮不能只从总量上看,必须从人与资源的关系上来看,人均占有资源的数量才能准确反映资源的真实情况。我国土地面积居世界第三位,而人均仅为世界人均的27%;现有森林总面积居世界第六位,而人均森林面积仅达世界人均的1/6,全国森林覆盖率12.98%,居世界120位以后,属世界上林木资源偏少的国家;已发现矿种162种,其中45种主要矿产的潜在价值仅次于前苏联和美国,位居世界第三位,但人均矿产资源还不到世界人均水平的一半,居世界第80位,人均矿物能源(含煤、石油、天然气)仅是世界人均的1/3。鉴于此,我们在经济发展的战略选择中,应坚定地选择资源节约型的经济发展战略,加强资源开发利用中的管理工作。

2. 从总体上看,资源的质量不高,资源生产力较低

我国矿产资源多数矿种是贫矿,富矿少,适于露天开采的也不多。在铁矿的保有储

量中含铁量大于30%的富矿只占总储量的7.1%,90%以上为贫矿。在能源中,优质能源石油、天然气只占探明能源储量的28%。有的矿种虽然号称储量大,但矿石品位低、杂质多,产地分散,因而开发难度大。森林资源多分布在交通不便的边远山区和江河上游的源头及分水岭地区,给管理和开发造成很大的困难,成熟林在我国森林资源中占的比重大,这使我国森林年生长量小,仅为2.66%,平均每公顷生长量为2.4 m^3,而林业发达国家高达6 m^3。

3. 自然资源地区分布不平衡

我国耕地资源、水资源、森林资源的90%以上集中分布在由大兴安岭向西南至青藏高原东缘一线以东,即大约在年降水量400 mm等值线以东的湿润、半湿润地区;而能源、矿产为主的地下资源和天然草地相对集中于西部。自然资源东西部差别极其显著,南北资源组合差异也较大。长江以北平原广,耕地多,耕地资源占全国耕地面积的63.9%,但水资源少,只占全国的17.2%;长江以北煤炭占全国的75.2%,石油占全国的84.2%,而长江以南则缺能严重。资源在空间分布上的不匹配,资源组合的错位,对资源的开发和社会经济的发展都有很大的影响,我们不能停留于全国资源总量的估计,及其对达到今后经济发展战略目标保证程度上的分析,同时也需要很好研究资源开发的地区合理布局。

4. 在目前和今后的经济发展中,许多自然资源的供需矛盾日益突出

由于经济发展水平不同,对自然资源需求的增长速度也不一样。对世界各国原材料的消费与国民生产总值增长之间的历史资料分析表明,当一个国家的人均国民生产总值在2 000美元以下时,对原材料需求的增长速度高于国民生产总值的增长速度,当人均国民生产总值超过2 000美元对原材料需求的增长速度就减慢。我国经济在今后一个相当长的时期内将处于一个比较高速的增长阶段,对资源的需求量愈来愈大。但是,我国当前已经面临水、能源、原材料供应不足的严重困难。如果不从现在起切实加强地质勘探工作,并积极地加快资源的开发,到2020年,绝大数矿产资源将处于不能满足需要的状态。

二、自然资源管理的特点与对策

(一)概　述

自然资源管理,指国家对包括自然资源开发、利用和保护在内的经济活动在宏观上进行管理,以实现资源和经济的协调发展。我国《宪法》第九条规定矿产、水流、森林、山岭、草原、荒地、滩涂等自然资源,都属于国家所有;由法律规定属于集体所有的森林和山岭、草原、荒地、滩涂除外。政府是国家政权的主体,强化国家对自然资源的管理,实质就是加强各级政府及其主管部门对自然资源管理的权利和责任。

资源管理与资源产业管理是两个不同的概念,前者的主体是国家的资源管理部门,后者的主体是资源产业部门;前者是宏观管理,追求宏观经济效益,后者是微观管理,追

求微观经济效益。但两者之间又存在着密切的联系:资源管理为产业管理提供管理的基本依据,产业管理必须服从国家对资源的宏观调控,同时,产业管理又是资源宏观管理的基础,资源管理不能脱离产业管理,否则只能是空中楼阁,不能实现资源的经济效益。因此。资源管理和资源产业既有区别,又相互配合,相互制约的,只有正确处理好两者的关系,才能达到资源的社会效益、经济效益和生态效益的有机统一。

资源管理的根本依据在于资源的稀缺性,它迫使人们不断探索资源高效利用的途径,并且不断开发新资源。资源稀缺性的另一表现形式是资源对于人的反向选择性。显然,在资源占有量极为丰富的历史时期,人对资源的开发利用在种类和品位选择上具有较大的灵活性,当这种优势递减到一定程度时,反向选择性日渐起效,资源作为不同群体、不同利用方式的惟一受体,不同的利用方式带来的效益与结果大不相同,这种反向选择性正是当今资源管理的深层依据。

做好自然资源的管理工作,要综合采用多种手段。

(1)建立资源的经济管理。加强国家对自然资源的经济管理,改变长期存在的自然资源国有产权虚置或弱化、资源无偿使用等弊端,是合理利用和有效保护自然资源的有力措施。首先要按经济规律办事,建立资源产业,逐渐形成资源产业化,对主要资源如土地、水体、森林、关键的矿产实行资源产业管理,建立资源核算、消耗补偿等项制度;树立资源有价观念,运用价值规律,根据资源的稀缺程度,调整资源价格,理顺资源、原材料、加工产品三者之间的价格关系,扭转“资源无价、原材料低价、加工产品高价”的不合理价格体系,以价格杠杆促进对自然资源的管理和保护。

(2)制订和完善资源法规政策。在总结实践经验的基础上,对已经出台的有关各类自然资源的法律进行修改补充,并制定相应的实施细则,使之完善配套。要积极制定必要的综合性法律,特别是自然资源法通则,从总体上规范自然资源的开发、利用、保护和管理,理顺各类专项法律和法规的关系。还要进一步研究和制定一整套符合我国实际的资源对策和保护资源的技术政策,并要补充和调整现有的某些政策,包括国土利用政策,资源综合利用政策等,要依靠各项政策来协调各方面的关系。

(3)加强资源的行政协调管理。资源的整体性与管理的分散性之间的矛盾是造成当前在资源开发利用中国家与地方、地方与部门、地区与地区之间矛盾的原因,也是造成资源浪费、破坏的一个重要原因。强化资源统一管理,健全体制的协调功能,是充分发挥有限资源作用的重要前提。其方向应当是所有权与经营权适当分离,资源管理与资源利用的管理分开,政企分开,统一协调资源开发中部门之间、区域之间、当前利益与长远利益、局部利益与整体利益、开发利用与保护的各种关系,协调人口、资源、环境与发展的关系,强化资源管理职能。

(4)资源配置的规划管理。基于自然资源的有限性及其在经济社会发展中的重要地位和作用,国家通过规划和计划,从宏观上管理好各类自然资源,有着十分现实和重大的意义。为此,应当有步骤地开展和完善以协调经济发展与人口、资源、环境之间相互关系为主旨的综合规划,同时逐步把自然资源的开发利用和保护纳入各级国民经济和社会发展计划,用以指导区域内各行业的规划和各项开发建设工作。显然,不同类型的自然资源,其开发利用的方式不一样,从而影响到社会经济结构和发展水平;不同的社会、经济结构和发展水平反过来又影响到利用方式和程度。因此,对自然资源利用配置进行规划,就是根据自然资源与人类经济活动的这种相互关系,为自然资源的持续利用提供依据,实现环境、资源、人口、发展之间的协调。

(二)自然资源管理的特征

根据自然资源本身的特性,自然资源的管理具有下列特点。

1. 管理手段多样化,但以经济手段为主

自然资源的管理可以通过经济手段、法律手段、行政手段等进行,但经济手段应该是中心。这可以从自然资源的特点以及资源管理的目的中看出。自然资源的稀缺性要求自然资源的开发利用必须遵循经济原则,以经济效益为基础。自然资源开发应当是经济效益、社会效益和生态效益的相对统一,但这方面的综合效益应当以经济效益为基础。如果在资源开发中缺乏应有的直接经济效益,那么开发活动自身缺乏内在动力,开发规模及其发展就会受到严重限制,从而使社会效益和生态效益都难以充分有效地体现。例如,在我国黄土高原区的那些坡度大的土地上进行植树造林是很恰当的,既能防止水土流失,改善生态环境,又能在不久的将来给农民带来很好的经济收入。但是,由于林木的生产周期长,短期内农民不会获得直接的经济效益,因此农民不愿积极发展林业,为了当前的经济利益,宁愿开山造田去种粮食。因而,土地开发的生态效益和社会效益的目标难以实现。当然,在实际开发活动中,不少开发项目具有明显的经济效益,而其社会效益和生态效益十分低下。这种现象虽在近期内难以完全避免,但从长远来看却是不可取的。因此,自然资源管理必须以经济手段为主,依靠经济规律进行自然资源核算,征收自然资源使用费、环境补偿费等,只有这样,法规政策才能真正落实,行政管理才能够有效实施,有力地改变有法不依、有令不行的局面。

2. 管理主体的复杂性

我国缺乏统一的资源管理机构,部门与部门之间,地方与地方之间,部门与地方之间存在着互不协调、各自为政的现象。森林砍伐部门不管营造,开采某种矿产不管它的共生、伴生矿产。虽然我国宪法早已明确规定,除农村土地大部分是属于集体所有外,所有自然资源都归国家全民所有。但是,国家如何来实现这个所有权,则没有明确的规定。因此,在实际生活中所有权与使用权相混淆,产权界定很不清楚。资源的所有者(国家)对资源的使用者(企业、事业单位、个人等)在资源使用上的管理极不完善,导致了在资源开发利用中,以使用权的利益来排斥所有权的利益,资源使用者为了本地、本企业或个人的局部利益,而不顾资源所有者国家的全局利益,为了企业的眼前经济效益,不顾因浪费、破坏资源而牺牲生态效益、社会效益和全局的长远利益。例如号称“资源王国”的云南,其滇西兰坪的铅锌矿蕴藏量全国第一,近 5 年来,当地累计采矿

31 万 t,收益4 500万元,他们为了自身的眼前利益,采矿时“嫌贫爱富”,丢弃了大量的“贫矿”,以至大量包含多种稀有金属的共生矿石资源被遗弃,为了取得这 31 万 t 铅锌矿,消耗的矿石资源达 500 多万 t,价值几十亿元之巨。由此可见,由于资源产权不明晰,国家对于资源的所有权以及资源使用者对资源的使用权之间界定不清,使得国家在资源所有权上的经济权益没有得到体现,使得国家财富不合理地流到开发使用资源的企业、集体和个人手中。同时,也造成了资源使用权的垄断,严重影响了资源的有机配置,造成企业之间不能形成公平竞争,这显然不利于社会经济的发展。

3. 资源管理客体的分散性

这是由自然资源的区域性产生的。一些地区可能拥有丰富的矿藏和化石燃料,而另一些地区则拥有肥沃的土地和广袤的森林。资源开发的历史各个区域也不相同,发达地区由于长期资源开发,已经耗尽了他们区内的优质资源,只有依靠其先进的技术、雄厚的经济实力来利用其他地区的资源。这种复杂分布和生产在空间上的不一致,就给资源管理带来了困难,部门之间、地区之间在资源开发中会产生矛盾,而资源的宏观管理要求把资源作为一个系统来对待,这种地域性就为资源的统一管理带来复杂性。

4. 管理过程的层次性

资源系统既然是一个统一体,拥有不同特性的自然资源,不同的开发模式和目标,不同的区域特征,那么资源的管理也应当是多层次的。资源管理的基层可以说是自然保护过程,包括建立保护区,进行自然区划等。中间层应是经济管理过程,基于生态经济原则,考虑资源开发利用过程对社会经济系统及各部门之间的影响,诸如经济规划、区域发展规划等。资源管理的最高层应是社会需求管理,及对资源开发利用和生产活动的最终目的——消费进行设计和导向。传统的经济发展模式是以资源过度消耗的粗放型生产为代价的,结果导致经济增长不能持续,像我国这样一个人口负担极重、物质性资源消耗极大的发展中国家,提倡适度消费,建立节约型的国民经济体系就是为了扭转高消耗的粗放型经济发展模式,以利于国民经济的持续稳定地增长。资源立法与国民经济发展计划可以说是需求管理的初级形式。资源需求管理的基础在于:①对资源承载力及环境容量的透彻了解;②对社会生产、消费环节及其对资源环境系统影响的充分认识;③对社会经济发展及人类需求目标的合理预测。

(三)我国自然资源管理的基本对策

目前,我国的自然资源状况存在着恶化的趋势;资源利用率低,浪费严重;粗放经营,生产率低;掠夺式经营,造成资源破坏和环境恶化;地质勘探跟不上,后备资源不足。这一系列严重的问题如果不及早解决,势必加剧资源短缺,激化一系列的矛盾。因此,强化自然资源管理与保护的迫切性已经到了刻不容缓的时候了。针对我国自然资源的现状及存在的问题,加强自然资源的管理,应当采取以下基本对策。

1. 界定资源产权,建立健全资源产权管理制度

产权概念有别于通常我们所说的所有权。所有权是指财产所有者支配财产的权

利，而产权是人们是否有权利用自己的财产让他人受益的权益。比如：一个人拥有一个地区内的一片森林，另一个则拥有森林边上的一个水库，他们的所有权归属都很明确，但是，森林所有者是否有权利将森林砍掉，而引起水土流失加剧，去危害水库的使用效率。这就涉及到有关产权的问题。产权的基本内容包括行动主体对资源的使用权、收益权、排他权和转让权。

从上面的例子可以看出，两个不同所有权主体在行使各自所有权的过程中，有可能会对另一方造成损害，而这种损害是否合法不能在所有权研究的范畴内来确定。这就需要制定出某些产权制度来对这些所有权的行使范围进行界定，确定人们之间在经济活动中如何受益，如何受损，以及他们之间如何进行补偿等等问题。

在某种产权制度下，一个人的收益和损失往往不完全是由自己的行为来决定的，例如水库的淤积并不是水库所有者对水库的破坏，而是由于森林所有者对自己的森林进行大量砍伐，而使他们蒙受经济损失。这就产生了经济活动的外部效应，而产权的主要功能就在于引导人们实现将外部性的内在化。

在我国传统的自然资源产权制度下，国家是自然资源的所有者，具体由各级部门或地方政府代行管理，有关劳动者也就成了这些自然资源的经营使用者。在所有者和经营者之间出现了代理和租赁关系，但是所有者缺乏明确的人格化，造成产权关系不明确，使用权与所有权责、权、利不分，于是造成管理上的混乱。例如，在利用自然资源的过程中，一旦使用强度超过自然资源的承载能力，就会使自然资源的质量下降。为避免自然资源的贬值，要求对自然资源本身进行投资，或者将使用强度控制在一定的范围内。但由于使用者追求短期效益，往往采取“竭泽而鱼”的方式，又缺乏有效的监督，于是自然资源的投资和节制使用就很难实施。另外，我国资源产权管理上的混乱，还突出反映在现行的资源产权关系缺乏灵活的产权转让形式和资源产权转让的市场机制。我国法律明文规定任何个人、集体不得出售或出租转让任何自然资源。那么，只能允许通过有关政府和集体组织进行调配来作为自然资源流转的惟一手段，而这种流转方式难以应付迅速变化的经济环境，造成自然资源利用结构调整迟缓，自然资源配置长期处于低效率状态。如果形成比较健全的资源使用权转让的市场机制，资源的使用必然根据提供使用资金的多少以及是否有效合理使用资源的基本原则，来决定资源由谁使用。没有资源市场，资源产权转让不能按上述原则在使用者之间流动，这实际上就形成了谁占用资源，谁就垄断了资源使用权，从而阻碍了资源有效使用和合理配置。

如上所述，建立健全资源产权管理制度，应着重解决以下几个问题：①实行资源所有权与使用权的分离，建立资源的有偿使用制度。作为自然资源所有者的国家，对资源所有权的体现，首先反映在向资源的使用者和经营者征收资源税(费)，资源不能无偿的使用和占有。国家征收的资源税，可以用作建立资源开发基金，用以进行资源的勘探、整治、保护和新资源的开发。②实行资源使用权的有偿转让制度。要实行资源优化配置必须实行使用权的有偿转让，以克服资源占用的垄断。③建立专门性的资源管理的全国机构。我国资源管理主体的复杂性,不利于对资源进行全面地系统管理。以矿产资源为例,所有矿山,大多是多种有益矿物共生,但现行的勘察和矿业生产体制,都是条块分割,很难进行综合勘探评价,也难以进行开发利用。因此,建立一个有权威的国家级的资源管理机构非常必要,这个机构应当是政府委员会,有很大的权威性和决策权。

2. 建立自然资源核算体系

为了改变自然资源随着经济增长不断被破坏的趋势,在国民经济核算体系中,不仅要计算近期的增长速度,同时,还必须计算自然资源的消耗、损失和变化,从而为节约和合理使用自然资源的经济运行机制创造条件。联合国环境规划署已组织专家小组,研究资源核算与国民经济核算体系的"融合"问题。一些发达国家如加拿大、法国、美国、日本、荷兰等已开始建立资源账户,实行资源核算,以正确对待各种资源的价值,适当地调整经济增长与资源环境的关系。我国也正准备制定资源账户。资源核算主要包括以下两个方面的内容:①资源的实物量核算,即建立资源的实物账户,由相应的实物单位计量各类资源的存量和流量;②资源的价值量核算,即建立资源的价值账户。要核算资源的价值量,就必须对自然资源进行经济估计。在对自然资源进行合理定价的基础上,核算价值量及其变化。在对单项资源核算的基础上,对其价值量进行综合,得出总的资源价值量,这样就可以纳入国民经济核算体系。通过这样的核算,就可以反映自然资源的状况对经济社会发展的影响程度。而且,通过资源核算,有助于国家实现资源所有权的职能和完善资源的有偿使用制度,从而达到资源的有效管理。

3. 依靠科技进步,提高资源效益

我国自然资源开发利用中存在着严重的浪费现象,其中一个重要的原因,就是科技水平低下。比如,我国是世界上钨矿资源最丰富的国家之一,但由于加工技术上不去,目前虽能出口钨砂,而又以超过钨砂 40 多倍的价格从国外进口钨制品。因此,必须要充分利用人类对自然资源的科学研究成果,运用迅速发展起来的大范围的远距离监测通讯手段,加强对自然资源的宏观研究,探索强化自然资源管理的理论基础;加强对自然资源的动态监测和资源信息建设,为管理决策和生产建设服务。依靠科学技术提高资源效益的途径,主要从以下几个方面着手。

(1)大力进行资源勘探,增加资源后备。尤其是地下矿产资源,增加后备资源的可能性还比较大,我国地下矿产资源除富铁矿的总格局已大体明确外,其他一些重要矿产,如石油、天然气、煤、金、铜矿等的挖掘潜力还很大。因此,必须增加科技投入,提高地质勘探水平,争取重大突破。

(2)发展替代。重点在于用可再生资源替代非再生资源。非再生资源,如地下矿产资源都是可耗竭的资源,因此利用太阳能、核能代替石油、天然气作为能源,既可以节约使用可耗竭性资源,也可以维护环境质量。

(3)提高资源的综合效益。我国地下矿产资源的一个突出特点是共生、伴生矿床多,如果提高资源的综合开发能力,就可以充分发挥我国的矿产资源的优势。例如,我国云南个旧锡矿,共生伴生有27种宝贵元素,由于技术装备和开采技术落后,地方企业只能收回4种。因此,依靠科技进步,对资源进行综合开发利用是提高资源综合效益的一个基本对策。

综上所述,强化资源管理的基本对策,首先在于明晰产权,加强资产管理;其次必须进行资源的核算,以价格杠杆引导管理;再次必须重视科技投入,利用现代化的设备、方法来提高资源效益。除此之外,加强法制建设也是不容忽视的基本对策。这些基本对策各有其本身的理论依据,但在具体实施中又是一脉相承、不可分割的。因此,自然资源管理又是一项系统工程,需要多种手段,多种理论,多种对策来协同完成。只有这样,才能达到优化管理,进入良性发展轨道。

第二节　自然资源的价格管理

一、自然资源价格管理的现实意义

长期以来,我国盛行的观点认为自然资源是没有价值和价格的,造成我国价格体系的严重扭曲现象。这特别明显地表现在“资源无价、原料低价、成品高价”上,也就是说,地下的矿产资源,地面的森林资源,地表和地下的水资源等是“无价的”,绝大多数资源产品,如原油、原煤、天然气、矿石等价格很低,而制成品则价格很高。例如,1990年原煤的国家价格平均58元/t,1991年为60元/t左右,国际市场价格原煤约为39美元,折合人民币200多元/t,国内价格约为国际市场价格的1/3左右。1990年的原油价格国家统配价平均171元/t,1991年为205元/t,国际市场价为125美元/t左右,折合人民币650元/t,国内价格也只等于国际市场价格的1/3弱。铜、铝、钢等的国内价格都约等于国际市场价格的一半左右,而大部分工业制成品价格比较高,如汽车、机床、计算机、电视机等的国内价格都等于或高于国际市场价格。忽视自然资源的价值与价格,带来了一系列无法解决的矛盾。

(一)严重影响自然资源开发工作的进行

地质勘探是进行矿产资源开发的先决条件,由于资源的“无价”,地质勘探部门在查清某一矿区地质和矿产资源蕴藏情况以后通常是无偿地转让给开采部门,由于资金短缺,地质勘探工作无法正常进行,这就造成一方面很多矿产资源后备资源严重不足,急需勘探发现,但另一方面大批地质勘探人员闲置无事,无法开展工作。我国正处于工业化阶段,对各种自然资源产品的需求增长很快,但由于这些初级产品的价格很低,很多地区出现增产越多,亏损越大的现象。例如,由于原油的价格较低,西部地区尽管蕴藏大量原油,但开采费用和运输成本很高,油田投产面临严重的亏损,这将严重阻碍开发工作的进行。同时,在利润原则的驱使下,大量资金转向利润率较高的制造业中去,这就严重影响目前我国国民经济的薄弱环节——采掘工业的扩大。

(二)自然资源浪费严重

由于自然资源的无价、低价,许多使用单位都力图多占自然资源。随意截流引水,弃贫矿采富矿,乱砍林木等现象比比皆是。如果充分考虑到自然资源的价值与价格,使用时计入成本,可以防止对于自然资源的不必要的浪费。

(三)丰饶的自然资源掩饰了低劣的经营管理

采矿、伐木等第一产业部门的劳动生产率与自然条件下的丰饶性直接有关。在相同的经营管理水平下,在富铁矿开采1 t铁矿所取得的销售价格等于贫矿的5倍。油田的劳动生产率相差更大。由于自然资源无偿使用,资源富饶的企业即使经营管理较差,往往也比其他经营管理较好的企业获得更好的经营效益。因为自然资源带来的财富抵消了经营管理造成的损失,掩饰了经营管理中的一系列问题。因此,在自然资源无偿使用的前提下,很难用简单的经济指标考核直接利用自然资源的企业。只有充分计算自然资源的使用价值与价格,收取费用或税款,才能较全面的考核他们的经营管理水平。

(四)对自然资源的改善和保护造成不良影响

如果认为自然资源可以无偿使用,那么,对于它的种种改善、整治、保护措施都不会得到应有的重视,都会视作额外的负担,视作非生产性投资。这样的投资无法回收,因此常常不列入计划,造成欠账。为什么对森林只采伐不抚育更新呢? 关键是抚育更新资金没有保障。如果在采伐森林时收取一定费用,就可以保证幼林的抚育更新。

(五)影响国民财富总额的核算

国民财富是反映一个国家经济水平的主要指标,反映一个国家几百年,甚至几千年来劳动积累的成果。自然资源,是国民财富的重要组成部分。对于自然资源如何估价,这不仅是对我国国民财富的估价问题,也是对五千年来中华民族辛勤劳动成果的估价问题。由于长期忽视自然资源的核算,在实践中导致了国有资产的大量损失。

二、自然资源的价值观

在我国,之所以长期认为自然资源没有价值,主要有两个原因。一个原因是对于我国社会主义公有制的误解。由于宪法规定了矿藏、森林、土地等自然资源不能买卖。实际上,法律同样规定了国家对集体所有的自然资源可以实行征用的办法转换所有权和使用权。认为自然资源没有价值的另一个重要原因是过于强调自然资源的自然属性,把自然资源视作纯粹的自然物,忽视其社会属性。由于多数自然资源已经不是纯粹的自然物,或多或少受到社会的直接或间接的影响。自然资源不仅具有使用价值,而且具有价值和价格。

(一)构成自然资源使用价值的因素

1. 自然资源的丰度

自然资源的丰度是自然资源的自然属性。例如,油田的油气蕴藏量、金属矿的品位等都是自然丰度。自然丰度并不是自然资源的个别自然属性,而是一系列自然属性的总和。例如,一个矿藏资源的自然丰度应该包括储量、品位、有益和有害伴生矿、可选性、埋藏深度、矿层厚度与倾斜度、矿床周围岩体性质与水文地质等方面。矿藏的自然丰度是这些要素的有机组合。又如,森林资源的自然丰度应该包括木材蓄积量、木材质量、木材生长速度等要素。每一个具体的要素对于自然丰度的影响有大有小,然而,在具体评价时都不应该忽略。

自然资源的自然丰度与其使用价值成正比,自然丰度越高,使用价值也越高。

2. 自然资源的位置

位置因素,对于大多数自然资源而言,具有十分重要的作用。马克思以美国密歇根州为例说明位置的作用。那里土地贫瘠,由于接近大湖,运输便利,和那些具有较高丰度但远在西面的各州相比,反而抢先了。按照国际惯例,含铁30%以上的铁矿才有工业价值,在我国南京市附近含铁18%的铁矿已经投入工业开发。因为那里交通方便,接近消费中心,附近也没有更好的铁矿资源。

3. 自然资源中附加的人类劳动

自然资源中附加的人类劳动包括直接附加和间接附加两类。例如,人们利用卫星照相监视原始森林中的火灾并予以及时扑灭,就是一种直接附加劳动。人们对于地质资源很难施以直接附加劳动,只能用通过改善它的交通条件等形式,施以间接附加劳动。

自然资源中的附加劳动是自然资源的社会因素,绝大多数自然资源只有在经过人类的附加劳动后,才具有充分利用的可能性。

(二)构成自然资源的因素

自然资源不但有使用价值,而且有价值。自然资源中附加的人类劳动显然也是有价值的。附加的人类劳动越多,价值越大。随着社会的发展,人类附加于自然资源的劳动不断增加,自然资源的价值也逐渐提高。例如,新疆及陕北的石油矿藏,只有通过交通条件的改善,从而提高其经济地理位置的价值,就会相应提高其价值。因此,承认自然资源的价值,实质是承认人类利用、改造自然的历史,承认人类世代积累的劳动财富。

自然资源的丰度和自然地理位置是没有价值的。因为它们不是人类劳动的产物,因此只具有使用价值。

(三)影响自然资源价格的因素

影响自然资源价格的因素很多,大致可以归为两类:自然因素和社会因素。

影响自然资源价格的自然因素主要有下列三个:①自然资源的丰度;②自然资源的自然地理位置;③自然资源的有限性。自然资源的丰度是考察个别自然资源内在的属性,是从微观角度入手的。例如,考察矿藏的储量、品位,是从矿藏本身考察的。自然资源的有限性,包括自然资源的典型性、代表性和稀有性,是自然资源的一个重要属性。它与自然资源丰度是有区别的。自然资源的有限性是从一国一地区甚至全世界某一项自然资源的总拥有量这个总体入手考察的。例如,一些在其他地区已经绝迹的生物品种的价格,很难用常规方法计算。在其他条件相同的情况下,自然资源的丰度和自然资源的地理位置与价格成正比,自然资源的有限性与价格成反比。

构成自然资源价格的社会因素,主要有:①附加于自然资源上的人类直接劳动与人类间接劳动;②自然资源的经济地理位置;③价格政策;④影响自然资源价格的偶然因素,例如资源发展、气候异常、战争等。

上述影响自然资源价格的因素,对于自然资源价格的影响程度是有区别的。每一种具体的自然资源,受这些因素影响的程度也是有区别的。这里有一个基本的趋势:社会因素对于自然资源的价格的影响越来越大。有些城市地理学家在评价城市土地时,认为第一是区位,第二是区位,第三还是区位。这里的区位,实质就是经济地理位置。

(四)自然资源的价值论

价格是价值的货币表现,价值是价格的基础,据此我们如何确定那些未经人类劳动参与的天然的自然资源呢?像原始森林,尽管未附加人类劳动,但对人类来说已经越来越宝贵了。如何评价自然资源,确立自然资源的价值观,正受到各国的重视。例如我国,1996年8月29日颁布的《中华人民共和国矿产资源法(修正案)》,改变了禁止采矿权买卖、出租、抵押的规定。为探矿权和采矿权进入市场,进行出让和转让确立了法律原则。对土地、森林及其他自然资源的经济评价已有多年的历史。西方经济学家早已确立了资源价值观念,开始了自然资源货币评价方面的研究。按照传统的看法,货币不外是价值的表现形式,因此,不少学者探讨自然资源价值的决定基础,包括下述观点。

1. 劳动价值论

持这种观点的人认为,自然资源的价值取决于人类对于自然资源形成所投入的社会必要劳动量,加上资源开发费用。这种理论对于原始森林、处女地、天然矿藏的评价束手无策,若把一切直接或间接为资源管理而设立的资源机构的费用开支分摊一部分给这类资源,那也只能获得很小的价值量,这个价值量没有什么现实经济意义。

2. 财富价值论

威廉·配第认为劳动是财富之父,土地是财富之母,一语道出自然资源与劳动结合才是一切财富的源泉,就是说,自然资源是一种财富,是经济社会发展的物质基础。

3. 效用价值论

这种理论认为,价值反映的是客体与主体的一种关系,即客体能满足主体需要的某种功能,自然资源作为客体,能够为人类社会生产和生活提供效用或享受。

4. 稀缺价值论

"物以稀为贵",认为自然资源的稀缺性决定其价值的大小。R·D·迈克尔认为:"如果湿地充足,每增加一英亩湿地的价值愈来愈小,但是,当湿地越来越贫乏时,保留一英亩的价值愈来愈大。"

5. 自然费用价值论

认为国民经济核算体系中也应列入"活"的自然费用。在天然状态下,资源依靠生态体系中的其他自然介质和自然力形成自己的生产力，这些自然介质、自然力、加上时间因素，都是构成资源的物质基础，相当于物化劳动的消耗。

我们通过分析考察，可以发现上述价值观至少存在 3 个普遍错误。

1. 混淆了资源与一般人类劳动产品的差别

自然资源，无论其是否物化了人类劳动，物化了多少人类劳动，都与一般劳动过程的产品有差别。自然资源的特性就在于它所物化的人类劳动很少，或者完全没有物化人类劳动，不足以进行成本核算，但当它们以商品形式出现时，人们不会再根据它们的形成方式来区别决定自己的购买量。这就说明，按照评价一般人类生产劳动那样来评价自然资源的“价值”是不合适的，不符合自然资源经济评价的目标。

2. 混淆了价值决定与货币评价的差别

价值形成过程也就是人类一般劳动向产品转移的过程，或价值形成过程，只有社会必要劳动时间才能决定商品的价值量。货币评价是指人们根据某种价值观念，运用货币的价值尺度职能对商品价值的主观判别行为，受心理因素、供求状况等多种因素影响，人们的价值观不同，评价结果也不相同。作为货币评价的价值观是一种广延的价值观。

3. 混淆了货币评价标准与评价方法的差异

货币评价标准主要与评价者的价值观有关，即根据什么来评价资源的货币值；而货币评价方法则是多种多样的，每一种评价标准都会产生一系列方法。上述的某些“价值观”，在其具体内容上属评价方法问题。

许多自然资源处在原始状态，没有物化人类劳动，因而没有价值，但没有价值的资源能否获得价值呢？纯粹自然资源的价值评价实质上是货币价格评价。不含价值量的自然资源可以获得价格，因为可以向其他物化了社会必要劳动的资源一样获得货币评价。

那么，人们依靠什么对自然资源进行货币评价呢？以土地为例，在土地买卖市场上，一块处女地和一块相同面积和质量的具有悠久开发历史的土地可以获得同样的价格，可见，人们在评价未凝固任何人类劳动的处女地价格时，依据的是市场上条件相似的土地的价格。因此，没有价值或含有较少价值量的自然资源，可以依据社会价值参照系统，获得与同质劳动产品同样的经济评价。

三、自然资源定价的理论公式

（一）边际机会成本定价

所谓机会成本，是指在其他条件相同时，把一定资源用于某种用途时所放弃的用于其他用途时所能获得的最大收益。边际机会成本包括边际生产成本、边际使用者成本和边际外部成本。自然资源的边际机会成本从理论上反映了利用一单位自然资源时全社会（包括生产者）所付出的全部代价。边际生产成本包括：勘探成本、再生产成本（如人工造林)、管理成本等等。边际使用者成本是指以某一种方式利用一单位某一种稀缺自然资源时所放弃的以其他方式利用同一自然资源可能获得的最大纯收益。使用者成本存在的前提是以下两点。

第一,自然资源必须具有物质意义上的稀缺性。稀缺性可以分成两类:经济稀缺性和物质稀缺性。假如自然资源的绝对数量并不少,可以满足人类相当长时期的需要,但由于获取自然资源需要投入生产成本,而且在投入某一数量的单位生产成本条件下可以获得的自然资源是有限的、供不应求的,这种情况下的稀缺性就称为经济稀缺性。假如自然资源绝对数量短缺,不足以满足人类相当长时期的需要,这种情况下的稀缺性就称为物质稀缺性。经济稀缺性可以通过开采生产成本更高的同一自然资源得到解决,因而与使用者成本无关。与使用成本有关的只是物质稀缺性。

第二,对自然资源的使用存在着多种选择或多种机会。只有一种机会就谈不上机会成本,也谈不上使用者成本。

边际外部成本,用来代表因开发自然资源造成的全部环境损失。由于中国当前的自然资源开发往往伴随着环境污染,因而与环境有关的成本表现为边际外部成本。随着人类社会的发展和价值判断标准的变化,各项成本的具体含义也会发生变化。

边际机会成本,应等于资源使用者付出的价格,当价格小于边际机会成本时,就会刺激对资源的过度利用,当价格大于边际机会成本时,又会阻碍合理消费。因此,根据边际机会成本确立合理的资源价格,是十分重要的。

(二)根据地租论定价

所谓地租论,就是指马克思所言“资本化的地租表现为土地价格或土地价值。”无论是自然状态的土地,还是已开垦的土地,都收取地租。地租可以视为想像的资本的利息。例如,平均利息率5%,那么一个每年200磅的地租就可以看作一个4 000磅的资本利息。

基于地租论,可以推导出计算自然资源价格的基本理论公式。

首先,确认自然资源的价值 P 包括两个部分,一是自然资源本身的价值,即未经人类劳动参与的天然产生的那部分价值 P_1;二是基于人类劳动投入所产生的价值 P_2,即:

$$P = P_1 + P_2$$

据地租论,设 R_0 为基本地租;α 为代表自然资源丰度和开发利用条件,即地区差别、品种差别和质量差别的等级系数,则该自然资源的地租 $R = \alpha R_0$;i 为平均利息率,则该自然资源本身的价值 P_1 为:

$$P_1 = \frac{\alpha R_0}{i}$$

人类投入该自然资源的人、财、物力所产生的价值 P_2,可以根据生产价格理论来确定。设 A 为支付在自然资源上的人、财、物投入总额(折成资金),Q 为受益自然资源总量,N 为受益年限,则该自然资源建设投资的每年单位资源量的分摊额为 A/NQ,再考虑投入资本的平均利率 ρ,即可求得自然资源每年因社会投入产生的相当于$(C+V+M)$的那部分价值,即:

$$\frac{A}{N\cdot Q}(1+\rho)=C+V+M$$

这部分价值是该自然资源每年的生产价值,它与地租或租金是同一层次的问题。所以,该自然资源由于社会投入部分的价值 P_2,只要考虑到平均利息率,可求得:

$$P_2=\frac{A(1+\rho)}{N\cdot Q_i}=\frac{C+V+M}{i}$$

因此,自然资源总的价值量,即为:

$$P=(P_1+P_2)=\left[\alpha R_0+\frac{A}{N\cdot Q}(1+\rho)\right]$$

其次,我们再考虑自然资源价值的大小。这主要取决于它的稀缺性,越是稀缺的资源,其价值越高。而稀缺性主要体现在供求关系上。在供给一定时,其价格与需求量 Q_d 大致成正比关系;在需求量一定时,价格与供给量 Q_s 大致成反比关系。而 Q_s 与 Q_d 与价格之间并不都是固定关系。我们用 E_s(供给弹性系数)和 E_d(需求弹性系数)来分别表示供给量和需求量的变化对价格变化反映的敏感程度。则:

$$P=\frac{1}{i}\left[\alpha R_0+\frac{A}{NQ}(1+\rho)\right]\frac{Q_d\cdot E_d}{Q_s\cdot E_s}$$

第三,凡是资本,都需考虑时间因素。设 P 为现值,P_t 为第 t 年的价值,平均利息率为 i,贴现率为 i',则有:

$$P_t=\frac{(1+i')^t}{i}\left[\alpha R_0+\frac{A}{N\cdot Q}(1+\rho)\right]\frac{Q_d\cdot E_d}{Q_s\cdot E_s}$$

上式即为确定自然资源价格的基本理论公式。它完全符合完全的生产价格应该等于成本加利润再加地租的原则。当然,要将这个公式付诸实际应用,尚需根据统计数据与实践经验确定有关参数。

第三节　自然资源开发过程管理

自然资源的开发过程,包括由宏观分析决策到微观的具体组织实施,由开发前期论证到资源利用的一系列程序。过去,人类对于自然资源的开发利用,往往建立在一定的目的基础之上,进行资源利用决策,不考虑生态系统的反应,无视生态系统本身的运行规律,结果是带来大量环境问题,同时也恶化了资源持续开发利用的条件。鉴于此,自然资源开发过程必须纳入管理轨道,使其良性发展。如图 2-1 所示,对资源的管理可分为投入管理和产出管理,投入管理就是对人的行为作用于生态过程进行管理,指导资源利用的决策；产出管理就是把环境监测、资源利用规划进行综合管理，反映不同的资源利用对环境的影响及资源的制约性。

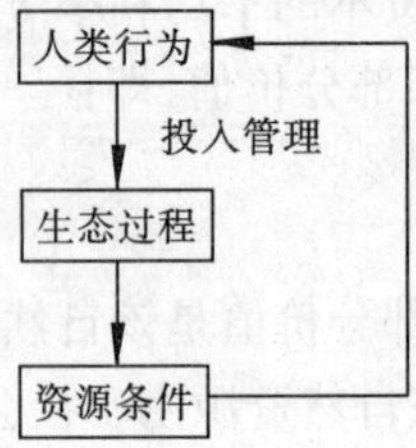

图 2-1　自然资源开发过程示意图

一、自然资源开发战略决策

自然资源开发的战略决策，指在现有条件下，根据社会经济发展的需要，对资源开发过程中那些带有全局性、方向性和长远性的问题进行策划。其中包括：①确定开发方向和总目标；②选择开发重点；③确定开发的最有效启动点及其关键环节；④明确开发步骤；⑤制定开发对策。

许多学者认为，我国自然资源开发的战略应力求做到：资源基本自给，有进有出；合理开发利用，发挥优势；开发与保护并重，持续发展落实到区域上，对东、中、西部应分别采取不同的方针。东部沿海地区社会经济资源十分丰富，而自然资源相对短缺，所以应坚持"两头在外，大进大出"的方针，内引外联，大力发展技术密集型产业；中部地区则应东引智力资源，西进自然资源，并充分发挥本区的资源优势，建立技术密集型和劳动密集型的工农业体系；西部地区因自然资源丰富，经济落后，生态环境脆弱，应大力发展资源密集型产业，建立以林牧业为主的农业体系。

正确进行自然资源的区域开发决策，必须立足于下列因素的分析和研究。

(1)区域经济发展的需要，包括区域内生产的扩大和人口的增加所产生的新的需求，区域市场扩大的需要，环境和生态保护的需要等等。

(2)区域自然资源条件的影响。区域自然资源是开发的对象，其自身条件的状况包括质量好坏、数量多少、分布状况、资源组合的运用程度等，都会对资源开发战略决策产生重大影响。

(3)区域交通条件。自然资源条件所具有的仅仅是一种潜在的资源优势，交通条件是资源优势转化为经济优势的重要条件，因为交通运输是国民经济的命脉，是生产和流通的前提。

(4)区域资金条件。自然资源的开发必须有一定的资金保证，包括对区域内及区域外资金的吸收能力，这是资源开发的保证。

(5)政策的影响。区域政策或是鼓励资源的开发，或是制约其开发，其中包括投资政策、技术政策、牧区政策等等。

二、自然资源开发规划的基本原则

(一)资源开发与经济发展总目标相结合

资源开发的目的在于发展区域经济，满足各方的需要。资源开发规划是区域经济发展总目标在资源利用上的具体化。因此，资源开发总体规划必须服从经济发展总目标。

(二)资源综合开发

一个地区的资源具有不同程度的整体性、共生性和伴生性等特点。若仅开发主要资源或采用单一的资源转换模式,则会造成严重的资源浪费和低下的资源效益,甚至可能引起资源与经济之间的恶性循环。所以,在资源开发过程中,要以自然规律和生态经济环境为指导,不但对优势资源进行重点开发,而且要对区域内的不同资源以及同一资源的不同用途进行综合开发利用。

(三)不均衡开发

区域资源有优劣之分,又有相对集中的特点,这就要求资源开发不能“遍地开花”,而要对重点资源和重点地区实行重点开发。这样一方面可以使资源效益尽快发挥出来,加快资源优势向经济优势转化;另一方面还可以起到以点带面、以主要资源开发带次要资源开发的作用,从而使资源开发顺序与资源系统的动态过程相适应。

(四)资源开发与保护相结合

由于资源开发能够推动经济迅速发展,对短期效益目标的过分追逐往往造成对资源进行掠夺性开发,而忽视了资源开发和经济发展具有的长期的任务和资源的更新、再生规律。这种状况不仅会加速资源耗竭,而且会引发严重的环境问题。例如,我国云南边境的珍稀树种红豆杉,遭到惟利是图的人们野蛮砍伐,目前,濒临灭绝的不是一个物种的问题,由于生态环境的脆弱性,必将对环境产生极大的破坏。因此,在制定资源开发规划时,必须考虑环境的保护,促使资源优势得以螺旋式上升,环境条件向良性循环的方向演进。

三、自然资源区域开发模式的选择

这里所说的区域开发模式是指在区域开发过程中,自然资源的空间配置形式,即生产力布局的基本形式。结合我国的具体情况,归纳出目前较成熟的几种理论模式:增长极开发模式、点轴式开发模式、资源转化模式、中心地网络式开发模式。

(一)增长极开发模式

增长极,又称增长核或增长极核,这一概念的出现和发展,首先应归功于法国经济学家佛朗索瓦·佩鲁(F.Perroux)。1955 年,佩鲁提出区域和工业发展的基本状况是:经济增长首先出现于一些点或极核上,而不是各区域同时增长。增长极开发的关键是选择好适合本地区发展的增长极。一般而言,区域内拥有强大的发展潜力的区位可称为增长极。在这里具有优势的地方资源基础、进口替代可能性、良好的外部经济条件和开发环境有利因素,因而重大的、集中的开发项目一经建立,就能够一触即发,产生脉冲式推动力;这种推动力能够逐步向区域内其他区位条件优越的地区逐层传递,并逐步波及各个区域。

增长极理论立足于国民经济结构的动态平衡与发展变化,认为经济发展具有不平衡性,在增长极或增长点上,由于其“创新”作用和经济活动的“聚集”作用,会使其产生累积增长,即产生"极化效应",而增长极的推动作用则通过价格、流量、模仿等渠道向外扩散,亦即通过"扩散效应"而带动周围经济的发展。从而,随着时间的推移,通过极化与扩散两种效应的相互作用,区域系统的经济就能从起动到起飞,进而获得持续稳定的全面发展。

自佩鲁增长极概念提出以来,增长极理论获得了长足的发展,并在区域开发实践中得到了广泛的运用。法国八个平衡大城市的建立,意大利南部地区的巴里—塔兰托—布林的工业综合体的组建,英国英格兰东北地区的增长规划等等,都是增长极理论在实践中应用的体现。

我国现阶段有大片待开发地区,这里自然资源潜力雄厚,但客观物质基础十分薄弱,只依靠市场力作用难以开发,因此,推行增长极发展战略,具有十分重要的现实意义。借鉴国内外的经验教训,在区域开发中培植增长极应注意以下几个问题。

(1)确定和培植适宜的增长极规模。落后地区的开发,首先要根据当地资源、资金条件和社会经济基础,确定适宜本地区发展的增长极规模。

(2)选择适宜的区域和地点培植增长极。这些区域和地点主要指自然条件、社会经济条件和对外交通条件相对较好的地区,亦即在不发达的较低发展轴线上确定重点开发的城镇和产业,既可使增长极得到健康发展,又可使一定区域获得增长极带来的社会经济效益。

(3)在增长极内积极地开创主导产业和非主导产业协调发展的局面,选择对区域其他部门关联强度大的部门作为主导部门。

(4)增长极应与区域协调发展,如果增长极与区域经济无联系,它们对区域发展就会产生抑制作用,或丝毫不起带动作用。

目前,我国经济建设进入又一个关键时期,作为区域经济发展的决策者,应根据区域的自然基础、社会经济基础和区位特点,兼顾公平与效益原则,将区域倾斜与产业倾斜结合起来,正确培植增长极的形成和发展,促进区域经济的迅速起飞和持续发展。

(二)点轴式开发模式

点轴开发理论的中心内容是:①在一定的区域范围内,规定若干生产、位置、资源较好的、具有开发潜力和远景的重要交通干线经过地带,作为发展轴予以重点开发;②在各个发展轴上确定重点发展的中心城市,规定各个城市的发展方向、吸引区域;③确定中心城市和发展轴的等级体系。较高级的中心城市和发展轴影响较大的区域,应当集中较大的力量开发。随着区域经济实力的增强,开发重点逐步转移和扩散到级别较低的发展轴和中心城市。

点轴渐进式扩散理论重点论述了经济的空间移动和扩散是"点"对区域的作用和"轴"对经济发展的影响。它是通过重点采取小间距条约式的转移来实现的。

在政策上,点轴理论主张我国宏观区域开发宜组成由海岸带和长江轴相交而成的"T"形开发格局,并规定了珠江——南昆轴的二级开发轴线。

一般认为,增长极开发适用于经济较落后的地区,点轴开发适用于发展中地区。如我国中部和大部分东部地带,具有较雄厚的物质技术条件,自然资源也较为丰富,要促使这类地区的发展,关键是采取点轴式的开发格局。选好重点开发轴线,采取轴线延伸,逐步积累一些新的增长极,促使其逐步形成产业密集带。

(三)中心地网络开发模式

中心地网络开发是以城镇作为一定的地域范围内的中心地,以交通、通讯等基础设施为网络,实行区域全面开发。这种开发方式多见于经济较发达的国家和地区。在我国京津唐地区、长江三角洲和珠江三角洲地区也出现了这种开发形式。中心地网络开发是由点轴式开发进化而来。一般而言,点轴式开发到一定阶段,就需要在与中心城市相适宜的距离上,选择较好条件的城镇作为次级开发中心,并在中心城市与次级开发中心之间建立次级开发轴。中心城市通过次级开发轴对次级中心进行技术、信息扩散,并开展相互经济合作,之后,围绕次级中心,又建立起三级开发中心,如此等等。不同级别的开发轴在地域上可以有重叠部分,这样,网络式开发的定向格局逐步形成。

区域开发模式由增长极—点轴式—网络式发展,反映了区域开发空间地域结构的演变规律,假若犯"急性病",不按规律办事,势必造成经济损失,影响区域发展。同样,如果在区域开发的中级或高级阶段,仍安于现状不及时更新开发模式,那么势必会加剧区域差异矛盾。区域开发模式的这一过程,只是区域经济发展的一个环节,当完成网络式开发工作之后,必然进入新一轮的点轴式开发,开始新的一轮区域开发空间结构演变。

(四)资源转化战略

资源转化战略是指一个国家或地区根据自己的实际情况,凭借一种或几种资源优势,转换成经济技术发展所必需的其他资源,扬长避短,使经济技术在较短时间内有一个较大的发展,从而保持或达到国际先进水平。一般而言,一个国家要成为经济技术发达国家,需要四种资源优势,即自然、技术、人力和资金优势。因此,我国要成为经济技术发达的国家就要引进外国资本和先进技术,利用20世纪五六十年代国家市场上廉价的能源和矿物资源,努力培养人才,扶持民族产业,不断强化资源优势,这样才能屹立于世界。

一个国家的自然资源只是一种潜在的社会资源,如果没有其他资源的合理配置,就不能转化为国民财富。在我国就存在着西部地区令人惊讶的"富饶的贫困"现象。一个区域内的一种资源无论丰厚或贫乏,都是可以通过其他资源的合理投入与配置来产生好的经济效果的。如果缺乏其他重要的自然资源,可以凭借技术、智力资源优势从区外输入而得到弥补(如日本、新加坡、香港),当然,如果某个区域拥有巨大的、别的区域缺乏的自然资源,也可以此换取区外经济、智力资源的大量输入(如中东海湾产油国)。

在不同时期和具体的条件下,各类资源的相对重要性会有所不同,自然资源的重要性无论怎样强调都不过分,但一个区域的自然资源状况有时可能并不起关键的作用,技术条件、人才等智力资源总是最能动的、强有力的资源优势。

资源合理配置之所以重要,在于同样的资源条件如果采取不同的配置方式,则有可能产生大不相同的结果,衡量资源配置合理与否有 3 个基本原则即经济效益标准、生态效益标准和社会效益标准。追求三者的最大化是合理配置资源的总原则。虽从长远来看,3 个目标有很好的一致性,但在现实中,由于三者追求的目标具有一定的时限性,故 3 种效益之间可能会有一定程度上的不相容性。比如,就业水平的提高,可能要以生产率的降低、环境污染的加重、矿物资源的滥采为代价。因此,具体应用这一原则时,还需要进一步地权衡各种效益的相对重要性。总之,社会效益是资源配置的最终目标,往往起最后裁决作用;必须把握生态效益是社会、经济效益的长期稳定维持或提高的坚实基础;经济效益是社会效益得以实现的根本保证。

复习思考题

1. 分析世界和我国水资源的利用和保护情况及问题。
2. 简述全球海洋污染现状及对生物的影响以及如何控制海洋污染。
3. 简述全球土地沙漠化的危害。
4. 我国的水土流失与自然灾害的关系是什么?
5. 野生动物资源的概念?我国野生动物资源保护的主要问题是什么?
6. 我国使用和保护矿产资源的有效方法有哪些?
7. 世界与我国的能源保护问题主要是什么?
8. 我国的自然资源管理体制存在哪些问题,如何解决?
9. 如何加强对国有自然资源的宏观管理?
10. 为什么要实行资源价格管理?

第三章　产品资源管理

第一节　产品资源的特性

产品资源是人类为了满足生产或生活活动的需要,通过一定的技术手段与设施,利用自然资源加工后形成的半成品或成品。通常,将满足人类生产活动需要的产品资源称作生产资料;将人类满足生活活动需要的产品资源称作生活资料。本书以生产资料作为主要研究对象,即劳动三要素中的劳动对象和劳动手段,如原料、燃料、设备、工具、厂(库)房等。

产品资源是物质资源在自然界循环运动的主要形式之一。因此,产品资源管理是资源管理的主要组成部分。但是,当人们谈到资源管理时,往往认为只是对自然资源的管理,忽视了合理开发和使用产品资源的管理工作。在生产管理和物资流通管理的教科书中,大多侧重产品资源的加工、包装、装卸、保管、运输等方面,有必要从物质资源系统管理的角度,对产品资源的特性、分类及其在生产和流通过程中的管理重点进行论述。

一、产品资源的特性

产品资源是物质资源的主要组成部分。产品资源与其他物质资源的关系如图 3-1 所示。

从图 3-1 中可以看出:所有物质资源均来源于自然界。其中,自然资源直接来源于自然界;产品资源和再生资源虽然以自然资源为物质基础,但都是经人工促成某种定向转化而形成的人造资源。特别是产品资源主要来源于自然资源和再生资源;再生资源则主要来源于自然资源和因产品资源消费而产生的废弃物。从图 3-1 还可以看出:在完成了向某种产品资源的定向转化过程后,物质资源不仅可以满足人们的某项需求,而且还不可避免的产生了废弃物。这些

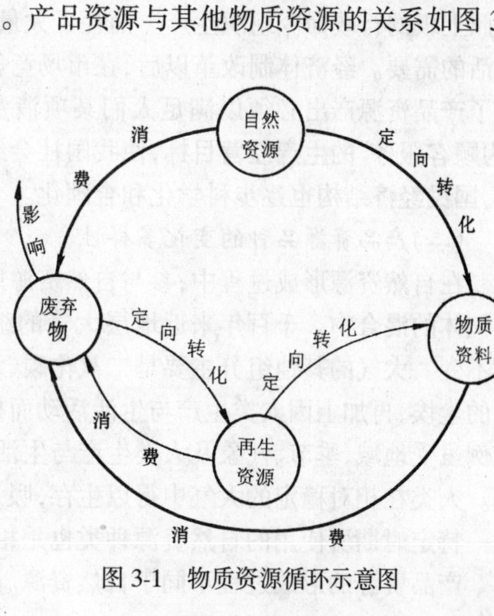

图 3-1　物质资源循环示意图

废弃物可谓产品资源产生与消费过程中的“副产品”,其种类与数量取决于产品资源生产与消费的规模和技术设施水平等。由于废弃物将对自然界及再生资源产生影响,所以在产品资源管理中,不仅要对产品资源的生产和消费进行管理,还要加强废弃物的发生控制。

在产品资源的特性中,除了具备物质资源共有的有限性、整体性、地域性与多用性等性质外,还有产品资源产出的目的性、品种的变化多样性、生产的技术性、生产与消费的不一致性以及经济性等几个特性。

(一)产品资源产出的目的性

人类社会可以使用的各种自然资源都取自于自然界。自然资源的形成不以人类的意志为转移。人类在为其生存和发展的奋斗过程中,逐渐认识自然界,并从中获取可以满足自身需求的资源。但是,产品资源的产出则与之不同。产品资源的物质基础虽然来源于自然界,但产品资源不是自然界固有的。它是以满足人类某种特定的消费需求为前提,经过加工形成的。产品资源的这个特性,是其作为人造资源区别于自然资源的主要标志之一,即产品资源的产出具有明确的目的性。倘若产品资源的产出缺乏目的性,那么,生产出来的产品资源不仅不能被消费,而且浪费了生产产品资源的各种物质资源。

再生资源作为人造资源,其产出也同样具有明确的目的性。可是,产品资源的产出目的与再生资源的产出目的不一样。即产品资源的产出目的是为了满足社会生产和生活的某项消费需求;再生资源的产出目的则是为了将人类在生产或生活消费后发生的废弃物转化为生产原料。

在过去计划管理体制条件下,产品资源生产企业很少考虑产品是否适销对路,只是按照上级的行政命令组织生产。消耗了大量的物质资源,但是还不能满足生产和人民生活的需要。经济体制改革以后,在市场竞争大潮的推动下,产品资源生产企业逐渐理解了产品资源产出必须以满足人们某项消费需求为目的的特性,提倡“消费者第一”、“为顾客服务”的生产经营目标,使我国社会经济实现大幅度增长,人民生活水平飞速提高,国民经济结构也逐步科学化和合理化。

(二)产品资源品种的变化多样性

在自然资源形成过程中,参与自然资源形成的自然要素相对固定。例如:大气是多种气体的混合物。千百年来近地层大气的组分中,氮、氧、氩三种占总量的99.6%,基本不变。大气的其他组分主要是二氧化碳、水蒸气等气体,因火山爆发、森林火灾而产生的尘埃,再加上因人类生产与生活活动而排放的硫化物、氮化物等。这些气体的构成比例虽受地域、季节、气象及人类生产与生活活动的影响,但是长期保证着相对稳定状态。人类在相对稳定的大气中得以生存,吸入氧气,呼出二氧化碳。由此可见,人类在某一特定时期所使用的自然资源种类也是相对稳定的。

产品资源的形成过程不同于自然资源。其形成目的主要是为了满足人类不断提高且不断变化的物质需求。于是,品种单一或长年不变的产品资源产品不可能存在强劲的生命力。在产品资源再生产过程中,前项产品就是后项产品的生产原料。虽然人类在某一特定时期内可以利用的自然资源种类相对稳定,但是随着人类对物质享受的不断追求,要求各种新成品、半成品不断推出。例如,由于电的发明和使用,各种各样的电器产品相继出现在市场上。在传真机、电视机、收录机、电子计算机进入市场后,又出现了将这些功能合为一体的多媒体电子计算机。为了不断完善它的使用功能和改善操作条件,又有大量的新型电子计算机被发明和制造。

产品资源品种的多样性是产品资源具备满足人类的生产与生活的各种消费需要的特性。它不仅带来了各类消费中的便利,也使得产品资源消费的通用性下降,影响了产品资源的生命周期。例如,由于彩色工业监视器的出现,黑白监视器尽管使用性能良好,但也遭到淘汰。因为大容量高速度的微型电子计算机投入市场,某些大型电子计算机便面临着被积压、闲置或废弃的危险。

在计划经济体制条件下,产品资源品种的多样性和变化性被忽视,许多产品资源生产企业若干年如一日生产着同一种产品,有些物品甚至自出生之日起就成为滞销积压产品。市场经济体制改革即顺应了产品资源品种的多样与变化的性质。市场经济体制下,需要人们不断地开发新产品。同时,产品的生命周期也不再单纯地取决于产品的使用性能,还受到产品资源品种更新变化的影响。这使得产品资源管理变得更加重要。

(三)产品资源生产的技术性

在人类的生产和生活活动中,任何一种产品资源的生产都需要通过一定的技术手段。随着社会的进步,在不同时期和不同经济发展条件下,产品资源生产过程采用的技术和设施是不同的。例如,最初的造纸业全靠手工操作,而今机械化自动化的制纸生产线在世界各国被普遍采用。又如,在我国,贫困地区的农民尚使用着传统的人力农业生产器具;但是,在实现了小康的农村地区,使用诸如电子计算机等各种现代化生产设施已司空见惯。

在现代经济社会里,产品资源生产的技术水平尤为重要,甚至上升为衡量生产企业、地区乃至国家的生产发展水平的重要尺度。一般来说,产品资源生产过程中,科学技术含量较高的企业或地区,具备了使用较少的物质资源消耗获得较大的经济效益和包括环境效益在内的社会效益的能力。例如:在粗放型经营管理阶段,产品资源管理主要侧重于社会资源供给量与需求量的简单平衡方面。可是在集约型的经营管理阶段,不仅要考虑资源数量的供需平衡,而且更多地注重开发和推广使用更高效能的资源。当今世界经济发展状况也表明,大部分经济发达国家,如美国、西欧和日本等国,产品资源生产过程的手段先进且技术含量较高。在这些国家中,既有自然资源供给条件得天独厚的美国,也有自然资源拥有量十分缺乏的日本。实践证明,无论自然资源拥有状况如何,产品资源生产技术落后的国家就不可能在世界上处于领先地位。

在发展国家经济、提高企业产品竞争能力的过程中,只有把握产品资源的这个特性,通过加强科学技术研究,加大技术投入来搞好产品资源生产和使用管理。

(四)产品资源生产与消费的不一致性

产品资源的生产过程,同时又是资源的消费过程。在产品资源生产过程中,大都需要消耗原材料、辅助材料、机械设备、工具、燃料等资源。在社会化大生产的条件下,各产品资源生产企业之间,存在着互为供需、相互依存的密切联系,形成一环套一环的产品资源生产链。但是,许多产品资源的生产与消费过程之间,并不完全协调一致,主要是存在着时间和空间等方面的差异。这样,产品资源生产出来不能立即投入消费,需要停滞一段时间,而且,差异越大停滞时间越长。

为了保证社会生产和消费的不间断进行,解决产品资源生产与消费不一致性问题,产品资源的流通过程在其生产过程和消费过程中间架起了一座桥梁。国家和企业通过建立一定数量的产品资源储备以及通过产品资源流通企业的经营活动,产品资源的时间和空间等方面的差异性问题得到解决。

(五)产品资源的经济性

现代社会已进入商品经济社会。产品资源是商品,具有使用价值和价值。其中,产品资源的价值由以下 3 部分构成:

(1)参与商品形成的各种资源消耗的价值;

(2)劳动者为自已劳动创造的商品价值;

(3)劳动者为社会劳动所创造的商品价值。

产品资源价值的(1)和(2)构成了产品资源的生产、销售等活动的总成本,(3)包含了产品资源的生产、销售等活动对社会财富净增长的贡献(即税金)和社会对劳动者(生产或销售企业)自身的奖励。可以设想:假如在商品价值一定的条件下,企业要想获得更多的社会奖励,最可行的办法就是从降低商品成本入手,特别是降低物耗,即价值(1)的量。

产品资源的经济性还表明,倘若商品市场竞争激烈,出现产品的市场价格低于价值的情况时,那么(1)的价值也越低,越能切实保证劳动者(生产或销售企业)的生存和发展,即越具有市场竞争力。

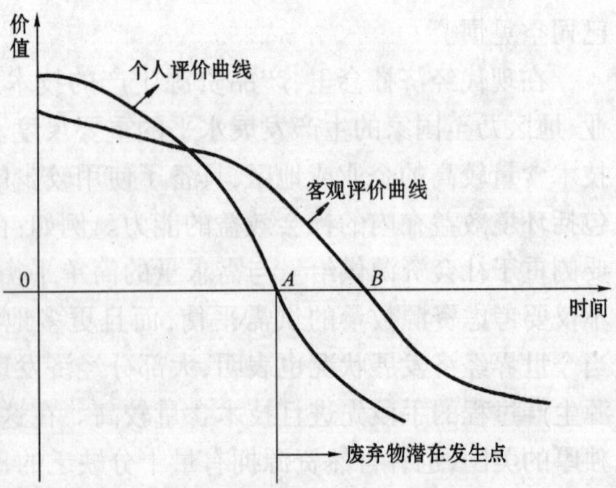

图 3-2 产品资源的价值评价图

再有,从产品资源价值评价的变化曲线(见图 3-2)中还可以得知:产品资源价值的个人评价量与客观评价量(这里将客观评价量定为产品资源的市场价格)都随着时间的延长而呈连续下降趋势。换句话说,产品资源的生产与消费之间的时间差异越大,市场价格的下降幅度越大。当时间达到 A 点时,不论产品资源的使用价值是否存在,其市场价格已降到零点。这时,产品资源因无力支付积压产品资源的管理费用而发生废弃行为。于是,使用价值尚存的产品资源就变成了废弃物。此外,图 3-2 还提示人们:在商品经济社会中,对某种产品资源的需求欲望与行动,需要以需求者的个人评价量高于客观评价量为前提;当时间到达 B 点时,不论客观评价量是否大于零,也不论产品资源的使用价值是否存在,需求者都可能将它废弃。

掌握产品资源的经济性,我们可以对产品资源从开始生产到消费的过程里所取得的使用价值与物质消耗的价值量进行比较和评价,择优汰劣,从中选择经济效益较高的部分;还可以提高产品成本管理意识,降低产品成本,减少废弃物,增强企业在商品市场的竞争能力。

深刻理解产品资源的概念,把握产品资源的特性,可以帮助人们了解产品资源在使用价值和价值的产生与消亡中存在的某些特殊性质,从而客观地认识产品资源与管理对象的本质。尤其是现代经济社会中,学会利用产品资源具有的商品经济的特殊性质,可以帮助发现、分析产品资源管理的现状和存在的问题,制定出适用不同的经济条件下的产品资源管理对策。

二、产品资源的分类

为了便于产品资源的管理,以不同的角度出发,按照产品资源的性质,大致可归纳为如下几类。

(一)按产品资源的自然属性分类

按产品资源的自然属性分类,产品资源可分为:

(1)金属材料及制品;

(2)化工原料及制品;

(3)木料及制品;

(4)油料及制品;

(5)石油及其制品,等。

不同自然属性的产品资源,有不同的使用性能,它在生产与消费过程中所需要的技术也不尽相同。按照产品资源的自然属性进行分类管理,不但能正确地发挥各种产品资源的有用性,而且还有利于各种不同自然属性产品资源的生产、废物回收及其再利用。

(二)按参与产品资源的产品作用分类

按参与产品资源产品形成的作用进行分类,可分为:

(1)主要材料;

(2)辅助材料;

(3)机械设备;

(4)工具、模具;

(5)燃料,等。

主要材料是构成产品资源产品的主要实体。辅助材料参与产品资源产品的形成,但是不构成产品资源产品的主要实体。主要材料与辅助材料因参与产品资源产品形成过程不同,在其中的作用不同,其消耗特征不一样。例如石油在塑料制品生产过程中作为主要材料,而在交通运输过程中则作为燃料。按照参与产品资源产品形成的作用进行分类,可便于人们了解各种产品资源不同的消耗特征。根据不同产品资源的消耗特征,可确定产品资源的消耗定额及预测产品生产过程中的废弃物的发生种类、形态及数量。

(三)按产品资源在社会再生产过程的阶段分类

按产品资源在社会再生产过程的阶段进行分类,可分为:

(1)生产过程中的产品资源;

(2)流通过程中的产品资源;

(3)消费过程中的产品资源;

(4)还原过程中的产品资源。

不同阶段中的产品资源对社会再生产所起的作用不同。按照这种分类方法进行产品资源管理,可以全面掌握产品资源在社会再生产过程中各阶段的分布状况,使有限的产品资源发挥最大的效能。

(四)按产品资源的使用方向分类

按产品资源的使用方向进行分类,可分为:

(1)农用产品资源;

(2)加工制造用产品资源;

(3)交通运输用产品资源;

(4)建筑用产品资源;

(5)商用产品资源;

(6)文教卫生用产品资源;

(7)军用产品资源,等。

产品资源因使用方向不同,参与生产、消费过程的形态及其作用也不同。根据不同使用方向对产品资源进行管理,可以归纳某类产品资源在不同使用方向中的消耗特性,还可以掌握同一使用方向中各种产品资源的消耗特征。

(五)按产品资源在生产和流通领域的存在形态分类

按产品资源在生产和流通领域的存在形态分类,可分为:

(1)原材料;

(2)半成品;

(3)成品;

(4)储备品;

(5)废品,等。

产品资源在生产与流通中的存在形态不同,对它们的处理方法也不尽相同。例如不同领域中的储备品在保管过程中使用的场所、设备和保管方法等有不同之处。

(六)按作为产品的产品资源的种类分类

按作为产品的产品资源的种类分类,可分为:

(1)农副产品;

(2)水产品;

(3)林产品;

(4)建筑物及配套设施;

(5)冶金工业产品;

(6)化工产品;

(7)机械产品及零配件;

(8)五金电器产品,等。

不同种类的产品,通常产于不同的产品资源生产企业地区。按照产品的品种进行管理可以全面了解更多产品的市场需求。确定本地区、企业的优势产品,优先组织优势产品生产所需要原材料等供应。便于管理不同类产品在生产与销售中产生的废弃物。

上述分类方法是产品资源分类管理中的一部分,基本上进行了产品资源的大类分类。其中每一大类的内部,还可细分成若干中小类。

三、产品资源管理的目的

当今世界的经济发展过程始终围绕着以下 3 个基本点以及相关问题运行,即:生产什么和生产多少?如何生产?为谁生产?

产品资源管理的目的是回答上述社会经济问题的最佳答案。同时,产品资源管理的目的也充分反映了产品资源管理的特点。

在自然界中,人类可以利用的物质资源是有限的,产品资源的供给也是有限的。人类虽然不断开发着新的可供使用的物质资源,但是由于新资源从开发到正式投入使用的周期、资源的价格以及供求关系等问题,因此产品资源管理的首要目的与其他物质资源的管理目的是一致的,即为了保证人类生存与发展的正常需要。

此外,根据产品资源的特性,其管理目的还有产品资源生产、流通及可持续发展的开发、使用、流通及资源再生等多方面的管理。

(一)保证物质资源循环的正常进行

物质资源是人类赖以生存的基本条件。特别是在第一次产业革命以后的百余年内,全球经济飞速发展。这种经济的发展完全依靠大量消耗自然界蕴藏着的物质资源来实现。按照这种模式,全球经济发展速度越快,自然资源的耗费量就越大,以至于当前全人类面临着全球性的自然资源的危机,人类的生存繁衍已受到各种直接和潜在的威胁。正如图 3-1 所示:当自然资源趋于零时,生产产品资源的物质来源就只剩下了再生资源。这时,倘若人们再不重视将生产与生活消费后排放出来的废弃物尽可能的定向转化为再生资源,那么,地球上可供人类使用的物质资源就可能完全消失了。地球上的物质资源循环也将处于停滞或接近停滞状态。此时,人类的命运与前途也将不可预测。

由此可见,加强产品资源管理,保证物质资源循环的正常进行的最终目的还是为了人类自身。人类只有通过尽量节省自然资源的消耗,大力开发利用再生资源,并设法减少废弃物对于自然界物质资源循环和自然资源质量等方面的影响,才能实现延长现存自然资源使用寿命的梦想。

(二)用有限的产品资源为人类创造最大的经济效益与社会效益

萨谬尔森在阐述经济学中稀缺规律时,曾引用了加尔布雷斯的观点"今天美国大部分的人生活已超过生理上所需要的水平,消费者在购买物品时的选择取决于流行风尚和广告宣传。"照这样计算,全世界的人均生活水平如果达到目前美国普通人的生活水平时,不仅物质资源消耗量将超出目前水准的几十倍,而且产品资源的浪费或废弃量也将超出目前的几十倍。为了自己也为了子孙后代的利益,人类的物质消费水平应有一个合理的限度,产品资源的管理目的也应以充分满足人类合理的物质需求为前提。

在社会再生产过程中,有限的物质资源通过在不同地域、不同行业之间进行的不同方式的分配会产生不同的效果。因此,整个社会乃至每个企业都面临着抉择。从宏观的角度来看,由于社会总的物质资源是有限的,如果某一产品资源需要量多一点,就需要多投入作为这种产品资源的主要原材料、辅助材料、燃料、建筑材料及辅助设施、机械设备等各项资源。相比之下,投入到其他产品资源生产中的自然资源或再生资源就少一些,进而,这些产品资源的生产量也相应减少。社会的选择结果将产生出不同的产品资源产品结构及不同的产量。这些产品的结构与总量会产生不同的社会产品总效用和人们对物资需求的满足程度。从微观的角度来看,由于社会总的物质资源是有限的,企业为了实现生产或将来的发展,也需要确定:生产什么产品,使用什么技术,何时生产,为谁生产等问题。根据企业抉择的结果将生产不同的产品,进而为企业带来不同的经济效益与包括环境效益在内的社会效益。

进行产品资源管理的目的就是要在一定的社会生产技术与经营能力条件下,努力使有限的物质资源创造出来的社会产品效用最大限度地满足人们对物资的合理需求。为了这个目的,产品资源管理的主要工作是采取必要措施,使分布在社会不同角落的产品资源生产企业的各项活动不脱离全社会的大目标。

第二节　产品资源定量管理

现阶段，我国经济发展尚属于大量生产与大量消耗的模式。在生产与生活活动中，人们过多地注意改善自己的物质占有状况，却对支撑自己生存与发展的物质资源管理重视不足。于是，出现了资源需求与供给的矛盾。时至今日，人类已处于资源匮乏的时代。要寻代生存的出路，就不能忽视对生产、流通、消费过程中的产品资源进行定量化的管理。这项管理工作属于挖掘资源处女地，也可称之为创造第四利润源泉的事业。因此，在社会生产发展过程中，应当树立资源定量化生产、流通、消费与再生的连锁观、系统观。

多年的实践证明，在加强产品资源定量管理过程中，定额管理是关键。即如何在生产、流通、消费过程中，运用定量分析方法进行各项资源消耗定额管理，以降低社会生产与再生产过程的资源消耗。

一、占用定额管理的概念与作用

(一)产品资源占用定额管理的概念

产品资源占用定额管理是指在一定的生产经营条件下，为保证单位产品从生产到消费合理地占用产品资源而进行的定量管理。

在上述概念中，有以下几点需作进一步的说明。

(1)概念中的“单位产品”是指以实物单位表示的一件产品，如1台机床，1个机械零件，1 t钢材等。

(2)概念中的“从生产到消费”是指从生产单位产品开始到进入消费单位产品为止的过程之中。这个过程里包含着单位产品的生产领域与流通领域，见图3-3中“A的投入产出过程”。

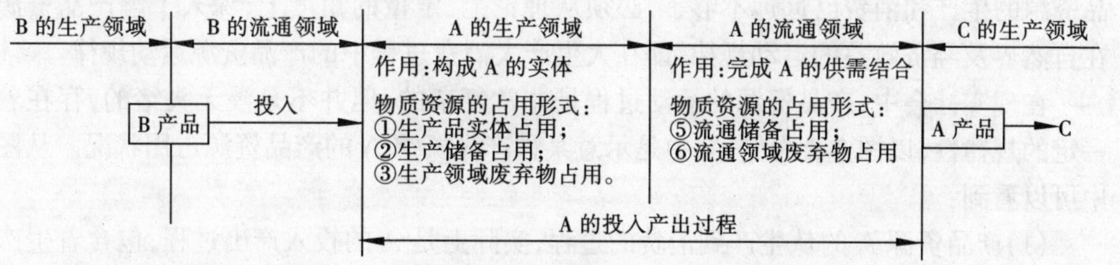

图3-3　产品资源A的物质资源占用状况示意图

(3)概念中的“合理地占用产品资源”是指在社会不同的生产经营条件下，分别测出同一产品的最低占用数量，虽然各不相同，但均应承认其合理性。这里，“产品资源”是指构成实体的消耗、生产领域与流通领域中的各种必要消耗，以及因为储备而停滞于生产领域和流通领域的必要部分。具体地说，是属于生产资料的全部产品资源，如原材料、燃料、工具、厂房、机械设备等。使用“占用”一词主要意思是为了区别目前在社会上常用的“消耗”。目前,很多人在研究产品资源的占用定额管理时,将消耗定额单纯地理解为物理上消耗掉的那部分产品资源。如果按这个逻辑推算,停滞于生产领域和流通领域的产品资源中,只将其在生产和流通领域中的各类物理上的消耗计入,其他如储备量由于不属于物理上被消耗的状态,因此,它不存在于消耗定额的管理范围内。可是,流通领域中的物质储备是保证社会再生产过程中不间断进行必不可少的条件。以图3-3的产品资源“A”的生产到消费过程为例,若不具备生产储备和流通储备,那么,A的产品,也就不可能进入他的消费领域,即产品资源C的生产领域中去。所以,即使尚未从物理上被消耗,但从资源分配的角度来看,用于生产储备和流通储备的产品资源已经被占用。为了与传统的消耗与储备管理相区别,又为准确地表达产品资源的消耗或被使用状态,这里选用了“占用”一词。

(二)产品资源占用定额管理的作用

在手工业作坊和工场手工业年代,单位产品从生产到消费的产品资源占用数量水准,主要取决于工人的生产技能与商人的个人经验。

在现代化大生产过程中,产品资源的生产与消费前提有以下几点。

(1)专业化,机械化、自动化的社会普及;

(2)精密的社会分工与复杂的协作关系;

(3)各行业内部与外部产品资源分配的比例适当。

在这样的生产条件下,为了正确处理劳动者与劳动工具、劳动对象之间的关系,合理进行各种产品资源在不同企业及不同行业之间的分配,取得高效用的总产品结构和总产品量,就必须实行产品资源的占用定额管理。

对产品资源实行占用定额管理的作用有以下几点。

1. 有助于深入了解产品资源的运动规律

随着生产力的发展,科学技术水平和经济管理水平的不断提高,只从表面上了解产品资源的生产和消费已远远不够了,必须从理论上、定量的角度上,深入了解产品资源在自然界及经济效益的运动规律,即在大生产大消费过程中的产品资源运动规律。

在现实社会中,产品资源的运动过程是非常复杂的,但并不是漫无头绪的,存在着一定的规律性,以图3-3为例,图中是示意某种产品资源A的产品资源占用状况。从图中可以看到:

(1)产品资源A的从生产到消费的过程,实际上是A的投入产出过程,包含着生产领域和流通领域。在生产领域,A完成了作为产品的自身的过程。在流通领域,A的供给与需求之间消除了障碍并结合在一起。所有产品资源在从生产到消费的过程中,不论时间长短,具体形式如何,基本上是必然经历这两个领域的。因此,作好占用定额管理,考察单位产品在生产领域和流通领域产品资源占用数量,对掌握产品资源的运动规律有重要作用。

(2)在产品资源A的生产领域左侧,又被称作为“产品资源B”的生产领域和流通领域。相对于A来说,B属于A的生产流通所需要产品资源。因为A的生产与流通所需要的主要材料、辅助材料、建筑设施、机械设备、工具、燃料等各种产品资源,所以B由B_i($i=1,2,3,\cdots,n$)所组成。这里B_i代表第i种B的产品资源供给量。用公式可将其意思表示为:

$$XLA=\sum_{i=1}^{n}GLB_i(i=1,2,3,\cdots,n)$$

式中 XLA——单位产品资源需求量;

GLB_i——第i种的产品资源供给量。

(3)在产品资源A的流通领域右侧,又可被称作为“产品资源C”的生产领域。相对于A来说,C是A的消费领域。通过A及其他产品资源的消费,C被生产出来。因此,所谓的A消费是个相对的概念。严格地说,A参加了多种产品资源的演变或定向转化,产生出一种新的产品资源。A是C的生产领域中所必需的产品资源的一种。

(4)图3-3中描述了产品资源的运动过程B、A、C,即从前项到后项的运动过程。但是,被称为A的“副产品”的生产领域废弃物(图3-3中的(3))和流通领域中的废弃物(图3-3中的(5))却没有随A从生产领域进入流通领域,或从流通领域进入消费领域,他们直接排放到自然界并影响到社会经济的发展。

2. 益于有计划高效率的宏观调控产品资源的生产与消费

在社会化大生产过程中,任何产品资源的生产与消费都既需要人类的某种需求,又不可超出产品资源实际供给量的限度。并且,任何产品资源从生产到消费的运动,不是由个人或某个小集体就能完成的,需要社会上不同行业和企业的共同配合。因此,要想使有限的产品资源发挥出高效率的社会效用,就必须要有计划。实行产品资源的占用定额管理,可以为制定宏观控制计划提供各行业的产品资源占用数量以及各行业之间产品资源占用换算比例等有效数据,从而可以掌握各行业之间相互制约的条件。当制定有限的资源必须满足既定的数量的社会需求计划时,可以根据各行业之间的换算比例进行排列组合,制定出一个较完备的计划方案。当制定满足某种程度的社会需求计划时,也可以根据各行业间与行业内部的产品资源占用形式与数量和比例关系,求得产品资源总需求量最小的计划方案。

3. 有效地帮助企业参与市场竞争

我国社会经济的发展已经为我们提供了一种新的参与方式——市场竞争。通过市场竞争,各企业之间的相互作用、产品资源的消费需求和供给的限度的有关信息,全部从市场价格的相互比例上反映出来;而产品资源消费需求的变化和供给期限的变化也从市场价格的相互比例的变化中反映出来。产品资源的生产与流通企业在市场竞争中追求的是卖出价格和获得利润最大化。产品资源的消费企业在市场竞争中追求的是买入价的最低而效用最大。于是,实行占用定额管理的产品资源等方法可以同时帮助产品资源的生产与流通企业实现物化劳动量最小，以及有关产品资源的消费企业实现在效用一定的条件下买入全额最小化。具体地说，产品资源的生产与流通企业以产品资源的占用定额为依据，精打细算防止浪费；以降低产品资源占用定额为目标，改善生产与流通的手段和条件；以获得同行业最低的产品资源占用额为动力，全方位地提高科学技术在企业生产经营中的投入。产品资源的消费企业以产品资源定额为依据，确定购买数量；以降低产品资源占用定额为目标，确定购买品种及其质量；以获得同行业最低的产品资源占用定额为动力，确定购买企业的服务水平。

二、占用定额的基本构成

为了有效地实行产品资源管理问题，首先必须了解物质资料从生产到消费者的全过程中，各种产品资源占用形式及其基本构成。然后，根据各种形式特点，选择适宜的产品资源的定额管理方法。

以图 3-3 为例，产品资源在其从生产到消费的全过程中，一般应经历生产领域和流通领域两个阶段大体上共包括 5 种占用形式。①生产领域里分为生产品实体占用、生产储备占用和生产领域废弃物占用三种占用形式。这三种占用形式的数量之和，从理论上讲，相当于生产领域中全部产品资源的占用数量。其中，除生产品实体占用量以外，生产储备占用量与生产领域废弃物占用量之和为生产品的产品资源占用总量。②流通领域里分为流通储备占用和流通领域废弃物占用两种占用形式。这 5 种形式的占用数量与生产品实体占用量之和生产品的产品资源占用总量，如图 3-4 所示。

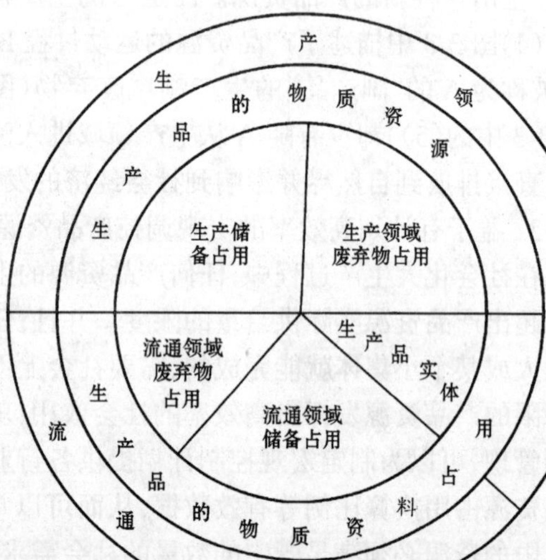

图 3-4 社会再生产中产品资源占用构成图

从图 3-4 中还可以了解到：在社会再生产中，为了消费到某一生产品，理论上需要占用不小于该产品实体的净重和净体积量的产品资源量。其公式可以表示如下：

$$\frac{\text{生产品}\ i}{\text{实体占用量}} \leqslant \frac{\text{生产品}\ i}{\text{产品资源占用量}} \quad (i=1,2,3,\cdots,n)$$

式中 生产品 i 实体占用量——被生产出来的第 i 种单位生产品实体所占有的各种产品资源量之和，kg/个；

生产品 i 产品资源占用量——为了消费第 i 种单位生产品,社会再生产必须提供的各种产品资源(含产品资源)的数量之和(单位:kg/个)。

从图 3-4 中进一步得知:人类为了消费一定数量生产品,不仅要求社会必须生产出不小于该数量的生产品,即除满足消费量之外,还需加生产流通储备量及流通领域废弃物占用量生产品,而且要求社会必须接纳、处理随生产这些生产品而排放出来的数量大于等于零的废弃物。因而,降低生产品的产品资源占用量,直至达到理想状态(即产品资源占用量等于生产品实体占用量),便成为产品资源定额管理的理想化目标。

为了便于制定产品资源各种占用定额,需将不同领域中相同占用形式进一步归纳,可得出 3 种主要占用类型。即:生产品实体占用、储备占用和废弃物占用。

(一)生产品实体占用

产品实体占用是指经加工形成的产品资源产品实体的净重或净体积。一般来说,这种占用类型处于生产领域。不论生产企业的地域条件、技术水平、生产能力之间有何等差异,只要是根据同一份设计图纸生产出来的同一种产品,其构成实体的各种产品资源的数量,从理论上讲,应具有惟一性。

(二)储备占用

储备占用是指由生产领域中的生产储备占用和流通领域中的流通储备占用构成的产品资源占用类型。储备占用类型的特点:虽然被储备的产品资源均为经加工后形成的生产品实体,但是准确地说,这部分生产品不能直接满足人类对该生产品种物质的需要,相反生产和储备这部分生产品还需要占用人类的各种物化劳动及自然界的产品资源。所以减少这种类型的占用数量十分重要。然而,如果造成社会储备占用量不足,生产企业可能因产品资源不能保证供给而无法正常生产,社会经济秩序可能发生混乱,国家政权也会随之产生某些不安定因素。所以,设定一定数量的社会储备占用量也是十分必要的。只是如何正确地测定社会储备占用是一个较难解决的问题。因为即使产品生产工艺复杂,各企业的生产条件参差不齐,但同一设计的生产品实体占用量是相同的。可即使社会生产规模再小,生产与消费再少,理论上的储备占用构成就如 3-5 所示。

图 3-5　产品资源储备占用构成示意图

生产储备占用由整备储备占用和工艺储备占用进一步构成,流通储备占用由成品储备占用、供销储备占用、在途储备占用和国家储备占用进一步构成,这些子构成系统基本上各自分属于某些企业,又分布于社会再生产全过程,因此十分复杂。下面逐一详细解释。

(1)整备储备占用是指已进入生产领域企业的仓库,处于检验过程和为投入生产而进行整备的产品资源占用形式。

(2)工艺储备占用是指已投入了生产,但尚未使用到在制品上去的产品资源占用形式,如半成品等。工艺储备占用又可细分为运送储备占用、周转储备占用以及保险储备占用。

①运送储备占用是指在产品生产过程中,半成品等产品资源在各生产工艺作业地点之间形成的占用形式。

②周转储备是指由于各生产工艺作业之间的生产节奏性的差异而形成的占用形式。

③保险储备占用是指为了防止因意外事故等发生将造成储备数量不足而影响生产正常进行而形成的占用形式。

流通领域的成品储备占用虽然分布于生产企业中,它却是指产品资源被生产出来检验完毕等待销售发送的占用形式。

(1)供销储备占用是指流通领域中产品资源用料和经营企业为保证本企业经营活动正常进行而占用的形式。供销储备占用形式还可以细分为经常储备占用、保险储备占用和季节储备占用。

①经常储备占用是指企业用于日常经营的产品资源占用形式。这种储备在进货时数量最大,而后随日常经营(如销售)而逐渐减少,最后降至零,于是下批产品资源到货,……周而复始,保证本企业经营业务正常进行。

②保险储备占用是指为了保证产品资源未按合同准时到达本企业或因销售计划发生改变而临时增加销售量而建立的占用形式。

③季节性储备占用是为了保证那些生产与消费之间存在季节性差异的产品资源不发生缺货现象而建立的占用形式。

(2)流通领域中的在途储备占用是指位于企业间运输途中的产品资源占用形式。

(3)国家储备占用也是流通领域占用的一种重要组成部分,主要是指由于国家为了防灾及保证社会生产顺利进行而批准建立及使用的那部分产品资源占用形式。

(三)废弃物占用

以图 3-3 为例,成为废弃物的产品资源占用数量基本上由生产领域废弃物占用和流通领域废弃物占用两大部分构成。

1. 生产领域废弃物占用

生产领域废弃物是指为了生产(或加工制造)出产品,而产生的合理的废弃产品资源。这里所谓合理,主要是指不可避免要产生的废弃物。因此,合理的废弃物数量中包含以下几项主要内容。

(1)在产品资源生产(或加工制造)过程中,不可避免产生的,即便可以回收也不能在原过程中再利用的工艺性废弃产品资源。例如:加工后剩下的残余料、冶炼中排放量废气与粉尘等。

(2)在生产品试制、新工艺实行过程中,不可避免地产生而又不能在原过程中再利用的次生产品。

(3)在生产领域里,产品资源在储备保管、装卸、运输以及生产整备等过程中不可避免地被损耗掉,并且不可能在原过程中被再利用的部分。例如散失或飞扬的颗粒状散装材料,腐蚀了的金属,挥发的油脂等。

仅从文字上理解,似乎上述"损耗掉"的产品资源不应计入废弃产品资源的数量之中。但是,相对其他过程而言,上述"损耗掉"的各种产品资源是以该过程向社会排放的气态、液态和固态的废弃物形式存在的。

(4)在生产(或加工制造)构成中,不可避免地产生的废次生品,经回收后被原过程再次利用时发生的产品资源损耗部分。

2. 流通领域废弃物占用

流通领域废弃物是指为了完成单位产品资源的供需结合而产生的合理废弃产品资源。这里的"合理"一词,其解释同前所述。在流通领域中,废弃物占用形式的构成还可以细分为以下几个方面。

(1)在保管作为流通储备的产品资源的过程中,不可避免地产生并在下一个生产过程中不能被再利用的产品资源损耗量,如砖瓦的风化、油脂的挥发等。

这里,对于物质"损耗"的解释同前所述。

(2)在装卸、运输作为流通储备的产品资源的过程中,不可避免地产生并在下一个生产过程中不能被再利用的物质损耗量,如玻璃的破碎等。

第三节　生产过程资源管理

工业革命以来,生产过程中的大量物质消耗及产品消费后的大量废弃物的产生已造成了全球性的资源短缺与环境污染问题。这主要是因为人们只注意到如何满足消费者的各种需要,忽视了产品资源的生产过程中物质资源的合理使用与技术管理。进入20世纪80年代,发达国家在饱受自然资源短缺与环境污染危害的基础上,率先提出了清洁生产的概念。清洁生产是指从产品生产开始,就以节约能源、降低物质资源消耗、废弃物最小化为目标,以先进工艺、设备和科学管理为手段,以物质资源循环过程为核心,并在产品生产和消费过程中减少环境污染。清洁生产分为清洁生产过程与清洁产品两部分。目前,国际上常用的自然资源数量越来越少、质量越来越低、价格越来越高,为此,实行清洁生产,对解决生产过程与产品的资源管理问题均可以起着重要作用。

一、实行清洁生产的意义

产业经济发展是人类社会发展和进步的重要标志,同时也是大量消耗物质资源与破坏环境的罪魁祸首。在追求最大利润的利益驱动下,过度的资源消耗与生态平衡破坏,随着经济发展遍布地球的各个角落。在重新审视我国经济发展历程后,人们已经开始认识到需要合理地利用各种资源,并通过建立新的生产和消费方式来推动可持续发展。

1. 实行清洁生产是有限的物质资源可持续利用的要求

1992年在巴西里约热内卢召开的联合国环境与发展大会是世界对环境和发展问题的一次联合行动。会议通过的《全球21世纪议程》是全球可持续发展的重大行动计划。其中清洁生产被看作是实现有限的物质资源可持续利用与人类社会可持续发展的关键因素,号召各国在发展经济的同时,注重提高物质资源能效,发展清洁生产技术,进行清洁产品的生产,替代那些资源消耗大、对环境有害的产品。

2. 实行清洁生产是控制环境污染的有效手段

当前,人类社会发展破坏了自然平衡,对人类的生存和发展构成了严重的威胁,也制约了人类的进一步发展。造成这种问题的原因是多方面的,主要是一些率先进入经济高速发展的国家走着先污染后治理的发展道路,致使地球环境付出了沉重的代价。实现清洁生产,将彻底改变这种被动的、滞后的污染控制手段,强调在污染产生前就将其削减,使产品在其生命周期中减少对环境的不利影响。

3. 实行清洁生产可提高产品的市场竞争力

产品资源的清洁生产,可以达到节能、降耗、减污的效果,从而实现降低生产成本、提高经济效益的目的。实行清洁生产,还可以提高同类产品的市场价格与消费者的认同程度。随着国际社会对得到ISO 14000系列标准认证的企业不断鼓励,清洁生产过程及其结果之一——清洁产品将对企业销售产生重大影响,直接关系到其市场竞争力的提高。

二、清洁生产理论基础和评价指标

(一)理论基础

清洁生产理论是最优化理论在生产过程中物质资源消耗控制与环境污染防治的应用。在生产过程中,物质按照平衡原理相互转换,同种产品生产过程中产生的废弃物越多,则资源消耗就越大。实际上,清洁生产理论主要是为了解决满足特定生产条件下,如何使产品的产出率最高、物料消耗水平最低的问题。

清洁生产是清洁的生产过程、清洁的产品与现行生产过程、现行产品进行比较的结果。其中,物质资源与废弃物是一对相对的概念,即某种生产过程的废弃物又可作为另一种生产过程的资源。因此,废弃物最小量这一目标函数是动态的、相对的,用一般的数量关系来优化求解是很困难的。目前,进行清洁生产管理过程应用的理论主要是物料平衡和能量守恒原理,旨在判断重点的废弃物的流向与流量,定量分析各类废弃物数量和成分,为相对的废弃物最小量确定约束条件。

1. 能量守恒原理

能量守恒原理是指在生产过程的任一环节,能量的输入和输出是相等的。根据热力学第一定律,

$$E_{in} + E_{exo} = E_{out} + E_{sto} + E_{end}$$

式中　E_{in}——进入环节中的能量,包括电,热能,焓,机械能等;

E_{exo}——离开环节中的能量,包括功、焓、热交换损失(传导、对流、辐射);

E_{out}——由于环节状态改变(温度、压力、质量等)而滞留在环节中的能量;

E_{sto}——化学反应放热产生的能量;

E_{end}——化学反应吸热减少的能量。

上式中每一种能量可表示成:

$$E = E_P + E_K + H + Q$$

式中　E_P——表示势能,工作介质由于高度变化产生的能量,

$$E_P = mgz\text{ ,kJ/s;}$$

其中　m——工作介质的质量流量,kg/s,

g——重力加速度,9.8 m/s^2,

z——位置差,m;

E_K——表示动能,kJ/s,工作介质由于运动产生的能量,一般情况下不考虑;

$E_K = 1/2\ mv^2$;v 表示速度,m/s;

H——表示焓,kJ/s;$H = mc(T - T_0)$;

其中　c——工作介质的比热,kJ/(kg·s),

T——工作介质的温度,℃,

T_0——参考温度,℃,一般指室温;

Q——热量,kJ/s,包括传导、对流、辐射等产生的热量。

2. 物料平衡原理

物料平衡原理类似于能量守恒定理,其表达式为:

$$M_{in} = M_{out} + M_{sto}$$

式中　M_{in}——进入生产环节中的工作介质的质量流量,kg/s;

M_{out}——离开生产环节工作介质的质量流量, kg/s;

M_{sto}——由于化学反应等滞留生产环节中的质量流量,kg/s。

3. 废弃物最少化理论

在能量守恒和物料平衡原理基础上,可通过一定的约束条件达到目标函数——废弃物最少化。下面介绍废弃物最少化分析方法的目标函数与约束条件的设定。

(1)目标函数

正如前面所述,目标函数是动态的,相对的。一个生产过程,一个生产环节,一种设备,一种产品,在不经过末端处理设施而能达到相应的废弃物排放标准或要求的能耗标准等,就可以认为目标函数值得以实现。由于各地区的废弃物排放标准和能耗标准等是不同的,目标函数值也是不同的,而且随着技术的进步,标准发生变化,目标函数值也会发生变化,因此,清洁生产废弃物最少化理论不是求解目标函数值,而是为满足目标函数值,确定必要的约束条件。

(2)约束条件

通过能量与物料平衡计算,可以得出设备、工艺等产品生产过程的废弃物发生量,以及资源消耗量(含能源消耗量、原材料消耗量等)与目标函数的差距,进而确定约束条件。约束条件包括:原材料及能源、生产工艺、主要设备、维护管理、产品、资金等。

(二)评价指标

在资源管理工作中,清洁生产评价主要是围绕清洁生产过程的物质资源消耗及废弃物发生等效果进行评估的方法,目的是使不同的生产过程能够相互比较。根据清洁生产中的资源管理需要,下列几种指标可以采用:

1. 废弃物发生率

$$ELF = \sum F_i / W$$

式中 ELF——表示废弃物发生率,%;

$\sum F_i$——表示单位产品各种废弃物发生量之和,t;

W——表示单位产品重量,t。

2. 资源生产力

$$R_P = \frac{\text{经济附加值} \times \text{产品生命周期}}{\left(\begin{matrix}\text{资　源}\\\text{消耗量}\end{matrix} - \begin{matrix}\text{废弃物}\\\text{回收量}\end{matrix}\right) + \left(\begin{matrix}\text{产品生命周期}\\\text{内能源消耗量}\end{matrix}\right) + \left(\begin{matrix}\text{废弃物回收的}\\\text{能源消耗量}\end{matrix}\right)}$$

资源生产力指标(R_P)表示某一生产过程或某一产品的经济附加值及产品生命周期的乘积与该生产过程或该产品的纯资源消耗及生命周期内各种能源消耗之比。即生产过程或产品的经济附加值越高,产品生命周期越长,资源生产力就越高。然而,与前述同样的条件下,生产过程或产品的资源消耗及能源消耗越高,资源生产力就越低。虽然加大废弃物回收量可以帮助提高资源生产力,但是需要考虑废弃物回收时的能源消耗问题。

三、清洁生产过程管理

产品资源生产过程中,造成资源生产力低的原因是多方面的,产品的工艺规划、制造和装配过程、回收过程内均有需要考虑的因素。如清洁能源的利用,即在清洁产品的制造过程中,尽可能地利用水、风、太阳、地热、核、潮汐等无污染的清洁能源。又如清洁生产技术的选择,即采用无废或少废的工艺、设备,选择无害的工业原料,从而使得工艺过程中的环境污染最小。以下详细介绍有关既定产品设计方案完成后,工艺规划决定产品资源生产力的问题。

(一)工艺规划中的影响因素

产品的工艺规划主要是针对既定产品,设计合理的制造加工方案,拟定工艺路线,选择工艺设备和工艺参数等。同一种产品可以采用不同的工艺过程进行生产。经过不同工艺过程产出的产品,其资源消耗水平和资源生产力不同。下面具体分析在产品的工艺过程中,工艺方法、工艺设备、工艺参数对资源消耗水平和资源生产力的影响。

1. 工艺方法对资源消耗的影响

生产过程是在能量的驱动下,将物料转化为产品的过程。如果采用不同的工艺方法,由于加工机理不一样,物料和能量转换的方式就不一样,物料和能量在转换过程中的利用率也不一样。另外,物料和能量在转换过程中的损耗也因不同的工艺方法的技术完善程度有所区别。加工方法是影响产品制造过程中资源消耗的关键因素,工艺方法的选择是关系到资源节约的重要环节。

2. 加工设备对资源消耗的影响

工艺方法与机床设备之间是多对多关系,同一工艺可由不同类型的机床上加工,同一类型的机床又具有多种不同的型号和规格。由于不同的机床设备功率不同,在工艺过程中的能量损耗就会不一样。

3. 工艺参数对资源消耗的影响

工艺参数是指机械加工过程中的切削用量,包括切削速度、进给量和切削深度等。切削用量的选取对机床的能量消耗有直接影响。增大切削量,可以缩短切削加工时间,从而减少机床的能量消耗。但是,切削深度和进给速度的增加,又会使切削力增大;切削力直接影响机床的切削功率,切削力越大,切削功率越大,能量消耗增加;切削速度越大,机床空载功率增大,增加机床能量消耗。因此,切削用量的选取应取一个最佳组合值,使机床消耗的总能量最少。

综上所述,工艺规划对产品生产的资源消耗有多方面的影响因素。为了提高资源的综合利用率,需要对工艺参数、工艺方法、设备等进行系统优化。

(二)清洁生产工艺过程的实现

实现清洁生产工艺过程,就是要将废弃物流变成绿色产品流,将工业生产中的开环系统变为闭环系统。具体清洁生产工艺过程的实现条件可概括为以下几个方面的转变:

(1)从产品生产的终端控制到源头的资源管理与控制;

(2)从单一品种的资源管理转向所有物质资源与环境全体;

(3)从生产环节转向生产全过程的资源管理与控制。

四、清洁产品管理

所谓清洁产品,亦称“绿色产品”是指能够满足消费者需要的,既有利于解决资源短缺问题,又有利于环境保护的产品资源。清洁产品管理是集产品的质量、功能、寿命和环境保护为一体的管理系统,主要内容为清洁产品的材料选择与结构设计。

(一)清洁产品的材料选择

材料选择是清洁产品设计中的主要组成部分,也是进行清洁产品生产的关键与前提。清洁产品在材料选择时,不但要考虑材料的工程性质,产品的使用性能和经济效益,还要注意节约资源、防止环境污染和非再生资源的滥用,使产品既具有优良性能价格比,又有利于保护生态环境。通常,将用于生产清洁产品的材料称作绿色材料。绿色材料是指在产品的生产准备及生产过程中,能耗低、成本低、易加工、噪声小、无毒性,并对环境与人体无害的成品与半成品。在选择绿色材料时,需要从以下 3 个方面考虑。

(1)材料自身:绿色材料应具有低能耗、低成本、少污染的优点;

(2)产品生产过程:绿色材料应为易加工、且加工中无污染或少污染的材料;

(3)产品使用及废弃物处理:绿色材料属于易回收、易处理、可复用、可降解的材料。

(二)清洁产品的结构设计

清洁产品的结构设计是指根据清洁产品生产要求而进行的结构设计。它是清洁产品的形成基础。只有采用适应清洁产品要求的结构设计,才有利于原材料的回收、处理和重复利用。具体需要从以下 3 个方面考虑。

(1)制造与装配设计:不仅要使产品易于制造和装配,而且要有利于实现清洁生产和减少环境污染。

(2)可拆卸性设计:即产品的某些部件可重复使用、翻新及处理。如在设计过程中利用成组技术,将成熟结构按产品类型、连接方式归纳分类,形成典型结构库,供设计时调用。结构设计时,计算机可对整个拆卸过程进行模拟分析,并为设计人员提供每次拆卸时所需时间、成本和效果,可回收材料及零件的价值、能耗费用及有害成分的排放量等数据,以便对不符合要求的结构进行改进。

(3)可回收性设计:即在设计时就考虑产品废弃时的回收和再利用问题。如对可回收部件进行专门标识,以便可回收零件的拆卸、分类和处理;按照零件及材料的不同,分别选择回收处理工艺;掌握回收经济性及市场情况,以求最大限度地利用有限资源,使产品具有良好的协调性;可回收部件必备可拆性,以保证回收的可能性和便利性。

五、清洁生产的推进措施

当前,无论是发达国家还是发展中国家,都在推进本国企业与外资企业的清洁生产。实行清洁生产,需要政府从宏观方面积极地推行,也需要企业从微观方面去努力地落实。其中,政府的行政管理手段与强制性政策在特殊时期可以起到非常的效果和作用。

(一)各级政府推进

从政府的角度出发,推进清洁生产主要有以下几个方面的工作。

(1) 制定有效的政策,鼓励清洁生产推行;

(2) 完善现有法律和政策,克服行动障碍;

(3) 进行产业结构调整,发展资源节约产业;

(4) 开展宣传活动,提高公众意识;

(5) 支持示范项目,取得经验立即推广;

(6) 将清洁生产思想纳入学校教育之中。

(二)企业积极实行

清洁生产的基本要求是"从我做起,从现在做起",每个企业都存在着机遇但也面临着挑战。对企业来说,一般实行清洁生产有以下几个方面需要注意。

(1)制定长期的清洁生产战略;

(2)进行清洁生产的教育和培训;

(3)进行产品生命周期的资源消耗分析;

(4)进行清洁产品设计;

(5)研究清洁生产过程的关键技术。

第四节　流通过程资源管理

人类社会生产与再生产的总过程包括生产、分配、交换和消费 4 个环节。不断进行着的交换过程,构成流通过程,流通过程是从总体考察的商品交换,处于生产过程和消费过程之间,属于媒介要素。由于社会再生产过程总是由生产过程开始,生产过程出来的产品资源,经过社会分配,通过流通过程,进入(生产或生活)消费过程。因此,资源的生产目的是为了资源的消费。在商品经济条件下,社会更加重视流通过程,因为它是使产品资源由生产者转移到消费者,进而实现效益的钮带和桥梁。自 18 世纪中叶马克思资本论(二卷)问世以来,关于商品流通理论与实践的研究,已经过 2 个多世纪的漫长历程。当世界步入 20 世纪以来,人们对社会再生产过程定义为:包括生产→(分配→交换)→消费→废弃物→再生资源的物质资源再循环过程。其中,分配→交换虽然属于流通过程,然而它对从生产过程到消费过程的延伸有非常重要作用。

在社会生产发展过程,应当重视流通过程中的资源管理研究,减低产品资源在流通过程中的各种资源消耗,并注意在实践中加以总结。这就是所谓的实现产品资源流通过程中的清洁化——清洁物流。清洁物流是指从物流活动开始就注意以节能、降耗、减少环境污染为目标,以先进设施和科学管理为手段,使物流过程中的资源消耗达到最少，并尽可能地使废弃物处理实现减量化、无害化和资源化。作者认为，清洁物流过程中，以生态包装和降低产品资源损耗的管理最为重要。

一、生态包装

(一)包装简介

包装是保护产品，方便流通，促进销售，按一定技术方法采用容器、材料及辅助物等将物品，并予以适当的装潢和标志的工作总称。在市场经济条件下，包装的功能除了防止产品在运输、保存、销售中受到损害，延长产品寿命外，还追加了装饰功能、人体安全防护功能、信息提示功能等。按照包装的层次分类，大约有以下 3 大类。

1. 一次包装

一次包装主指面向购买者或消费者的产品资源销售包装，主要用于销售中的产品资源防护、装饰、信息提示等。通常，一次包装物具有外观美丽、形状各异的特点。这些包装物一经销售，随商品的所有权转移至购买者或消费者手中，遍布社会各个角落，其废弃物大多进入城市生活废弃物处理系统。

2. 二次包装

二次包装主指批发商与零售商使用的产品资源分组包装，主要用于进入销售场所前的产品防护、信息提示等。通常，二次包装物较结实，规格重量适中，可以使用标准包装容器。这些包装物于销售地点或附近拆除，一般不随商品的所有权转移至购买者或消费者手中，方便回收。

3. 三次包装

三次包装主指制造商与批发商使用的产品资源批量运输包装，主要用于从厂家至销售商的产品运输阶段产品防护、信息提示等。三次包装物的特点是非常结实，既有分散包装物、也有包装容器，其规格重量均为大型，应实现包装物的标准化，如采用集装箱等。由于三次包装不随商品的所有权转移至购买者或消费者手中，使用后回收再利用方便，应建立其循环使用系统。

(二)生态包装

随着自然资源的日渐枯竭与废弃物处理困难程度不断增加，包装废弃物治理成为世界性的资源与环境问题。在经济发达国家，包装物的使用量庞大，每年耗费数十亿美元，包装废弃物一般约占城市生活废弃物的 1/3(欧共体)至 1/2(日本)，都存在包装废弃物处理费用负担过重问题。如经济合作与发展组织(OECT)每年包装废弃物发生量约1.4 亿t。1988 年美国的包装废弃物高达5 680 万t，人均年发生量为 463 磅；加拿大的包装废弃物也达630 万t。与此同时，包装废弃物的成分发生了很大变化，不但废纸、废塑料类等可回收废弃物成分比重上升，而且有害物质与难处理废弃物的比重也大大增加，对包装废弃物管理及实现生态包装提出了更高、更急迫的要求。

生态包装是指节约资源的包装，在充分发挥包装功能的前提下，以最少的包装材料使产品资源安全而经济地通过流通渠道，送到消费者手里，最后还要使包装废弃物的处理量最小的包装工作方式。生态包装已经成为近年来国际上改进包装作业和开发合理的新包装一个重要方向。在经济发达国家，生态包装行动是为降低包装废弃物发行量和鼓励包装物再利用与再循环而进行的政府行动。

在流通过程中，实行生态包装的主要对象是一次包装(销售包装)。因为一次包装废弃物在包装废弃物中构成比较大、污染特性复杂，材质、形状不统一。尤其是在国际贸易中，随着商品销售，包装废弃物散向各国，由于各国的包装废弃物回收和资源再生技术不一，不易进行回收、重复使用与统一处理。各国的包装废弃物处理均效率低下。

在流通过程中，生态包装的实施目标有如下几点。

(1)避免不可再生资源的枯竭，降低包装物生产与使用过程中的资源消耗；

(2)减少包装物在生产、使用和处置过程中的废弃物发生；

(3)减少包装物使用优先于重复利用，重复利用优先于资源再生，资源再生优先于焚烧、填埋等；

(4)通过建立物质资源循环系统及包装物再利用设施，最大限度地减少永久性废弃物。

在经济发达国家，生态包装实施多为政府强制型，一部分企业、消费者也自愿加入此活动。实施生态包装的包装材料多为纸制品(其中瓦楞纸容器占45%～60%)、20%～25%的玻璃制品包装物、15%～25%的金属(钢或铝制品)包装物、12%～25%的塑料包装物。

生态包装的管理方法主要运用生命周期原理与评价方法，其分析流程见图3—6。

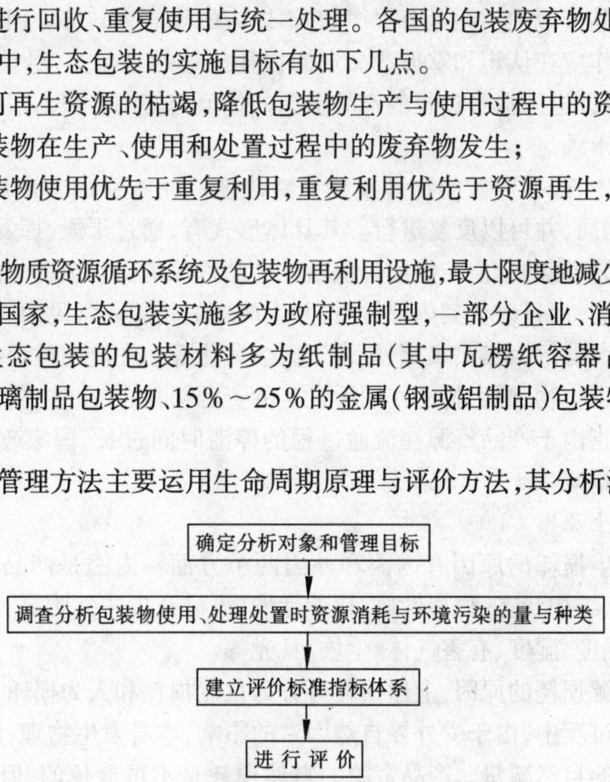

图3-6　生态包装的评价分析流程图

该方法具有专家的权威性，但是缺乏战略性，因此在使用上述评价方法之前，最好进行一些针对包装物使用的实质内容讨论作为补充。

【例如】

A. 该产品及其包装实施是否真的需要？

答：一个零售商认为，98%的二次包装可以取消。

B. 在分析评价某产品的生态包装内容之前，问一问，该产品的空间配置(工厂土地及其布局)是否最低限度地损害环境？

答：发达国家的产品制造商过于集中化、大规模化，目前正在向人均GDP低的国家转移。

C. 大量瓶装洗涤剂是否造成包装物的大量使用与废弃?

答:大量瓶装洗涤剂在拆包装变小量瓶装洗涤剂时,可以回收,以利减少包装物的大量使用与废弃。

二、产品资源损耗控制

在流通过程中,产品资源的损耗可分为物理损耗、化学损耗、生物损耗和精神损耗等多种形式。产品资源的损耗是有规律的,不以人的意志为转移。因此,流通过程中的产品资源管理工作应在认识和掌握产品资源损耗规律的基础上,尽量避免不必要的产品资源损耗,以保证进入消费过程的产品资源的价值与使用价值。

(一)损耗的形式

在流通过程中,产品资源的物理损耗主要改变产品本身的外部形态,不改变其本质,不生成新的物质,并可以反复进行。其具体形式有,通过干燥、挥发、熔化、变形等物理损耗,降低产品资源的价值与使用价值量。产品资源的化学损耗与物理损耗不同,不仅改变其外部形态,而且改变其内部性质,并生成新的物质。常见的产品资源化学损耗可分为化合、水化、分解、水解、氧化、聚合、老化、风化等。在流通过程中,产品资源的生物损耗是指在受到生物、微生物的作用后发生的资源损耗,如虫蛀、鼠咬、霉变、腐朽等。精神损耗主要是指由于产品资源在流通过程的停滞时间过长、国家政策等原因造成的价值与使用价值量减少。

(二)损耗产生原因

产品资源发生损耗的原因有内因和外因两个方面。内因是产品资源所固有的特性。如化学成分、结构状态、物理性质、化学性能、机械及工艺性质等。外因是外界自然因素的影响,如温度、湿度、有害气体、尘埃、日光等。

按照产品资源损耗的原因,上述损耗可分为自然损耗和人为损耗。所谓自然损耗,是指物资在流通过程中,由于受外界自然因素的影响,本身发生物理、化学、生物损耗所造成的不可避免的自然减量。产品资源的自然损耗是不可避免的,但其损耗量的大小要有一个标准。其损耗量在规定的标准之内是合理的,若超出规定的标准,则视为不合理的损耗。衡量自然损耗是否合理,标准就是自然损耗率。它是指在一定条件下和一定时间内,某种产品资源的损耗量与该产品资源流通量的百分比。产品资源损耗受多种因素影响,如类别品种、包装状态、储存地点、保管条件、保管季节、在库时间等。由于具体情况不同,其自然损耗率也有很大差别,产品资源自然损耗标准,一般是按照产品资源的种类、储存场所、包装及储存容器状况、保管季节和在库时间等分别制定的。据此标准,计算出合理的损耗量。

所谓人为损耗,包括精神损耗,即除上述原因外,还存在流通过程中产品资源保管不善,未能严格执行产品资源流通过程的各项作业规程,使流通中的产品资源受到不应有的损失。

(三)减少不合理损耗的途径

产品资源在自然损耗范围内的损耗属于合理损耗,是不可避免的。但是,超出自然损耗标准的损耗,是不合理的损耗,应采取有效的措施使其尽量减少,主要途径有:

(1)改善产品资源的流通条件,包括改造流通作业设施,采用专用容器,保护产品资源包装等;

(2)对产品资源进行合理的管理,重点是加快流通速度,减少停滞时间;

(3)严格执行流通作业规程、完善检查制度,发现问题及时处理;

(4)加强对员工的培训,提高业务能力和文化素质。

复习思考题

1. 何谓开辟两个市场,利用两种资源?
2. 谈谈物流设施与管理落后对资源管理的影响?
3. 如何理解物料的概念与特性?
4. 怎样实现物料的管理目的?
5. 在市场经济条件下,为什么要坚持物料消耗定额管理?
6. 怎样把握全国的物料的储备水平?
7. 试分析市场经济条件下企业实行资源管理的必要性。
8. 我国的产业结构调整过程中,资源管理起什么作用?

第四章 废弃物管理

第一节 废弃物概论

人们在从事生产和消费过程中,一方面不断地向自然界索取物质资源,另一方面又向自然界排放大量废弃物。当人类社会进入20世纪90年代后,废弃物问题已经成为全球面临着的社会难题之一。

一、废弃物的定义

(一)定　　义

在《中华人民共和国行业标准CJJ 65—95环境卫生术语标准》中,废弃物(waste)定义为:人类生存和发展过程中产生的,对持有者没有继续保存和利用价值的物质。

根据这个定义,废弃物属于符合以下条件的物质。

(1)废弃物是物质的,如录像带、光盘等;而思想、言论等非物质的东西不能被认作废弃物。

(2)废弃物是围绕人类而定义的物质,其他动物或植物,如野生动物排出的粪便,植物排出的废气,均不算作废弃物。

(3)废弃物是在人类生存与发展的过程中产生的,也就是在人类各项日常活动中产生的,如学习、吃饭、工作、旅游等。

(4)所谓废弃物,主要针对物质的持有者而言。因为从法律意义上说,物质的持有者不一定是物质的所有者,而物质的所有者并不一定持有该物质。

(5)废弃物是持有者认为已经丧失了保存价值和使用价值的物质。因为只要持有者认为某物质不再具有保存价值或使用价值时,都可能将其废弃。

(6)废弃物是具有相对意义的物质。因为自然界里的任何物质都具有某种用途,不存在绝对的废物。对某人来说属于废弃物的东西,用另一人的眼光来看不一定就是废弃物。

世界各国对废弃物的定义各不相同。如日本有关废弃物处理及清扫法律中,将废弃物定义为:废弃物、粗大废弃物、灰渣、污泥、粪尿、废油、废酸、废碱、动物尸体及其他污物及不要物,固体及液体的物质。美国的《资源保护和回收法》将废弃物定义为资源的一种。

(二)定义的应用

从我国的废弃物定义中,可以看出有用物与废弃物的主要差别在于其是否存在保存和利用价值。因此,人们可以根据废弃物的定义来判别物品的有用性与废弃的可能性,从而有助于指导人们在生产与生活物品中注意最大限度地提高物品的利用率和保护资源,减少废弃物的产生。目前,直接根据废弃物的定义进行废弃物判别的方法主要有两种,一种是列表判别,另一种是曲线判别。两种方法的表现方式虽有不同,但实质一致,并且能从不同的侧面揭示判断废弃物的实质。

1. 列表判别

所谓列表判别,就是使用表格的方式判断物品有用性的方法。在表中,将废弃物定义中有关物质保存价值和使用价值等内容作为主要判别因素(见表 4-1),综合评价并进行判断。

表 4-1　废弃物判断表

保存价值	利用价值	判别结果	举　例
有	有	有用物	日常用品
无	有	潜在废弃物	滞销产品
有	无	收藏物	古董、纪念物
无	无	废弃物	废纸、废瓶罐

由表 4-1 可得知,当某物品同时具有保存和利用价值时,称该物品为有用物,如人们日常的衣物、鞋帽等;当某物品不具有保存价值而具有利用价值时,称该物品为潜在废弃物,属于随时可能被废弃的物品,如许多尚未进入消费领域就被扔在库房置之不用的滞销产品;当某物品具有保存价值而不具有利用价值时,称该物品为收藏物,如恋人间某些信物虽不具有利用价值,却具有很高的保存价值;当某物品既不具有保存价值也不具有利用价值时,称该物品为废弃物,如使用过的一次性碗筷等。由此可以认为,保存价值对判别废弃物起着直接地影响作用。因为不论物品的利用价值存在与否,只要其保存价值不存在,那么物品就可能被废弃。如许多家庭在购买新家具后,淘汰了尚可使用的旧家具。

表 4-1 不仅可以用来判别废弃物,还可用于指导人们的日常生活和工作。如表 4-1 告诉人们,在生产和生活中应尽量购置保存价值较高或可以延长保存期的物品,在物品具有保存价值的期间内尽量发挥其使用价值。同时,不要轻易废弃虽失去使用价值,但可以保存很长时间(如收藏品、伟人的物品等)的物品,因为这些物品有可能升值。

2. 曲线判别

从经济学角度来看,商品是有保存价值的物品,也就是有价物。废弃物是无保存价值的物品,也就是无用物。应用商品周期原理制成图 4-1,表示有价物向无用物转化的过程,即废弃物形成过程。

从图 4-1 中可以看出,表示一般商品价值转化过程的“社会评价价值”曲线在初始位置——商品上市初期(T_0)的价值最高;随着时间的推移,商品价值持续一段时间后便开始缓慢下降，至 T_a 时商品社会评价价值为 0（此时，商品已经变成了废弃物，故而 T_a 亦称为“废弃物发生时点”）；随后社会评价价值降至“负”价值。社会评价价值成为“负”价值以后，物品不再像商品一样具有“正”价值或称具有价值，相反还因废弃物的贮藏、保养及处理阶段的各项支出而造成了价值的负数，不论对生产还是对生活活动，都是不必要的开支。

图 4-1 中，“个人评价价值^1”曲线在初始位置（T_0）达到价值量最高值，并高于社会评价价值。这是因为一般情况下，人们常常购买个人评价价值高于社会评价价值的商品。随着时间的推移，个人评价价值^1 的价值量不断下降，早于“社会评价价值”曲线，于 T_b 时价值量为 0，然后降至“负”价值。“个人评价价值^1”曲线表示了较富裕的人们对商品价值的评价过程。该曲线的主要特点是，个人评价价值保持时间短，曲线下降速度快，废弃物发生早。该曲线反映了造成废弃物大量发生的实质。

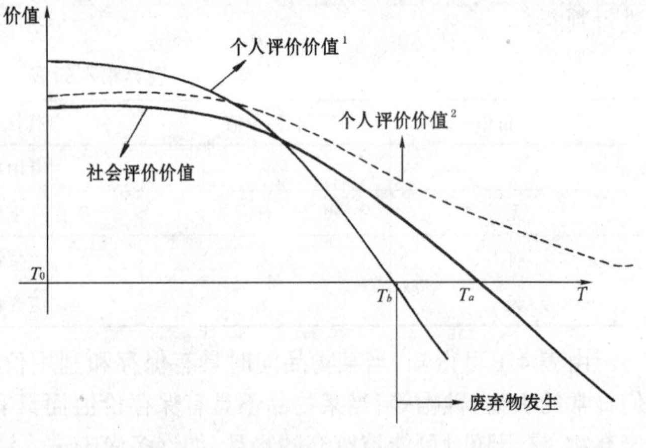

图 4-1 废弃物形成过程示意图

从图 4-1 亦可以得出，“个人评价价值^2”曲线在初始位置（T_0）达到价值量最高值，并稍稍高于社会评价价值。随着时间的推移，个人评价价值^2 的价值量缓缓下降，晚于“社会评价价值”曲线，甚至不使价值量为 0。“个人评价价值^2”曲线表示了较贫困的人们对商品价值的评价过程。该曲线的主要特点是，个人评价价值保持时间长，曲线下降速度慢，废弃物发生晚。该曲线介绍了减少废弃物发生的途径。

从图 4-1 还可以得到以下几点启发：

（1）消费者在选购物品时，应尽量超值购入物品，然后尽量快速使用，最大限度地发挥其使用价值，以减少价值的损失。比如目前电脑更新换代速度非常快，刚刚流行的奔腾Ⅱ产品随着奔腾Ⅲ处理器的推出，已经走入退役的行列，只有尽快地使用才能获得最大的效用。

（2）废弃物一旦发生，若不及时排除，就需要额外负担保管等项费用。

（3）穷人眼中无废物。因此，应重点对富人进行节俭教育，以减少废弃物的发生。

（4）在自然状态下，经济发达地区或富裕人群的废弃物产量高。比如美国的废弃物占世界废弃物年产量的 10%。中国改革开放 20 年来，经济得到迅猛发展，废弃物的发生量也以飞快的速度增加,一些地方曾出现废弃物包围城市的现象,已到了非治不可的地步。

二、废弃物的分类

废弃物来源于人类生产和生活活动各个环节,其种类繁多、组成复杂。

(一)按废弃物的形态划分

若按废弃物的形态划分,废弃物有气态、液态与固态等3种形态。

(1)气态废弃物(gas waste),如工厂烟尘、汽车尾气等。

(2)液态废弃物(liquid waste),如生活污水、工业废水、有机溶剂、废酸、废碱等。

(3)固态废弃物(solid waste),亦称固体废物、废弃物(refuse)。如城市生活废弃物、粉煤灰、渣土、包装材料等。

《中华人民共和国固体废物污染环境防治法》中,固体废物是指在生产建设、日常生活和其他活动中发生的污染环境的固态、半固态废弃物质。我国将某些液态废弃物和置于容器中的气态废弃物也包含在固体废物污染环境防治法中,主要是为了便于废弃物的环境污染治理。世界上其他国家,如日本等,在有关废弃物治理的法律中都有类似规定。固体废物的物流问题是本书重点研究对象。

(二)按废弃物的发生主体划分

废弃物的发生主体主要是指在生活活动中产生废弃物的居民和在产业活动中产生废弃物的企事业单位和团体。

(1)生活废弃物(domestic waste),即人类在生活活动中所产生的废弃物,如食物残渣。

(2)产业废弃物(industrial waste),各种产业活动所产生的废弃物。

按我国国民经济行业划分标准,废弃物可分为农、林、牧、渔业,采掘业,制造业,电力、煤气及水的生产和供应业、建筑业、地质勘查业、水利管理业,交通运输、仓储及邮电通信业,批发和零售贸易、餐饮业,金融、保险业,房地产业,社会服务业,卫生、体育和社会福利业,教育、文化艺术及广播电影电视业,科学研究和综合技术服务业,国家机关、党政机关和社会团体等产业的废弃物。

(三)按废弃物的处理责任划分

在现行管理体制下,关于废弃物的处理责任有如下两类划分。

(1)统一收集并处理废弃物:指在地方人民政府环境卫生行政管理部门的监督管理下,统一进行收集、贮存、运输和处置的废弃物,主指城市生活废弃物。如居民生活废弃物、部分产业废弃物。

(2)自行处理废弃物:是指由废弃物的产生者负责自行处理或委托他人处理的废弃物,主要指各类产业废弃物。

(四)按废弃物的处理方式划分

若按处理方式划分,可分为以下几种。

(1)可燃废弃物(combustible waste):指可以燃烧的废弃物,如废纸、废木、食物残渣、废纤维等。

(2)难燃废弃物(hard-to-burn waste):指不容易燃烧的废弃物,如废发泡塑料等。

(3)不可燃废弃物(incombustible waste):指不能燃烧的废弃物,如废金属、废橡胶、废玻璃、废陶瓷等。

(4)可堆肥废弃物(compostable waste):指适用于利用微生物发酵处理的废弃物,如食物残渣等。

(5)不可堆肥废弃物(noncompostable waste):指不适用于利用微生物发酵处理的废弃物,如废玻璃、陶瓷等。

(五)按废弃物的化学性质划分

若按废弃物的化学性质分类,可分为如下2类。

(1)有机废弃物(organic waste):指由有机物料构成的废弃物,如动物尸体、废塑料、废纸、废纤维等。

(2)无机废弃物(inorganic waste):指由无机物料构成的废弃物,如废金属、废玻璃陶瓷、炉渣等。

(六)按废弃物的污染危害程度划分

(1)危险废弃物(hazardous waste):也称为有害废弃物,是指对人体健康或环境造成现实危害或潜在危害的废弃物,或指列入国家危险废物名录或者根据国家规定的危险废物鉴别标准和鉴别方法认定的具有危险特性的废物。通常我国将具有易燃、易爆、放射、腐蚀、反应、传染等6类废弃物视为危险废物。如废弃的强酸、强碱液等。

(2)一般废弃物:指危险废弃物以外的废弃物。如废纸、食物残渣等。

(七)按废弃物的自然性状划分

按废弃物的自然性状划分可知,废弃物主要分为城市生活废弃物、产业废弃物两大类,在城市生活废弃物中又包括居民生活废弃物,如废纸、食物残渣、废纤维、废木竹、废塑料、废橡胶、废金属、废玻璃陶瓷、废家电制品、废家具、废自行车等私用交通工具、废厨厕用具等,以及与居民生活废弃物自然性状相同的部分产业废弃物。产业废弃物包括炉渣、污泥、废油、废酸、废碱、废塑料、废纸、废木屑、废纤维、动植物性残渣、废橡胶、废金属、废玻璃陶瓷、矿渣、建筑废料、动物粪便、动物尸体、粉尘等种类。

进行废弃物分类的意义主要是有利于废弃物的资源化管理。对废弃物进行详细的分类，不但有助于对废弃物发生后的收集到废弃物的最终处理等一系列环节进行严格控制，防止废弃物的二次污染，还可以提高废弃物处理过程中资源化的效率和经济效益。例如某一企业可能同时产生很多种废弃物，若均自行处理，成本很高；不同单位会产生同一种废弃物，可以进行集中处理以降低费用。再有，对废弃物进行分类，有益于正确选择废弃物的处理方式，使废弃物的处理向高效化、产业化方向迈进。

三、废弃物处理流程

流程是指为完成某一目标而进行的一系列逻辑相关的活动的有序集合。流程的实质就是工作的做法或工作的结构,或是事物发展的逻辑状况,包含了事情进行的始末,事情发展变化的经过。流程由活动、逻辑关系、承担者、实现方式等要素构成。

不同种类废弃物的处理流程不尽相同。即使是同一种废弃物由于采用不同的处理方法,其处理流程也可能不一样。例如,过去我国的铁路客车废弃物处理方式主要在旅客列车运营过程中,将客车废弃物直接向车外扫倒。这种处理流程在我国铁路客运业尚不发达时期及可降解类废弃物比例相对较大的条件下尚可使用。但是,随着我国铁路运输及国民经济的高速发展,不仅客车废弃物发生量不断增加,而且由于废塑料和废瓶罐等废弃物长期散落在铁路沿线不能降解,使环境污染加重,为此,我国铁路客车废弃物处理流程发生变化,形成了如图 4-3 所示的客车废弃物处理流程。目前我国采用图 4-3 中"处理方式 1"的客运站大都位于大中城市;采用"处理方式 2" 的客运站则主要位于城市废弃物处理系统不健全的小城镇、边远及口岸地区。从图 4-3 中可以看出"处理方式 1"与"处理方式 2"的区别主要在于:前者将列车与车站废弃物的中间处理及最终处置都交给城市废弃物处理系统;后者将站车废弃物自行焚烧、堆肥或填埋处理。

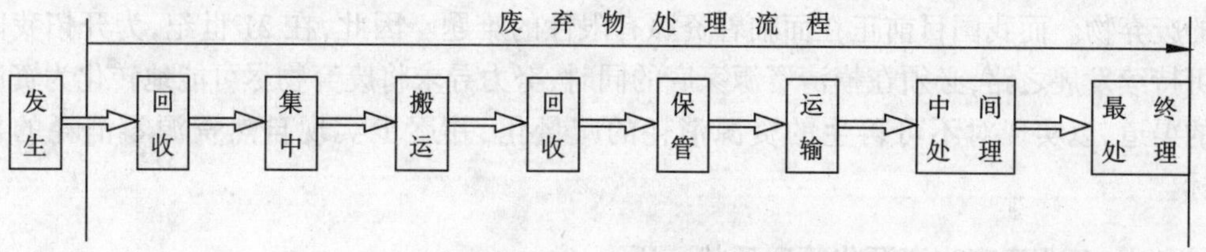

图 4-2　废弃物处理流程图

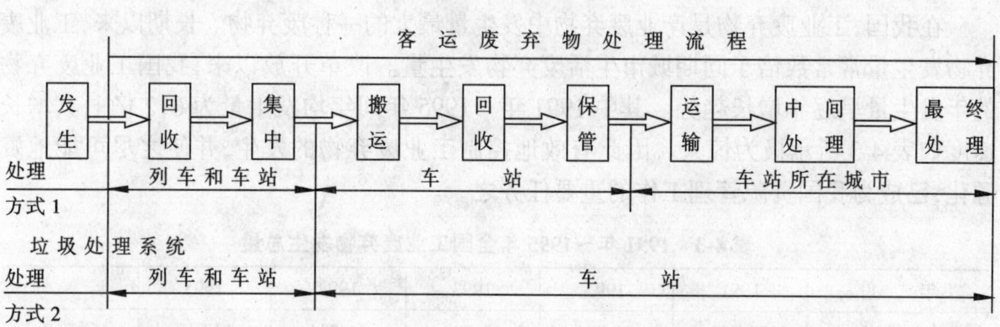

图 4-3　我国客车废弃物处理流程图

第二节　我国废弃物资源化管理现状及其问题

历史发展的实践表明,世界各国的经济增长、社会发展,不仅依赖于科学技术进步及先进管理水平,还取决于资源与环境的支撑能力。20 世纪 90 年代以来,我国国民经济和社会发展速度十分惊人。例如:1995 年～1998 年国内生产总值(GDP)的年增长率分别为 10.5%、9.6%、8.8%、7.8%,其增长速度占世界第一位。又如,对 1991 年～1998 年我国全社会固定资产投资总额的测算,其间年平均增长速度为 27.3%(见表 4-2)。今后相当长时期内,作为发展中国家的中国只有持续以高速度发展,才能跻身于经济大国之列。

表 4-2　全社会固定资产投资总量与速度

内容 / 年份	全社会固定资产投资总额（亿元）	比上年增长%	内容 / 年份	全社会固定资产投资总额（亿元）	比上年增长%
1991	5 594.5		1996	22 913.5	14.5
1992	8 080.1	44.4	1997	24 941.1	8.8
1993	13 072.3	61.8	1998	28 406.2	13.9
1994	17 042.1	30.4	年　均	17 508.6	27.3
1995	20 019.3	17.5			

资料来源:中国统计年鉴(1999)

然而,经济的高速发展,必将带来对物质资源的大量需求,同时相伴发生庞大数量的废弃物。而我国目前正在面临着资源有限性的难题。因此,在 21 世纪,为开拓我国可持续发展之路,必须在摸清资源家底的同时,努力寻求将废弃物尽可能地转化为资源的渠道,以实现对不可再生的资源消耗的减量化,并逐步实现自然资源零消耗的目标。

一、工业废弃物资源化管理现状

在我国,工业废弃物是产业废弃物中发生量最大的一种废弃物。长期以来,工业废弃物发生量常常数倍于同期城市生活废弃物发生量。改革开放以来,我国工业废弃物的年发生量呈逐年增长趋势。其中 1991 年～1995 年间年均发生量为 6.2 亿 t,其增长速度如表 4-3 所示极为惊人。因此有效地控制工业废弃物的发生,并使之尽可能地资源化,已成为我国资源管理工作的重要任务之一。

表 4-3　1991 年～1995 年全国工业废弃物发生总量

年　份	1991	1992	1993	1994	1995	年　均
发生总量(万 t)	58 759	61 884	61 708	61 704	64 510	61 713

资料来源:中国环境年鉴 1996 年 P180

(一) 各主要地区工业废弃物发生状况

1995 年全国各地区工业废弃物发生总量分别为 6.45 亿 t,但是各地区的废弃物发生量是不均衡的。经综合测算,按年发生量在 5 000 万 t 以上、4 000 万～5 000 万 t、

3 000 万～4 000万 t、2 000 万～3 000万 t、1 000 万～2 000万 t 及1 000万 t 以下 6 个等级分类，其中发生量在5 000 万 t以上的有河北、辽宁二省，平均占总量的 19.95%，年发生量在4 000 万～5 000 万t 的有山西、山东、四川，平均占总量 20%，年发生量在3 000～4 000万 t 的只有山西省，占总量 5.95%，年发生量在2 000 万～3 000万 t 的有内蒙、黑龙江、江苏、安徽、河南、湖北、云南 7 省，平均占总量 25.5%，年发生量在1 000 万～2 000万 t 的有北京、吉林、上海、浙江、湖南、广东、广西、贵州、陕西、甘肃等10 个省市，平均占总量 23%，年发生量在1 000万 t 以下的有福建、新疆、天津、海南、青海、宁夏、西藏 7 个省市，平均占总量 4.05%。

根据以上分析，全国主要地区工业废弃物发生特征如下。

1. 地区不均衡

全国工业废弃物发生量呈北多南少、东多西少的总体分布格局。例如：河北、辽宁、山西、山东、四川、江西六省工业废弃物年发生量高达 3 亿 t，而其余 24 个省市工业废弃物年发生总量则为 3.48 亿 t，即全国 20% 省市工业废弃物年发生总量占 80%（见表 4-4）。其中，北京、天津、上海的工业废弃物发生量所占总量比例虽然不大，但具有污染源密度大的问题。

表 4-4 全国主要地区工业废弃物发生状况（一） 单位：万 t

分类	年份	工业废弃物产出地区及产出量										合计	平均	占总量%	平均
5 000 以上		河北	辽宁												
	1995	6 186	6 920									13 106	13 027.5	20.3%	19.5%
	1996	6 058	6 891									12 949		19.6%	
4 000～5 000		山西	山东	四川											
	1995	4 204	4 484	4 290								12 978	13 063	20.1%	20%
	1996	4 518	1 652	3 979								13 148		19.9%	
3 000～4 000		江西													
	1995	3 669										3 669	3 879	5.7%	5.95%
	1996	4 089										4 089		6.2%	
2 000～3 000		内蒙	黑龙江	江苏	安徽	河南	湖北	云南							
	1995	2 270	2 681	283	2 749	2 792	2 063	2 147				14 836	16 719	23%	25.5%
	1996	2 701	3 225	2 891	2 528	2 895	2 225	2 137				18 602		28%	
1 000～2 000		北京	吉林	上海	浙江	湖南	广东	广西	贵州	陕西	甘肃				
	1995	1 068	1 627	1 368	1 030	1 853	1 465	1 503	1 309	1 870	1 430	15 591	15 012	24.1%	23%
	1996	1 116	1 661	1 306	1 027	1 801	1 352	1 666	1 085	1 984	1 435	14 433		21.1%	
1 000 以下		福建	新疆	天津	海南	青海	宁夏								
	1995	1 728	602	544	87	208	397					2 655	3 164.5	4.1%	4.05%
	1996	747	562	594	82	277	412					2 674		4%	
0～1		西藏													
	1995	0													
	1996	1													

资料来源：根据中国环境年鉴（1995 及 1996 年）资料制作

2. 品种不均衡

以全国工业废弃物发生量较大的尾矿、煤矸石、粉煤灰、冶炼炉渣举例分析，其中尾矿以江西、辽宁、河北居多，分别占本地区总量的71%、46%、38%；煤矸石以山西、山东、四川比重较大，分别占45.5%、27%、24.5%；粉煤灰以山东、河北、山西比重较大，分别为20.5%、16%/14.5%；冶炼废渣以辽宁、四川、山西比重较大，分别为14%、14%、11%。

(二)各行业工业废弃物发生状况

1995年全国18个行业工业废弃物发生总量分别为6.45亿t。其中年产量在20 000万t以上是采掘业，约占全国总产量1/3之多；在10 000万～20 000万t的有黑色金属冶炼及压延工业和电力、煤气及水的生产供应工业，其产出量合计约总产量的1/3；在1 000万～10 000万t的有化工原料及化学制品制造业和有色金属冶炼及压延工业，产出量合计约占总产出量的14.4%，其余为食品、烟草及饮料制造业、纺织业、造纸及纸制品业、石油加工及炼焦业、医药制造业、化学纤维制造业、非金属矿物制造业、机械、电力、电子设备制造业、皮革毛皮羽绒制造业、印刷业、橡胶制造业、塑料制品业、金属制造业及包括交通、邮电在内的其他行业等，约占总发生量的6.5%。我国按行业的工业废弃物发生源有如下特征。

1. 行业集中

在我国，仅占1/3比例的工业却集中发生了占总量93.95%的工业废弃物。其中采掘业、电力煤气、水生产供应业及黑色冶炼、压延工业的发生量占77.5%。

2. 品种集中

我国各行业工业废弃物的品种相当集中。例如采掘业的尾矿和煤矸石占总量93%；黑色冶炼及压延工业的冶炼废渣及尾矿占总量85%；电力、煤气电子设备制造业的粉煤灰、炉渣占总量98.5%；化工原料及化学制造业的化工废渣、炉渣占总量85%；有色金属冶炼、压延业的尾矿、冶炼废渣占总量76%。

通过对我国工业废弃物状况及特性进行分析，可以为深入研究我国工业废弃物发生源控制与综合利用、现有资源保护及再生资源的挖掘提供重要的分析依据。

(三)工业废弃物资源化管理状况

我国工业废弃物资源化管理水平一般用工业废弃物综合利用率表示。该指标意味着废弃物的减量化、资源化能力。从1991年～1998年我国工业废弃物综合利用率统计资料分析(见表4-5)，可以看出基本上呈缓慢增长趋势，徘徊在40%左右。虽然近年来我国工业废弃物综合利用取得了长足进步，但在地区、行业及构成上存在如下问题。

1. 地区失衡

从1998年全国30个省、市、自治区的7 410个企业统计分析资料(见表4-6)可以看到，东部经济发达地区及北京、上海、天津的工业废弃物综合利用率远高于中、西部经济落后地区。

表 4-5　1991 年～1998 年工业废弃物综合利用率　　单位:万 t

指　标	1991	1992	1993	1994	1995	1996	1998
工业废弃物发生量	58 759	61 884	61 708	61 704	64 510	65 897	80 043
工业废弃物综合利用量	22 284	25 554	24 826	26 693	28 589	28 364	33 389
工业废弃物利用率%	36.6	39.6	38.7	41.8	43	43	41.7

资料来源:中国环境年鉴，1996;中国统计年鉴,1999

表 4-6　1998 年各地区工业废弃物综合利用量

地区＼项目	汇总工业企业数(个)	工业废弃物产生总量(万 t)	工业废弃物综合利用量(万 t)	工业废弃物综合利用率(%)
全　国	74 101	80 043	33 387	41.7
北　京	1 295	1 234	950	76
天　津	2 460	472	561	118
河　北	3 132	9 142	2 817	38
山　西	2 994	6 564	1 400	21
内蒙古	1 204	3 302	653	19
辽　宁	2 605	7 330	2 598	35
吉　林	1 128	1 650	743	45
黑龙江	2 017	3 048	1 866	61
上　海	2 189	1 252	1 165	93
江　苏	6 816	2 886	2 213	76
浙　江	5 236	1 365	951	69
安　徽	1 901	3 047	1 780	58
福　建	3 801	1 086	543	50
江　西	1 215	4 447	585	13
山　东	5 861	5 100	3 778	74
河　南	3 425	3 367	1 536	45
湖　北	2 488	2 221	1 275	57
湖　南	3 225	2 726	918	33
广　东	6 071	1 772	980	55
广　西	1 787	2 130	920	43
海　南	326	72	31	42
重　庆	1 324	1 368	598	43
四　川	3 256	4 120	1 665	40
贵　州	1 922	3 698	808	21
云　南	1 318	2 888	721	24
西　藏	204	10	0	0
陕　西	1 862	2 537	1 395	54
甘　肃	1 323	1 707	404	23
青　海	243	305	58	19
宁　夏	225	413	188	45
新　疆	936	684	288	42

资料来源:中国统计年鉴,1999:776

2. 行业失衡

从1998年全国19个主要工业行业的4 907个企业统计分析资料可知，食品饮料和烟草制造业、纺织业、印刷业、医药制造业、橡胶制造业、水泥制造业及非金属制造业的综合利用率均在80%以上，而工业废弃物发生量占总量54%的采掘业，综合利用率却仅为19%(见表4-7)。

表 4-7 1998 年工业行业工业废弃物综合利用量

项目 行业	汇总工业企业数(个)	工业废弃物发生量(万 t)	工业废弃物综合利用量(万 t)	工业废弃物综合利用率(%)
采掘业	4 907	40 823	8 156	19
食品饮料和烟草业	8 789	2 152	1 915	88
纺织业	5 477	435	383	88
皮革皮毛及制造业	1 085	59	46	77
造纸业	3 815	620	466	75
印刷业记录媒介复制业	809	64	56	87
石油加工及煤焦业	820	726	369	50
医药制造业	1 733	191	163	85
化学纤维制造业	302	255	194	76
橡胶制造业	739	87	77	88
胶料制造业	999	29	25	86
非金属矿物制造业	13 094	1 467	1 346	92
水泥制造业	4 335	570	542	95
黑色金属冶炼汲压延工业	1 769	11 022	7 312	66
有色金属冶炼及压延工业	1 140	2 421	647	27
金属制品业	4 107	90	68	75
机械电气电子设备制造业	50 253	1 022	806	79
电力煤气及生产供应业	1 623	11 923	7 547	63
其他行业	6 513	1 910	361	19
合　计	75 865			

资料来源：根据中国统计年鉴，1999:778

3. 品种失衡

工业废弃物中任何一项都是“第二矿产”的重要资源，不能忽视。从1996年全国工业废弃物综合利用总量的构成资料可知，按各品种比重大小排序分别为冶炼废渣、粉煤灰、炉渣、煤矸石、尾矿及化工废物，各占21%、20%、20%、17%、5%、2%；另外，各工业行业的品种分布也有很大差异。其中,冶炼废渣主要在黑色金属冶炼及压延工业,占总量的91%。粉煤灰主要在电力、煤气及水生产供应业,占总量的83%,炉渣主要在化工制造业及电力、煤气、水生产供应业,分别占总量26%、23%,煤矸石和尾矿主要在采掘业,分别占各自的95%、78%,化工废弃物主要在化工原料制造业,占总量的63%(见表4-8)。由此可见,目前我国工业废弃物的综合利用水平,距“九五”规划中要求2000年工业废弃物综合利用率达到45%的目标,还有很大距离。

表4-8　1996年各工业行业工业固体废物综合利用量　　　　单位:万 t

行　业	工业固体废物综合利用量	其中						
		危险废物	冶炼废物	粉煤灰	炉　渣	煤矸石	尾　矿	其　他
合　计	27 087	469	5 814	5 465	5 285	4 506	1 360	4 191
采掘业(矿业)	6 185	67	77	49	286	4 283	1 061	363
食品、烟草及饮料制造业	1 741	1		83	383	17	2	1 255
纺织业	333			22	254	4		56
皮革、毛皮、羽绒及制品业	42				19			22
造纸及纸制品业	377	13	2	46	246	4		66
印刷业、记录媒介的复制	9			3	4			2
石油加工及炼焦业	193	32	1	22	47	52	7	34
化工原料及化学制品制造	3 265	297	86	282	1 378	25	70	1 129
医药制造业	156	4		12	100	1		39
化学纤维制造业	199	6		79	71		10	33
橡胶制品业	78			6	70			3
塑料制品业	19			6	10			3
非金属矿物制造业	709		23	58	355	35	38	201
其中:水泥制造业	322		17	20	153	13	12	106
黑色金属冶炼及压延工业	6 333	27	5 279	67	224	53	45	638
有色金属冶炼及压延工业	594	8	218	128	88		120	31
金属制品业	53		22	2	23			4
机械、电气、电子设备制造业	673	8	30	55	339	7	3	231
电力、煤气及水的生产供应业	5 812	2	1	4 528	1 224	19		38
其他行业	315	1	75	18	163	9	4	45

资料来源:中国环境年鉴,1997:478

二、城市生活废弃物资源化管理现状

(一) 城市生活废弃物发生状况

随着经济的发展,我国城市人口数量增加、规模扩大以及城市数量的增加,我国城市生活废弃物的发生量在迅速增长。从1986年到1996年,我国城市数量由353个增加到666个,城市非农业人口从1.22亿上升到2.08亿(按统计城市计),而城市生活废弃物的年发生量由5 008.7万 t增加到10 825.4万 t,增加了116.13%,年平均增长率为8.26%。从人均日发生量来看,平均人均日发生活废弃物1.32 kg,年平均增长率为2.69%。城市非农业人口并未增长一倍,但生活废弃物发生量却翻了一番。人均发生量的增长率小于总量的增长率,说明城市生活废弃物的增加不仅受人口因素的影响,还受到其它因素的影响(见表4-9)。因此,城市废弃物的减量化和资源化,不但关系到保护和改善城市生态环境,而且是改变传统发展模式使城市发展与环境保护相协调的重要内容。

表4-9 全国城市生活废弃物发生情况统计表

年　份	实际城市数	统计城市数	城市非农业人口数(万人)	清扫面积(万 m^2)	垃圾清运量(万 t)	人均固体废弃物产量(kg/(人·d))
1986	353	348	12 233.80	44 507.0	5 008.7	1.12
1987	381	371	12 893.10	51 141.0	5 397.7	1.15
1988	434	424	13 969.50	58 876.0	5 751.3	1.12
1989	450	441	14 377.70	64 708.0	6 291.4	1.21
1990	467	455	14 752.10	69 198.0	6 766.8	1.26
1991	479	473	14 921.00	78 251.0	7 636.0	1.40
1992	552	552	16 439.59	87 680.0	8 262.0	1.37
1993	570	552	16 550.10	92 410.0	8 791.0	1.45
1994	602	602	19 165.35	104 924.0	9 952.0	1.42
1995	640	633	18 490.00	111 040.0	10 671.0	1.59
1996	666	666	20 779.10	122 788.3	10 825.4	1.43

城市生活废弃物的构成主要受城市的规模、性质、地理条件,居民生活习惯、生活水平和民用燃料结构的影响。我国城市生活废弃物在产量迅速增加的同时,其构成也发生了很大的变化,表现为有机物增加,可燃烧物增多,可利用价值增大。

不同发生源发生的废弃物在成分上存在很大的差异。其中,居民生活废弃物由于来自居民生活过程,主要由易腐有机物、煤灰、泥砂、塑料、纸类等构成,成分极为复杂,而且其构成受时间和季节影响而变化,且不均匀。街道保洁废弃物来自对马路、街道和小巷路面清扫,它的成分与居民生活废弃物相似,但是泥沙、枯枝落叶和商品包装物较多，易腐有机物较少，平均含水率较低，低位热值略高于居民生活废弃物。集团生活废弃物的成分随发生源不同而变化，与居民生活废弃物相比，具有成分较为单一稳定、平均含水率较低、易燃物（特别是高热值的易燃物）较多的特点，它的低位热值一般为 6 000～20 000 kJ/kg。

不同的城市，由于其经济发展规模不同，城市的特性也不同，其城市生活废弃物发生源特性也相应不同，国内外地区或城市的生活废弃物成分大不相同，如表 4-10 中所示。

表 4-10　我国城市与国外城市生活废弃物成分表

地　区	有机类（%）				无机类（%）			
	动植物、厨房废弃物	纸	塑料橡胶	织物	煤、渣土、沙等	玻璃陶瓷	金属	其他
美　国	22	47	4.5		5	9	3	4
英　国	23	33	1.5	3.55	19	5	10	
日　本	18.6	4.6	18.3		6.1			10.7
德　国	16	31	4	2	22	13	5.2	7
法　国	15	34	4	3	22	9	4	9
荷　兰	50	22	6.2	2.2	4.3	11.9	3.2	
比利时	40	30	5	2	5	8	5.3	
福　州	21.8	0.53	0.48		66.22	1.1	0.5	3.4
上　海	42.7	1.63	0.4	1.47	53.79	0.43	0.53	
北　京	50.29	4.17	0.61	1.16	42.27	0.92	0.80	
武　汉	26.53	2.36	0.31	0.74	68	0.58	0.17	1.04
哈尔滨	16.62	3.6	1.46	0.5	74.71	2.22	0.88	
南　宁	14.57	1.83	0.56	0.6	81.50	0.64	0.47	
乐　山	16.45	1.04	0.23	0.54	80.27	0.36	0.53	0.58

由表 4-10 可以看出，国外发达国家废弃物成分中，渣土等成分含量较低、纸和动植物及厨房废弃物成分较高，热值高，回收价值大；中国的城市中，渣土类废弃物成分较大，达到总量的40%～50%，纸类成分较少，回收价值低，动植物及厨房废弃物成分因城市规模而不同，像北京和上海等超大城市，可利用于堆肥的厨房废弃物成分较高，占总量的40%～50%。

由于各地区经济发展不平衡，我国城市废弃物成分也存在很大的不均匀性。大城市与中等城市废弃物构成有十分明显的区别。大城市的生活废弃物构成中有机物成分占总量的31%～36%以上，无机成分约占 60%，废品（包括纸、金属、塑料、织物等）仅占 4%～6%；中等城市的生活废弃物有机成分约占其总量的 20%，无机成分约占 65%，废品的比重更低。

此外,同一城市不同地区的废弃物成分也有所不同。高级住宅区的废弃物中可回收废弃物(塑料、纸类、金属、织物和玻璃)的含量(82%)明显高于普通住宅(47%),厨房废弃物和砖瓦则明显低于普通住宅区,与发达国家城市废弃物成分相近。但是,由于普通居民生活水平还不高,废弃物中厨房废弃物含量较高,因而含水率较高,致使废弃物的发热值较低。

(二) 城市生活废弃物资源化管理状况

城市生活废弃物的常用处理方法有填埋、堆肥、制沼气、填海、焚烧和流化制燃气等。我国城市生活废弃物的处理处置是以寻找合适地点加以“消纳”为目的,最主要方式是填埋,约占全部处理量的70%以上;其次是高温堆肥,约占20%以上,焚烧量甚微。

近10年来,我国陆续兴建了一批城市生活废弃物处理设施,城市生活废弃物处理率迅速提高。从1985年到1995年,全国的城市生活废弃物和粪便处理场由23座增至900多座,处理率由0.9%提高到43.7%。1996年,处理率已达到49.1%。其中:北京市至1994年全市建成及在建的封闭式清洁站有640座,已有520座投入使用,清扫面积由1993年的4 195.7万 m^2/d 上升到1994年的4 339.9万 m^2/d,年清运量由446.3万t上升到467.2万t,收运废弃物率由上年的65%提高到70%。上海市的两个废弃物填埋场(即老港填埋场(南化县)和江镇填埋场)的超负荷运作(1995年日平均量计老港达6 400 t江镇达1 120 t),即将被填满,巨额投资的老港、江镇填埋场的二、三期工程已开始动工,预计2000年完成的260万 m^3 的老港三期扩建工程,可使老港填埋场达到7 500 t/d的处理能力。

但是,我国废弃物资源化管理和技术还很落后。首先,多数城市的生活废弃物尚未实行分类收集。实践证明,分类收集方式有利于废弃物的回收和资源化,是城市生活废弃物资源化管理的基础工作。其次,在我国城市生活废弃物资源化管理还处于起步阶段。全国城市生活废弃物资源化设施严重不足,大部分废弃物以简单填坑、填弃洼地、挖坑掩埋、投入江河湖海、露天焚烧等方式处理。同时,废弃物资源化技术尚不完善,现有的废弃物资源化设施建造标准低、缺乏污染控制措施,远不能保证废弃物资源化后的安全,使集中起来的废弃物成为即时和潜在的长期环境污染源。

近年来,我国已经对城市生活废弃物的资源化给予足够的重视,但由于废弃物发生量有增无减,处理经费投入的增长却相对滞后,缺少成套的技术设施和足够数量的高质量技术人才,致使城市生活废弃物资源化成为我国废弃物管理中的重要课题,必将对我国经济的可持续发展起到重要影响作用。

三、我国废弃物资源化管理问题

长期以来,我国经济发展的模式是资源消耗型模式,导致大量的废弃物发生。我国传统的废弃物处理方式主要是填埋,是一种不负责的“服务于当代,遗害于子孙”的“污染物转移型”方式。现有的废弃物处理能力和资源化设施规模远远不能适应我国废弃物发生量增长的要求,大部分废弃物基本未进行资源化处理,问题趋于严重。

(一)废弃物资源化管理尚未引起重视

目前我国大多数企业与消费者对减少废弃物发生量及其资源化管理问题并未有足够的重视。例如,随着我国包装工业的发展,商品的包装形式越来越繁多,种类和数量急剧增加。不适当的过分包装和豪华包装比比皆是。一次性商品从消费到废弃物只一步之遥,不仅增加了废弃物的发生,同时也是资源的极大浪费。在发达国家废弃物中包装物已占 30%,尽管目前我国的产品包装还未发展到发达国家的水平,但产品的过量包装和一次性产品的逐步大量使用,使废弃物中包装材料所占份额逐步上升的趋势已初见端倪,废塑料造成的白色污染便是一例。

(二)侵占大量国土资源,对耕地破坏严重

我国工业废弃物累计堆存量非常惊人。例如1991 年～1995 年间我国工业废弃物的年均累计堆存量为 61.9 亿 t,致使年均占地面积 5.4 亿 m^2,其中侵占耕地面积4 144 万 m^2(见表 4-11)。

表 4-11　1991 年～1995 年全国工业废弃物堆存状况

年份＼内容	累计堆存量(万 t)	占地面积(万 m^2)	其中:占耕地面积(万 m^2)
1991	596 254	50 539	5 209
1992	591 608	54 223	3 711
1993	596 576	52 052	4 073
1994	646 282	55 697	3 800
1995	664 055	55 440	3 927
年均	618 955	53 590.2	4 144

我国城市生活废弃物填埋场多设置在城市郊区,大多数废弃物被运往郊外简单堆放。堆放在城市郊区的废弃物,一部分未经处理或未经严格处理直接用于农田,一部分仅经农民简易处理后用于农田,破坏了耕地土壤的团粒结构和理化性质,致使耕地的土壤保水、保肥能力降低。

(三)废弃物资源化管理缺乏资金投入

随着废弃物发生量的增加和环境保护要求的提高,需要政府和企业投入越来越多的资金,才能使废弃物的无害化、资源化达到预定目标。但是我国的城市生活废弃物资源化管理一直被视为公益事业,其经费主要来源于国家和地方的财政拨款,给政府造成了巨大的经济压力。今后几年,国家用于废弃物治理的资金投入将越来越大,却仍难满足废弃物资源化设施建设与改造的需求。与此同时,大多数企业则袖手旁观,有的企业甚至将废弃物资源化管理费用视为乱收费,其根本原因在于政府缺乏相应的经济手段和收费制度,没有使企业认识到废弃物资源化问题与其生存将息息相关的严重性。

第三节　废弃物资源化管理方法

废弃物的资源化主要是指将在生产、消费过程中产生的废弃物,通过分类、回收、加工、循环、交换等方式,从中提取或者使其转化为可以利用的资源、能源和其他原材料的过程,通常用废弃物综合利用量表示。废弃物的综合利用率则用废弃物综合利用量占废弃物发生量的比率来表示。即:

废弃物综合利用率(%)=废弃物综合利用量/废弃物发生量。

废弃物资源化管理方法大致可分为废弃物发生阶段的资源化管理方法和废弃物处理阶段的资源化管理方法。

一、废弃物发生阶段

大量实践已证明,若从根本上解决废弃物发生阶段的资源化问题,必须加强废弃物发生源管理。因为只有这样,才能主动控制废弃物的排放数量和成分,解决废弃物的综合利用和处理过程中的土地等资源占用问题,避免二次环境污染,而且还可以通过调整发生源状态达到减少废弃物发生量、促进资源化等目的。

(一)调查分析方法

所谓废弃物发生阶段的资源化是指在废弃物发生阶段,就为其资源化打下基础,使排放后的废弃物可顺利地进入资源化作业的过程。由于废弃物中蕴藏着大量可利用的物质和能量,应首先做好废弃物资源化的调查工作,为选取合理的资源化技术提供科学依据。废弃物发生阶段的资源化方法主要是通过调查分析废弃物的发生主体特性、时间特性、空间特性与理化特性,为选择有效的资源化管理方法与采取有针对性的管理措施打下基础。目前,我国尚未建立废弃物发生阶段的资源化调查制度,缺乏基础数据。今后应建立统一的废弃物发生阶段的资源化调查方法,以利于废弃物发生阶段的资源化管理。

1. 发生主体特性

废弃物的发生主体影响废弃物的发生量和成分。废弃物发生主体是分析废弃物发生阶段特性的要素之一。了解废弃物发生主体特性对于有效地进行废弃物发生阶段的资源化管理非常必要。其主要目的是利用ABC分析法,通过进行统计、排列和分类,确定发生主体的重点管理对象,以便用最小的耗费获得最佳管理效果。

2. 发生时间特性

废弃物发生时间特性的分析目的主要是归纳废弃物发生的时间规律,为合理配置废弃物资源化设施,制定废弃物资源化控制对策提供决策支持。通常的主要研究内容有废弃物发生量与成分的日特性,季节特性和年特性。

3. 发生空间特性

废弃物发生空间特性分析的目的是为制定废弃物资源化管理规划提供决策依据，主要是对各地区的废弃物发生量与成分进行排列、分析，归纳各地区的特性，进行地区间的比较，找出加强废弃物资源化管理的重点地区以及各城区的重点成分。

4．理化特性

掌握废弃物的基本理化性质，是选择资源化工艺技术、制定资源化管理对策、将废弃物管理纳入科学轨道的重要前提。根据我国废弃物采样和物理分析方法标准可对各种废弃物进行取样，然后作含水量、容重、发热值、重金属元素含量、浸出毒性、等标污染负荷等理化性质测定。

(二)管理对策与措施

废弃物发生阶段的资源化是废弃物资源化管理的位置前移，也是制定废弃物管理规划、选择废弃物资源化技术的关键。为了适应我国可持续发展的要求，必须将废弃物资源化的重点从废弃物处理流程的末端转向发生阶段，根据废弃物治理的“减量化、无害化、资源化”等原则，制定废弃物发生阶段的资源化管理对策与措施。

1．加强宣传教育，提高全民的资源管理意识

废弃物的发生主体是决定废弃物资源化管理水平高低的主要因素。国内外经验证明，针对发生主体的各种资源与环境保护的宣传与教育活动，均为废弃物发生阶段资源化管理过程中的投资少而见效大的良策。在制定废弃物管理规划时，应重视加强对发生主体的资源管理意识的宣传与教育工作。只有在全民意识较高的氛围下，发生主体才能自觉地、主动地、科学地进行废弃物发生阶段的资源化管理。可以建议将废弃物发生阶段的资源化管理教育内容纳入到提高学生素质的教育范畴。普遍在幼儿园、中小学校和大学设立资源管理课程，从小进行培养。学生在自身素质提高的同时，可以在家庭中督促其家庭成员的行为，使其家庭成员尽快地投身于资源管理事业中，从而更有效地减少永久性废弃物处理量。

2．大力提倡科学的消费方式

由于纸类和塑料类废弃物是可回收类城市生活废弃物的主要成分，全国均应重视废弃物发生阶段的纸类和废塑料管理，可通过颁布系列措施、建立有效制度等，一方面规范资源化的产业活动，力求将可再生利用的废弃物直接回收；另一方面大力提倡科学的消费方式，例如限制一次性物品，如纸杯、纸盘、塑料饭盒的使用；采取对一次性物品的产品课以高额环境税；限制一次性物品的生产；培养广大人民的资源管理意识，自觉地少用、不用一次性物品等措施。

3．实施废弃物分类排放与收集措施

采用废弃物分类收集方式，有利于资源回收处理。废弃物分类以后，可以直接回收利用的物质被迅速回收利用；可以再生的物质被再生，剩余的物质中适合焚烧的以焚烧处理利用废弃物的能源，最终的残余物送去填埋。如城市生活废弃物中，金属类、玻璃类、塑料类都分别可以回炉作生产资料；纸类、织物、草木可合并作造纸原料；食物残渣

可以加工制成废弃物复合肥料;灰土和砖瓦可用作建筑和制砖材料。

目前,我国各种废弃物主要采用混合收集的方式进行收集和运输,将不同种类的废弃物混在一起。这种混合收集给我国废弃物管理带来很大的危害。对采用填埋处理的废弃物来说,混合收集则使其中可回收利用物质与不可回收利用物质混在一起,增加了废弃物填埋量。如玻璃、塑料等废弃物在填埋场中很难降解,废电池等对地下水造成重金属污染。对采用焚烧法处理的废弃物来说,混合收集使废弃物的热值降低,处理成本增加,且废弃物中废塑料等燃烧后产生有害气体,必须经过高成本的处理才能向空中排放。对采用堆肥处理的废弃物来说,混合收集使废弃物处理成本增加,产品肥效降低,销路不畅。因此,在我国,废弃物的分类收集势在必行。

但是,实现废弃物分类收集的前提是进行废弃物的分类排放。因此,需要在加快实施废弃物分类收集的同时,加强分类排放的行动教育。尤其是针对发生主体规模大,废弃物发生量多,且可回收类废弃物比例高的主体进行教育,预计将取得明显的效果。

4. 合理配置废弃物分类排放与收集设施设备

废弃物的分类排放与收集是废弃物资源化管理的重要组成。要使其成功运行,必须使各部分硬件和软件协调发展。硬件主要包括收集设施和设备,如不同颜色、不同用途的收集容器、收集场所、专用收集车辆等。软件包括有关废弃物分类排放、收集、回收和再生利用方面的法律、法规和经济政策等。

除应发展商业系统的废品回收网络外,作为商业系统回收网络的延伸,同时采取在公共场合设立玻璃、塑料等的专门回收容器等措施。我国目前的废品回收还仅是从经济目标出发,故回收对象多是废旧金属、废纸等,而对废旧塑料、玻璃制品和废电池的回收不感兴趣,使得废品的回收率比发达国家低。一般来说,企业是讲究经济效益的实体,如果资源再生利用成本过高,企业自然没有积极性。所以,废弃物的分类收集要真正推广,建议政府应给予废品回收企业和资源化的产业一定的优惠政策,例如对税收进行减免或给予相应的补贴。

二、废弃物处理阶段

(一)堆 肥 法

堆肥法是依靠自然界广泛分布的细菌、放线菌、真菌等微生物,人为地促进可供污物降解的有机物向稳定的腐殖质进行转化的废弃物资源化方法。堆肥法在国内外都有广阔的前景。从国外发展趋势来看,堆肥处理法被认为是解决城市废弃物和下水污泥的重要途径。如荷兰和法国采用堆肥处理法的城市废物均占20%,比利时占9%,美国占5%,德国占3%。早在1962年,前联邦德国政府在一个文件中指出:堆肥是各种废弃物处理方法中的“最切合实际的废物处理方法”。

在我国城市生活废弃物中,可堆肥类废弃物平均占60%以上。各种废弃物的重金属元素含量满足城镇废弃物农用控制标准的要求,应加强城市生活废弃物的堆肥处理管理，尤其应重视将居民所发生的废弃物作为采用堆肥处理法的主要对象。但各主要废弃物的含水量过高，超过了堆肥要求（25%～35%），且杂物含量更是远远超过堆肥要求（≤3%）。所以，应先通过分选过程去掉塑料、金属、玻璃、砖瓦等杂物，然后去湿，这样可改善废弃物堆肥的肥效。

从我国农业发展的情况来看，要求提供大量有机肥料作为土壤的改良剂。因而需要提供优质堆肥，特别是提供肥效高的放线菌堆肥以满足生产需要。目前由于技术、资金条件的限制，我国常采用传统野地堆积法。从1985年起，我国开始应用“二次发酵工艺”，强制通风、好氧发酵，发酵周期缩短为10天，并对环境污染加以控制。工厂化生产堆肥，比传统堆肥技术科学，但生产率受到一定限制。而国外堆肥技术，虽然比较先进，但不适和国情，多数设备价格昂贵。

1. 堆肥法的技术原理

采用堆肥方法处理废弃物主要是利用微生物分解废弃物中有机成分的生物化学过程。它利用微生物分解废弃物中的有机成分使之转化为有机肥料，同时升温至60～70℃消灭废弃物中的病原体使其无害化。

堆肥处理可分为好氧堆肥法和厌氧堆肥法两种。根据堆肥过程中发生作用的微生物对氧气的需求不同而确定。目前，废弃物堆肥处理普遍采用的是好氧堆肥法。好氧堆肥法是在有氧的条件下，藉好氧微生物（主要是好氧菌）的作用来进行的。在堆肥过程中的溶解性有机物质透过微生物的细胞壁和细胞膜进入细胞内而为微生物所吸收，固体和胶质物则附着在微生物体内。微生物通过自身的生命活动——氧化、还原、合成等过程，把一部分被吸收的有机物氧化成简单的有氧物质，同时把另一部分有机物转化为生物体所必须的营养物质，合成新的细胞物质，其基本过程如下：

堆肥废弃物 + O_2 → 合成细胞物质（微生物生长）
堆肥废弃物 + O_2 → 简单有机物
堆肥废弃物 + O_2 → 氧化、吸收 CO_2 生长、H_2O、HN_3 + 能量

废弃物堆肥法还可分为间歇堆积法和连续堆积法两种。其中，间歇堆积法，又称露天堆积法。这是把新收集的废弃物、粪便、污泥废物混合分批堆积，一批废物堆积之后不再填加新料，让其中的微生物参与生物化学反应，使废物转变成腐殖土样的产物，然后外运。运期大约需要5周，1周要翻1～2次，然后在经6～10周熟化稳定，全过程需要30～90天。这种方法要求有一个坚实的不透水的场地，并要求确定原料配比。连续堆肥法是使原料在一个专门设计的发酵器或称生物稳定器的设备内完成的动态发酵过程。通过动态发酵的产物再运往后发酵完堆成堆体，再静态发酵。利用这种方法多采用成套密闭式机械连续堆制系统。这种堆肥方法是有发酵快堆肥质量高、能防臭，能杀死全部细菌，堆肥粒度整齐、不破坏土壤，有利于作物吸收，成本较低等特点。

2. 堆肥法的优缺点

堆肥法的废弃物处理技术含量较低，操作简单，建设费用相对较少。利用堆肥法可以使废弃物作为一种新的资源得到再利用，并且施用废弃物制成的堆肥可以显著改善耕地土壤结构和含水量，减少废弃物处理过程中的土地侵蚀和大量占用。为此，堆肥法是最近几年我国业内人士大力推崇的一种废弃物资源化方法。

目前在我国使用堆肥法处理废弃物时，大多采用的仍是自然堆肥法，而为专家们普遍看好的废弃物工业堆肥法没有得到广泛的应用。其不足主要表现在以下几个方面。

(1)利用堆肥法处理废弃物，需要将废弃物的有机部分与其他部分分开，并分别加以处理，生产费用明显增长。

(2)利用堆肥法处理废弃物，需占用大面积的土地存放。并且由于堆肥营养物质含量低，因而无法和其他肥料竞争。

(3)由于堆肥的短期效应不明显，因此其销售有一定的困难。而且销售收入很难补偿费用支出，因此采用工业堆肥法可能会造成经营亏损。

(4)堆肥不仅在生产过程中会污染环境，而且过量使用堆肥也会使堆肥中的重金属在土壤中积累。

由于以上所述的优点，对有机物含量较高的废弃物进行堆肥处理已经有很长历史，但由于堆肥法所存在的上述问题，使得人们对采用堆肥法处理废弃物持观望态度，限制了堆肥法的发展。近几年，随着对废弃物进行机械化堆肥和新技术的不断应用，加快了废弃物堆肥的进度，减少了堆肥过程中的环境的污染，提高了堆肥的质量。随着技术的成熟，堆肥法将占据越来越重要的地位。

(二)焚 烧 法

废弃物在进行填埋前采用焚烧法处理，不仅能使废弃物最大限度地减容减量，又能最大限度地使废弃物减菌灭菌，并且还可以提供大量热能和建筑材料。在目前条件下，除了医院的特殊废弃物外，都可以采用焚烧法进行废弃物处理过程中的资源化管理。

在日本，约占75%的城市生活废弃物采用焚烧法处理。焚烧后的残渣重量约减少至原来的17%。我国城市生活废弃物的热值也比较高，超过3 349 kJ/kg。其中，商业废弃物的热值高达9 093 kJ/kg，可焚烧类废弃物平均占总量的80%以上，同时焚烧废弃物具有回收热能的优点。

1. 焚烧设备及流程

在废弃物的焚烧过程中，主要设备包括废弃物的接收设备、燃烧设备、燃烧后的冷却设备、废气处理设备、余热利用设备等五大类。废弃物焚烧设施有连续焚烧式和分批燃烧式(机械化分批式和固定批式)两种。连续燃烧式又分为全连续燃烧式(24 h/d运转)和准连续燃烧方式(16 h/d运转)，而分批燃烧式基本上为8 h/d运转。

1992年，日本国内的设施数和处理规模为：

连续燃烧式	719处	146.296 t/d
机械分批式	905处	24.300 t/d

固定分批式　　　249 处　　　2.281 t/d

焚烧设施不仅是将废弃物烧掉,还要配备各种处理焚烧灰烬、飞灰、排水等有关设施,使之成为成套废弃物处理设备。如接受－供给设备、燃烧气体冷却设备、排气设备、焚化灰设备、排水处理设备等。

2. 焚烧灰的资源化

近几年来,废弃物焚烧后产生的焚烧灰的数量正在不断增长。通常,焚烧灰以填埋方式进行最终处理,然而在大城市很难得到满足,因而焚烧灰的资源化和有效利用成为当务之急。

焚烧灰的熔化处理是指利用燃料的燃烧热或电气的热能,将焚烧灰高温加热到熔点以上(1 300 ℃),进行处理并回收利用。与其他固化法(水泥固化法、沥青固化法等)相比,焚烧灰的熔化处理有如下优势:

(1)处理物呈细致的岩石固化物(炉渣),体积减少 1/3～1/2。

(2)重金属被封入炉渣内,无再次熔析的危险性。

(3)炉渣可作为土木建筑材料而资源化循环利用。

3. 热能的资源化

随着废弃物焚烧热能源回收利用技术及设备被越来越广泛地利用,废弃物焚烧能源的回收利用得到充分重视,特别是利用废弃物焚烧能源发电已经成为非常重要的能源回收方式之一(见图 4-4)。

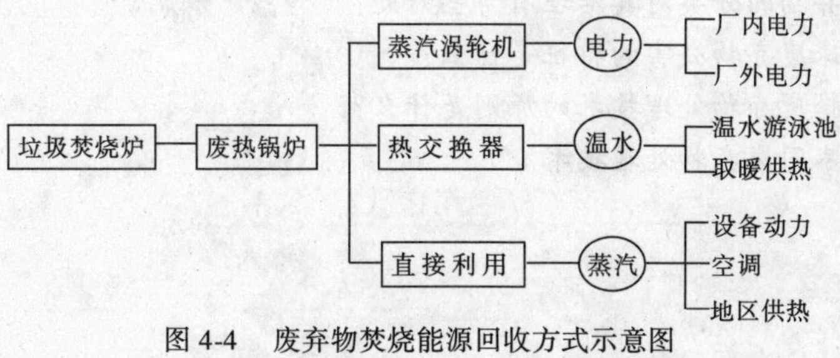

图 4-4　废弃物焚烧能源回收方式示意图

通常,使用温水发生器和废热气体锅炉回收废弃物燃烧气体的潜热。用温水发生器回收的热量主要用于厂内的热水和取暖等。最近,有一些热量被提供用于厂外暖气利用设施和温水游泳池。

4. 焚烧法的优缺点

焚烧法处理废弃物具有以下优点。

(1)焚烧法具有良好的减容效果。

(2)焚烧炉的作业不会因为气候条件而中断,同时只有稳定的废弃物来源,焚烧炉可以全天运转。

(3)利用焚烧法处理废弃物,设施选址比较方便,焚烧炉一般可以配置在收集地点附近。

(4)焚烧后,残渣的理化性能比较稳定,均为无机物,残渣后期处理技术简单。

(5)利用焚烧法可以处理各类废弃物,并能利用焚烧时产生的能量。

焚烧法处理废弃物由于其良好的减容性能以及处理过程中能量的可利用性而得到广泛的利用。特别在发达国家,如日本、美国,焚烧法所占比重日益加大。但这种方法亦存在着不少缺点:

(1)焚烧过程中向大气排放废气,会造成环境的二次污染。

(2)建设费用和运行费用很高。

(3)如果要利用焚烧能源,对废弃物的成分有一定限制。

(4)要求有稳定的废弃物来源。

(5)焚烧过程中产生的灰烬和残渣必须通过其他方法加以处置。

(6)技术含量较高。

焚烧法的上述缺点,特别是技术含量高、基建费用和运行费用高的问题,使得焚烧法在发展中国家推广有一定困难。预计今后一段时间内,焚烧法在我国不会占据很重要的位置。

复习思考题

1. 如何正确理解废弃物的概念?
2. 掌握废弃物的分类对其治理有哪些好处?
3. 目前全球废弃物公害的特征是什么?
4. 正确选择废弃物处理技术的原则是什么?
5. 试比较不同废弃物处理技术。

第五章 再生资源管理

第一节 再生资源概述

一、再生资源的概念

人类在生产和生活活动中,需要对自然资源进行开发利用,或者进一步将其加工或转化。在开采、加工、提取、转化过程中,将会产生大量的生产排泄物。对自然资源的开发及利用,与科学技术发展水平、政治制度、经济体制、消费水平、文明程度等诸因素有很大关系。例如在经济发展初期,由于那时主要强调最大的纯效益,不注重社会效益及生态环境效益,每年挖掘上千亿吨矿物原料,排泄出数量更大的各种固体、液体、气体废弃物。第二次世界大战以后,各国均把发展工业作为富强之路,拼命追求速度与产值,但也忽视了经济社会对自然生态系统的反作用,其结果不仅使自然资源日趋枯竭,而且造成城市环境、农业环境的迅速恶化,工业垃圾急剧增加。例如美国,工业废渣年排放量约 19 亿 t,20 世纪 70 年代初,美国冶金废渣已经堆积了 230 亿 t;日本煤矸石历年堆积量达 6.4 亿 t,占地 4 万余亩;英国煤矿区堆积了2 000余座矸石山,占地 15 万亩;前苏联 70 年代高炉矿渣的历年堆积总量达 3 亿 t。我国历年来堆积的煤矸石达 10 亿 t 以上,占地约 5 万亩,仅冶金、煤炭、电力等工业每年要排放 6 亿 t 以上。

除工业废弃物外,还有大量的农业废弃物及城市生活垃圾。特别是城市生活垃圾数量急剧增加,"质量"越来越高。像电冰箱、洗衣机、电视机、小汽车等耐用消费品,在发达国家的城市垃圾中大量出现,如日本东京,上述粗大垃圾 1961 年为 4 万余 t,1970 年上升为 20 余万 t。每年废弃汽车达 150 万辆。除粗大垃圾外,日本垃圾中食物、家俱、工业废品等合计达 500 万 t。又如美国,每年报废的汽车达1 000万辆,年扔掉 480 亿个罐头盒、260 亿个玻璃瓶、1 亿只轮胎,400 万 t 废塑料制品。我国随着城市人民生活水平的提高,城市垃圾的数量及"质量"也在急剧增长。

目前,对上述这些工业垃圾及生活垃圾的开发利用率还很低,如我国每年排放的2 100万 t 高炉矿渣,利用率仅为 60%,有 40%堆积而未被利用,600 多万 t 钢渣,利用率仅为 10%;100 多万 t 赤泥,利用率亦为 10%左右,煤矸石利用率仅为 20%左右。这些废弃物由于未被利用,需要投入大量的人力、物力、财力加以处置。例如,粉煤灰,每弃倒1 t需费用 5 元,弃倒1 t钢渣需费用 3~5 元,仅此两项,1 年弃倒的总费用竟达 2 亿多元。为了管理废渣,需要投入大量的人力及物力,如运渣罐需消耗钢材 5 万 t;鞍钢有上万人,武钢有上千人,首钢和太钢有数百人,已投入废渣的管理工作。

又如农业废弃物植物秸杆，目前我国普遍作为燃料烧掉，据统计，每年烧掉约 3 亿多 t，按其中含氮 5‰计，相当于每年丢掉 750 万 t 硫酸铵的氮量，折合化肥，约为我国 1978 年化肥总量的 1/5。再如动物骨头，我国也未能合理利用，约有 90％被碾成骨渣或烧成骨灰作肥料使用，这种利用方法效率很低。如将其加工生产骨油、骨胶、明胶，或生产磷酸氢钠，其利用率则会大大提高。据统计，每吨动物骨作肥料用将会造成 3 千余元的损失。

对于各种废弃物的开发利用，将其作为资源开发，已引起了世界各国的普遍重视。人们一般将这类资源称为二次资源，或称再生资源。概括起来，再生资源是指在社会生产、流通、消费等一系列过程中产生的、不再具有原使用价值而以各种形态赋予，但可以通过各种不同的加工途径使其重新获得使用价值的各种物料的总称。

二、再生资源的特点

废旧物资既是社会生产和人类生活消费过程中的排泄物，又是可以再生利用的物质资源。废旧物资虽然失去或部分失去使用价值，但经过收集和加工处理，注入了新的物化劳动和活劳动，又有了商品所具有的价值和使用价值。这种情况构成再生资源的如下基本特点。

(一)资源的永续性

废旧物资既然是生产和生活的排泄物，其资源就永远不会枯竭。人类在开发资源和制造产品的过程中，必然产生废物；产品经过使用和消费后，也还要产生废物，这是资源永续的根本条件。废旧物资是与新的产品相对应而存在的，有什么样的新产品，经过一定的时期，就会出现什么样的废品，新的物资消耗得越多，废旧物资产生的数量越大。人类对自然的开发，会使自然资源越来越少，而循环使用再生资源，则是没有止境的。充分利用再生资源，既可减缓开发新的自然资源，又可以节省投资和能源。因此，人们把利用废旧物资视为第二次资源开发，把利用废金属称为“开发第二矿业”，把利用废植物纤维称为“开发城市森林”。

(二)资源的社会性

废旧物资遍布城乡，分散在各个角落，凡是有人类生产和生活的地方，都会产生废旧物资。由此可见，回收废旧物资，不仅是一项经济工作，而且是一项社会工作。因为这项工作，厂矿企业少不了它，机关团体、部队、学校少不了它，城乡居民也少不了它。为适应这一特点，必须贯彻实行专业经营与综合经营相结合，国营集体与个体经营相结合的方针。建立、健全经营机制，设立回收网点，便于群众交售。在收购过程中，除经常收购外，适时开展突击收购，借以宣传、动员群众积攒和交售废旧物资，支援国家经济建设。

(三)商品流转的逆向性

一般商品的流转是从生产领域进入流通领域，再进入消费领域，就是说从生产到消费。废旧物资的流转则相反,它是把生产和消费过程中产生的废弃物品,通过回收加工后,再进入生产领域,就是说从消费领域中来,再回到生产领域中去。两者对比,废旧物资商品是一种逆向流转的过程,从废旧物资经营的全过程来看,回收是起点,是基础;加工是手段,是关键;销售是目的,是终点。它们之间是互相制约,互相依存的关系。废旧物资从回收到利用,是一个由分散到集中的过程,即分散收购,集中加工,批量供应。只有集中相当数量的废旧物资,并且经过加工分类,才能实现再生利用的目的。所以,在建立回收网点的同时,必须建立相应的加工场地,以保证废旧物资流转和加工整理的需要。

三、再生资源的分类

(一)按再生资源来源的总分类

1. 工业废弃物

又称工业垃圾,可细分为:

(1)生产企业的工艺性废料。指生产企业在自身的生产过程中和工艺过程中产生的废料,如化工类型生产企业中化学反应的剩余物或排出物;金属轧钢生产过程中产生的切头、切尾、汤道、钢渣、炉底等废弃物;采矿生产中剥离的废料,尾矿排泄物;造纸工业中产生的边角料、废液等;金属加工业产生的废屑、边角料等。

(2)生产过程中产生的废品。此类是指在生产工艺过程中产生的,但并非工艺本身的必然产物,多指报废成品、半成品、各种中间产品。

(3)产业中更新报废的机械装备、机器、工具、各种金属物件、运输工具等。

2. 农业废弃物

(1)秸秆枝叉类。

(2)皮、壳、核类。

(3)工艺性废料。农产品加工工艺过程中排放的废渣、废液。

3. 生活废弃物

又称生活垃圾。又分为:

(1)厨房垃圾。主要成分为有机物。

(2)杂芥。家庭、办公室、商店、学校等场所排放的废物。

(3)城市垃圾。

(4)建筑垃圾。建筑物施工、拆毁、维修所排出的废弃物。多为无机物,一次性排放量大、残存有未损坏的原建筑物材料、装备。

(二)按再生资源产出的产业领域分类

1. 钢铁工业再生资源

从采矿到炼铁、炼钢、轧材等各个领域中排出的“废料”,其中可以再生利用的有铁矿尾矿、铁矿剥离的黏土、高炉矿渣、钢渣、铸造废砂、冶金炉余热、氧化皮、酸洗废液、废耐火材料、铸造废钢铁等。

2. 铁合金及有色冶金工业再生资源

如有色矿尾矿、矿山剥离物、有色冶金渣、铁合金渣、熔剂矿尾矿、赤泥、冶金炉余热、冶炼中形成的废有色金属等。

3. 化学工业再生资源

化工原料、材料、化肥、农药、日化产品、火工产品等化工类型生产所排放出的“废料”。如各种化工矿剥离物、选矿尾矿、化工石膏、电石废渣、废化工产品、废触媒、废化工耐腐蚀材料、废耐火材料、废油脂、废碱、废酸等。

4. 煤炭工业再生资源

主要有煤层顶底板及围岩剥离的黏土、页岩、煤矸石、石煤、煤选矿的尾矿泥等。

5. 石油及天然气工业再生资源

主要有钻探试井的喷出原油、石油炼制的渣油、可燃废气等。

6. 电力工业再生资源

主要有火力发电厂排出的粉煤灰、炉渣、余热气、水等。

7. 林产工业再生资源

林木采伐、加工所余之“废料”。主要有枝丫、树皮、锯末、刨花、碎木等。

8. 水泥工业再生资源

包括原料选矿采矿产生的低品位石灰岩、水泥窑灰、窑余热、废耐火材料、变质水泥等。

9. 玻璃工业再生资源

主要有碎玻璃、玻璃窑余热、废耐火材料等。

10. 纺织工业再生资源

主要有废棉、废纱、废布、纤维屑、废毛等。

11. 造纸工业再生资源

主要有废植物纤维、废碎木、废纸、纸屑、纸浆废液、涂布废料等。

12. 机械工业再生资源

主要有机加工废屑、边、角、头、化铁炉渣、燃料炉渣、铸造废砂、废铸造金属、机加工废品等。

13. 电器、电子工业再生资源

主要有各种有色及贵金属屑、边、头、角以及存在于废品中的贵金属、不合格元件、报废产品等。

14. 建筑工业再生资源

主要有各种建筑剩余物，如碎石、砂、剩灰、碎砖、变质水泥、碎玻璃、废混凝土、废模板、跳板、脚手等。

15. 畜牧屠宰业再生资源

主要有牲血、废毛、羽、畜皮、脏器、角、壳、骨等。

16. 食品制糖工业再生资源

主要有废糖蜜、肉类加工剔除物、不合格食品、原料精选剩余物、甘蔗渣、甜菜渣等。

17. 粮食加工工业再生资源

主要有谷、壳、糖、变质粮食等。

18. 上述各产业使用的机电产品损坏废品、寿命周期结束的报废品等

(三)按再生资源商品经营分类

这是根据进入流通领域的数量(经营量)来划分的,其中基本不包含各产业形成、由产业自已使用或直接供其他产业的工业排放物。主要有:废钢铁、废旧有色金属、废塑料、废橡胶、废化学纤维、废旧玻璃制品、废纸及纸制品、废麻纤维、废旧纤维制品以及杂骨、角、蹄、壳与其他废旧物资(羽毛、废旧毛线、毡毯、废旧皮革等)。

(四)按管理分类

从专业管理和技术管理角度,主要依据其特性、形态进行分类,包括:废旧金属材料,废旧高分子合成材料,废旧无机材料、工业废渣、废旧机电产品、废油料等。

(五)其他分类

与再生资源有关的其他领域,也有一些分类方法,尤其是城市垃圾,一方面从垃圾处理角度,另一方面从垃圾再利用角度,进行分类。以下列出日本废弃物分类情况(见表 5-1 和表 5-2)。

表 5-1　日本废弃物的分类

类　别		具体废弃物	发　生　源
生活废弃物	一般废弃物	食物残渣、纸屑、塑料屑、土砂、碎玻璃、铁屑	一般家庭
	粗大垃圾	不用的家俱、家用电器	一般家庭
产业废弃物	第一产业废弃物	稻草、菜屑、家畜粪便、碎渔网、碎矿石等	农林水产业、矿山等
	第二产业废弃物	制纸泥浆、塑料屑、玻璃屑、炉渣等	生产、加工工业
	第三产业废弃物	废纸、破布废料、废材	商业等
	土木建筑废弃物	混凝土碎块、残土等	土木建筑业
环境处理设施废弃物	上下水处理残渣	净水处理污泥 下水处理污泥	净水场 下水处理厂
	产业废弃物处理残渣	淤泥、残灰	产业废弃物处理厂
	排烟处理残渣	漂尘、排烟脱硫石膏	燃烧炉、焚烧炉以及有排烟设施的厂

表 5-2 按垃圾性质的各种分类法

采用划分标准	分类名称	说明
感觉	良性品种 劣性品种	完全凭主观感觉来区别,其他缺乏客观性,不符合技术要求
排放场所	厨房垃圾杂芥物 城市垃圾 街道垃圾 高楼垃圾 市场废弃物 医院废弃物 建筑废弃物 工厂废弃物	各项不同垃圾的划分有品种性质的不同,但从经验可知其概略
燃烧性	易燃性垃圾 难燃性垃圾 不燃性垃圾	可作焚烧处理时垃圾质量的参考
化学成分	有机性垃圾 无机性垃圾	可作选择处理方式及检查处理程度的参考
堆肥性	堆肥化垃圾 非堆肥化垃圾	与上项分类大致相同,主要是为堆肥设施所用的分类方法
容积重量法	重垃圾 轻垃圾	此法是与水分、热值有关的分类方法,可用数据标出的一种简便方法
三成分分析法	水 分 可燃分 灰 分	可用数据标出,并可进而估算出其燃烧性

第二节 再生资源管理

一、再生资源管理的意义

由于资源的再生利用,使之在现代社会中,作为解决当代社会中三大难题的手段而起作用。

(一)提供资源宝库

再生资源在国民消费中占有相当大的比重。例如我国建国 40 年内,回收废钢铁 3 亿多 t,占钢产量的 47%;再生铜、铝、铅、锌 300 多万 t,价值 120 亿元以上;再生利用废纸1 420 t,节省造纸用木材5 680 m^3;再生废塑料 237.4 万 t;再生胶产量已占生胶耗用量的 1/4。工业发达国家所占比重更大,如法国,1983 年再生铜量已占精铜产量的 82%;日本废塑料回收率已达 48%,再生铝为原生铝的 3.2 倍;美国年消耗新闻纸 310 万 t,其中有 100 万 t 来自废纸的再生;巴西和意大利等国每年消耗的贵金属几乎全部来自再生;日本国内无石膏原生矿,工业使用的数百万吨石膏,全部来自再生的化学石膏。

与原生资源加工比较，再生资源作为原料再循环利用，物料投入总量比原生资源加入投入总量小而产出高，这使再生资源作为原料利用有很大优势。例如，用1万t废钢铁，可炼出9 000 t优质钢，可节约铁矿石2万t，石灰石5 000 t，优质煤1万t；用1 t废杂铜可提炼电解铜860 kg，节约铜矿石160 t；利用1 t废玻璃可制造新制玻璃900 kg，可生产2 mm平板玻璃15重量箱，0.5 kg装瓶子2 000个，和利用新原料生产相比，可节约纯碱2 000 kg，石英砂720 kg，长石60 kg，煤1 kg，电400 kW·h，降低成本20%。1 t废纸可生产再生纸800 kg，节约木材3 m^3，根据美国造纸部门的估计，造1 t纸需要砍伐17棵树，如果生产100万t再生纸，则可保住1 700万棵树；1 t废聚氯乙烯生产塑料制品，可节约增塑剂200～300 kg，省去全部合成工艺需耗用的石油、氯气。

日本对废弃物回收及再生利用做过统计，其作为资源的效果如表5-3所示。

表5-3　废弃物利用的效果

废弃物	现在的回收率(%)	提高回收率的可能限度(%)	由于再生利用节省资源的种类	可能节约的量(t/年)	可能节约的能量换算为重油(kL/年)
纸	64.5	96	节约原料木材	5 940 000	
铁罐	50	75	节约原料铁	70 000	5 000
铝罐	3	50	节约原料铝	17 000	7 000
牛乳瓶	97	98.5	节约原料玻璃	51 600	
饮料瓶	88.5	98.5	节约原料玻璃	406 200	
清酒瓶	89.2	98.5	节约原料玻璃	107 100	396 000
啤酒瓶	39	98.5	节约原料玻璃	157 700	
洋酒瓶	9.3	50	节约原料玻璃	52 500	
家用电制品	28	50	节约原料铁 节约非铁金属	44 900 4 900	14 000
塑料	6	25	节约木材 节约石油	260 000 280 000	178 000

（二）提供能源、节约能量

在绝大多数再生资源中，都蕴藏着一定的能量，如城市垃圾中的能量，其容量达11 600 kJ/kg，约占煤能量的1/3，生活水平较高的城市（如美国各大城市），生活垃圾中的能量的蕴藏量更大。就一般的生活垃圾中，也含有50%～60%的可燃性物质。一些先进国家采用垃圾焚烧炉对垃圾进行处理，其燃烧热值可达8 000 kJ/kg左右。日本1980年全国已有28个城市利用焚烧炉发电，其发电能力达79 800 kW；废轮胎，1 kg旧轮胎相当于0.8～0.9 L重油；产出量很大的废纸，1 t废纸平均所含热值为150 J，用废纸加工成1 t好纸，平均约节能100亿J；工业废渣所含的能量更加巨大。

为了说明再生资源中能量的蕴含，表 5-4 列出了城市垃圾与几种煤炭成分分析对比，从表中数据可见，城市垃圾与煤的成分相近。这是其有较大发热量的内在原因。

表 5-4　垃圾与某些矿物燃料的成分分析　　单位：%

成分	褐煤	油页岩	烟煤	次烟煤	城市垃圾
碳	42.4	23.8	76.6	54.6	35.4
氢	6.7	2.6	5.2	6.4	4.4
氧	43.3	12.3	6.2	33.8	28.2
氮	1.7	0.5	1.6	1.0	0.4
硫	0.7	1.0	1.3	0.4	0.1
灰分	6.2	59.8	9.1	3.8	31.4

为了使人们更清晰地了解再生资源节能效果，表 5-5 和表 5-6 列出了一些节能数据，供大家参照。

表 5-5　再循环材料的典型节能

再循环材料		能量需求(GJ/t)		节能(GJ/t)
		原材料	再循环材料	
金属类	铁类金属	50	25	25
	铝	280	10	270
	铜新料头	70	10	60
	废铜	70	20	50
	锌	70	20	50
	混合非铁金属(铜/锌)	70	20	50
	铅	40	10	30
	镍	170	10	160
	钛	470	70	400
	镁	420	20	400
	锡(锡铜皮)	220	200	20
玻璃类	碎片	16～32		0～5
	使用再复用瓶	16～23		16
纸类				25

表 5-6　几种再生资源的节能数据

品　种	需要的能量(kW·h)		节约的能量(%)
	从一次资源中制取	从二次资源中制取	
铝	64 000	1 300～2 000	97
钢	14 000	6 500	50
纸	5 000	1 500	70

(三)减少污染,保护生态环境

资源的再生利用对于解决威胁人类的生态环境恶化问题有重大作用。这是由于再生资源作为生产及消费中排放的废弃物,在没有利用之前,只能消极地排放。向空气中排放废气,向水中排放废液及在陆地上堆存废渣及垃圾,是现代社会根本的环境污染源。由于排放需要费用,也是降低企业效益,影响整个宏观经济效益的因素。仅我国,由于"三废"污染所造成的经济损失每年要超过500亿元。

各种废弃物对环境的破坏作用表现在如下3个方面。

1. 与农业争地

工业废渣和垃圾的堆放,每年都要侵占大量土地。据估算,全世界仅垃圾的排放,每年大约毁地600万 m^2,同时由于破坏了植被,减少1亿万 t 氧气的生成能力。

2. 污染土壤、水源及空气

工业三废及垃圾对环境污染非常严重,例如,金属冶炼厂附近土壤,铅含量为正常值的10～40倍,铜为5～200倍,锌为5～50倍;水泥厂周围地面上往往都是一薄层水泥;世界上有名的一些大水系,已不再是清洁水系了。

3. 破坏了植物植被,影响人们的健康

世界上每年都有大面积植物被污染所形成的酸雨毁掉,影响人身体健康的诸多因素中,环境因素、水质、空气、食物的因素成了致病的重要因素,有许多病症是污染直接引起的,如重金属中毒、污染空气导致的呼吸疾病等。

废弃物的资源化,可有效解决上述问题,例如,再生玻璃的工艺比原生制造玻璃,可减少10%～35%的空气污染;废钢铁炼钢比矿石炼铁、炼钢工艺可减少空气污染88%,减少水污染76%;造纸废水的循环封闭利用,可根本解决造纸黑液水对江河的污染。据美国工业部门估计,利用废物再生可使一些工业生产造成的空气污染减少60%～80%,水污染减少70%以上。由此可见,再生资源利用对环境保护作用巨大。

二、再生资源管理的内容

再生资源使用价值的实现,要依赖于大量的硬技术,需要合理安排和组织生产,因此,再生资源管理的内容,在很大程度是对某种或某些再生资源使用价值实现过程的管理,这可以说是再生资源科学的最终目的。使用价值的最后实现是将"废料"重新资源化,使其成为新的生产要素。再生资源管理具体包括以下内容。

1. 再生资源的回收管理

与自然资源不同,再生资源来自于生产、流通、消费各过程,可以说再生资源来自整个国民经济各部门、各领域,其集中性比自然资源(准确说是人类工业文明开始至今所开发的自然资源)要差得多,甚至不少再生资源是零零星星产出的,因此,收集再生资源便成为研究的重要内容,包括如何建立回收渠道、布置回收网点、研究和选用适当的收集工具和收集技术,也包括如何确定收集价格及回收时数量的计量等。

2. 再生资源的储运管理

包括研究再生资源储运系统的建立,储运工具、机械、装备,储存保管方式及储存条件、储存要求,储运时的包装方式、方法以及储运过程中必须进行的分类、分选、分装等所需的方式及手段。

3. 再生资源的经营与销售管理

再生资源中已经有一部分实现了商品化,已经作为一种有用资源进入社会再生产的分配及交换领域。这一部分再生资源在投入再生产或再消费领域之前不可避免地要经过流通环节,要处理其经营及销售问题。再生资源本身的特点决定了其经营的特殊性。我国近些年再生资源利用的波动在某种程度上是受其经营影响的,因此,这一研究对于开拓再生资源应用、搞活经营是有一定价值的。

4. 再生资源的利用过程的管理

再生资源的利用是很复杂的,主要原因是各种再生资源都有其独特的利用方式及工艺,其研究内容不但涉及冶金、化工、机械等领域的原有工艺及技术,加上再生资源的特殊性,还有不少全新的工艺及技术。因此,这一研究几乎覆盖了全部生产领域,它包括利用方式的确定,工艺路线的选择及确定,机械装备及有关工具的选择及确定,生产的管理与组织等。

5. 再生资源应用的经济效果研究

包括研究再生资源应用时投入的人力、物力、资金、再生资源应用的成本,可取得的经济利益等。

6. 再生资源管理有关政策研究

再生资源有关政策的拟定是使"废料"资源化的重要保证条件。我国解放后出现的多次再生资源利用方式方法和原则的反复,都与有关政策相联系。与原生资源比,再生资源的使用价值毕竟有了大幅度降低,因此,仅靠各经济部门自发地使用,显然是不现实的。有关管理政策的研究就在于解决这一问题。这一研究包含以下具体内容。

(1)最终"废料"排放的限制政策。对废料排放拟定若干限制政策,通过经济制裁手段、法律手段、行政手段以迫使有关经济领域将中间废料反复资源化,提高"废料"的资源化程度。

(2)再生资源的价格政策。其研究内容是如何正确确定再生资源的价格,如何确定再生资源的成本,如何正确拟定再生资源的收费办法等,使再生资源的价格能为排放及使用单位双方所接受。

(3)再生资源资金使用、税收等政策。主要研究根据再生资源特点,如何在贷款、投资、经营和税收方面给予适当的优惠政策。

(4)再生资源使用价值实现过程中的管理政策。主要研究再生资源利用的一些行政管理措施,制定一些原则。例如对废旧金属材料制定的"先利用、后回炉"的原则,就是这种政策性研究的结果。这方面还包括劳动力政策、劳动保护政策、工资奖金政策等。

第三节　再生资源的技术管理

一、再生资源使用价值的形成

(一)使用价值的形成

和所有的有用物一样,再生资源的使用价值是由其自然属性所决定的,这是再生资源之所以能够"再生"的一个本质的问题。

再生资源有其不同于原生资源的自然属性,所以,当人们首先了解了其原生资源的使用价值、掌握其使用方法的时候,还没有能力发现"废料"的效用,也无法掌握"废料"的使用方法,这是由科学技术和人们能力有限决定的。只有当科学技术发展到一定水平,人们才能发现并掌握建立在"废料"自然属性之上的使用价值。所以,再生资源使用价值真正被挖掘并加以实现,要靠科学技术。从这个角度看,再生资源并不是一个凝固的概念,在一个时期的科学技术基础上,将曾经作为"废料"的物重新赋予其使用价值,这种物,便"再生"而形成再生资源。而一旦长期利用其发掘的使用价值,形成稳定的资源形态,则就成了一种正式的资源。例如,火力发电厂的"废热"加以利用后,成了一种再生资源,之后,人们逐渐将这种热也作为电厂的产品之一,形成了热—电联产的工艺,这个热就不再是"废热"的再生,而形成正式资源了。所以,再生资源就某一个具体的物来讲,不是一个恒定不变的概念。

再生资源和原生资源的最主要区别在于:原生资源是专为某种需要、专为消费和交换开发的,其生产有十分明确的目的性,而再生资源则是一种附属物,是派生的东西;原生资源是为满足某种生产或消费要求而生产的,而再生资源则是寻找能实现其使用价值的生产或消费;就使用价值而言,原生资源使用价值较高,开发较容易,而再生资源使用价值较低,开发比较困难。

(二)再生资源使用价值来源

1. 原生物的主要效用在利用过程中尚未完全用尽(原因多种,如科学技术达不到、工艺原因、经济合理性等)而"残存"下来的使用价值。显然,这一使用价值在第一次利用时已经作为主要利用对象予以利用了,因而"残存"下来的使用价值必然远低于原使用价值。例如,煤作为燃料的使用价值,经第一次燃烧后,90%以上的热被利用了,而

"残存"的使用价值已不足10%了。

2. 原生物多种效用中在初次利用时未曾被利用的那些效用被"留存"下来,形成再生资源的使用价值。再生资源这一使用价值是在初次使用中未被消耗的,所以,和"残存"的使用价值比较,这一使用价值就较高。另外,在一次使用不损失这一使用价值的前提下,"留存"的使用价值由于其纯度的提高,可能表现出比原生资源的使用价值更高的结果。例如我国某矿是由铁、稀土、铌等多种元素组成的综合性矿床,作为铁矿开发后,稀土等矿物"留存"下来,由于铁组分的排除,稀土含量提高,用残留有稀土矿的尾矿提取稀土比从原生矿中提取稀土元素要容易得多。所以,就稀土元素而言,废尾矿的使用价值要远高于原矿的使用价值。

3. 原生物中主要使用价值的一部分在第一次使用中已经消耗了,而另一部分则基本上原封不动地"保存"下来,这"保存"下来的使用价值便成了再生资源的使用价值。在这种情况下,再生资源使用价值和原生物比较,没有发生本质的变化,这种再生资源往往具有较高的使用价值,而且这一使用价值和原生物基本相同。较明显的例子是某些情况下的金属材料、纸张、布匹等在初次使用后剩余的材料仍可按原自然属性发挥其效用,虽然尺寸大小发生了变化,影响了一部分使用价值,但其基本理化性质、质量、功能等未发生改变而"保存"了下来,使之具备与原使用价值基本相同的使用价值。

4. 对"废料"进行加工,使之转化为新的使用价值。在"废料"所具有的自然属性不能形成直接的效用、不能直接转化为使用价值的情况下,如果其自然属性具有在现实科学技术和工艺生产条件下能够转化,并形成了新的使用价值,通过再生加工,利用化学、物理、机械的等工艺处理后,则可形成我们所需要的新的使用价值。例如,从洗相废液中提取贵金属银,从电子器件触点中提炼金,就是通过再生加工形成新的使用价值的方式。

5. 原生资源加工过程中增加的使用价值转化为再生资源的新使用价值。再生资源的使用价值和原生资源比较有时甚至超过原生资源,这是由再生资源形成过程中的特殊性决定的。比如,再生资源在形成过程中,由于原生资源的加工消耗大量能量,使再生资源内部聚集着"内能",这就使再生资源再加工过程中,可以减少能量的消耗,因而表现出更高的使用价值。再如前文提到的,由于原生资源加工过程中,消耗了其中的一部分从而浓缩了另外一部分,从另外一部分的有用性来看,其使用价值明显高于原生资源。除上文所举例子之外,另一个显著的例子是废旧玻璃,作为再生资源,在玻璃制造时经过1 400 ℃左右高温使玻璃中蕴含一定内能,废旧玻璃再次熔化时,能耗远低于第一次加工,从而使其效用更高于原生资源。

二、资源再生的主要方法

废旧物资的来源广泛,种类庞杂,质量不齐,含杂质较多。只有在回收之后,按物质属性、使用途径进行分选整理,剔除杂质,分档归类,打包压块,做到粗进细出,统进分销，才能达到合理使用的目的。

废旧物资加工，一般分为原料型的初加工和产品型的深加工两种。原料型的初加工，主要是分选整理，排杂去污，剔除有害物质，使之成为生产原料；产品型的深加工，主要是将废料通过一定的生产设备、工艺技术，进行化学的分解和聚合，机械的拆解和拼配，使之成为生产原料的中间体或加工成日用品，供应生产和生活的需要。这两种加工方式，都是为了实现废物利用、物尽其用的目的。

(一)废旧物资加工利用的必要性

废旧物资既是生产和使用中的废弃物，又是工业生产的原料。从废弃物转化为原料，必须经过加工分类，才能实现再生利用。加工是经营废旧物资必不可少的重要环节。例如，一辆报废的汽车，含有钢铁、铜、铝等金属材料和橡胶、塑料等化工原料，只有经过拆解、切割加工，才能实现物尽其用。又如混入造纸原料中的橡胶、塑料是造纸的有害物质，要经过挑选加工，将其排除，使造纸原料变为品种单一的净料，才能投入造纸生产。再如报废了的水暖零、部件，只能经过拼配、改制，才可以恢复其使用效能。所以，废旧物资的加工，既是实现废物利用的首要条件，又是为生产服务，促进生产发展的重要措施。

分选加工不仅是服务生产的必要条件，也是增加企业效益，扩大积累的重要途径。1978年~1982年，仅商业系统就利用废薄铁和屑末打包压块262万t。如果每吨以平均增加经济收入25元计算，就可为企业多收6 550万元。

分选加工又是确保工业生产安全的重要措施。由于废旧物资来自社会的各行各业，不仅混有影响产品质量的尘土，而且也可能混入一些易燃、易爆、易腐蚀、直接危害生产安全的物质。例如废金属就经常混有雷管、炮弹、地雷等爆炸物和酸碱之类的易腐蚀物质；废旧造纸原料、废橡胶、废塑料中就经常混入有赛璐珞、硫磺之类易燃物质等等。如果不把这些危险品排除，混入到生产部门，就对生产安全构成威胁。分选加工是确保生产安全的重要措施。分选加工对废旧物资的及时销售，促进回收、加速资金周转也有很大作用。

(二)废旧物资加工利用的原则

废旧物资的加工要做到因材施用、合理利用，充分发挥其在循环利用中的效能，必须实施以下原则。

1. 先利用，后回炉的原则

废旧物资大部分是再生原料，为了充分发挥其物质效能，做到物尽其用，凡是可以直接利用的或者经过整修、拼配，可以重新利用的金属材料、机器零件、包装容器、工具用具等，都应从废料中挑拣出来，供给社会生产和人民生活使用；实在不能利用的，作为原料回炉再生。先利用，后回炉，既有利于市场供应，补充新料之不足，又有利于减少生产中的费用开支，推动社会节约。可是，对于那些能源消耗大，污染环境严重，国家政策规定淘汰的机电产品、锅炉、汽车等只能回炉再生，不能修复利用。因此，实施“先利用，后回炉"的原则,要从社会整体效益出发,不能单纯着眼于企业效益。

2. 粗进细出,合理利用的原则

废旧物资往往是混等收进,品种繁多,规格复杂,含杂量也大。回收之后,只有经过分选整理、剔除杂质、整修改制等加工过程,才能做到粗进细出、分等供应,实现合理利用、物尽其用。

3. 拾遗补缺,开发利用的原则

废旧物资的回收利用,主要依赖于市场的调节。回收品种和数量的多少,取决于社会生产的利用能力,而废料利用的多与少,又要受原生原料的制约。在一般情况下,生产部门有新料,就不用"废料",新料多了,"废料"就滞;新料少了,"废料"就畅。这种供需之间的矛盾是经常发生的,而且难以预测和掌握。但是,有些废料的利用情况还是相当稳定的。如废旧造纸原料和废金属中的炼钢炉料,在一般情况下生产部门都是积极利用的。对于这些废旧物资,回收企业应该根据生产需要,只作原料型的分选加工,优先供应重点企业生产用料,一般不宜开展产品型的深加工。否则,就有可能同工业生产争原料,影响工业企业的正常生产。但是,对于那些工业部门暂不利用或者利用量甚少以及资源量很少而利用价值较大的品种,如废旧高分子材料、贵稀金属废料、有色金属屑、渣、末等,回收企业应该积极进行产品型的深加工,加工成原料中间体或最终产品,以满足生产或生活的需要。

4. 实行专业化的原则

所谓加工专业化,就是把某一地区比较大宗的废旧物资,集中到一个或几个加工设备好、技术素质佳的单位,进行加工。例如,废钢铁打包压块,报废汽车、船舶的拆卸切割,有色金属屑、渣、末的冶炼提纯,机具零部件的整修拼配,合金钢的分选整理,废橡胶、废塑料的解聚再生,旧玻璃制品的分选洗涤,废旧包装容器的修补整理等等,都可以实行专业化的加工。

实行专业化加工有许多好处:有利于废旧物资的合理利用,大力促进回收;有利于加工场地和设施的有效利用,采用先进设备和技术,提高劳动生产率;有利于加强职工的专业技术培训和技术素质的提高,试制新产品和改进工艺技术;有利于防治和治理污染,保护环境和职工身体健康;有利于节约人力、物力,改善企业管理,提高企业经济效益和社会效益。总之,实行专业化加工,才能使废旧物资回收利用的路子越走越宽。

(三)废旧物资加工利用的方法

废旧物资的加工方法,概括起来可分为3种。一是加工整理,就是按物资的属性和生产使用的需要,进行分选加工,这种加工只改变废料的外部形态,不改变废料的内部结构;二是修配改制,就是恢复和部分恢复原物的使用效能;三是再生利用,就是采用一定的工艺技术和设备,通过化学和物理的处理方法,把废料中的有用物质提取出来,变废料为原料,变无用为有用。

1. 加工整理

废旧物资加工整理的主要目的是为生产部门提供适用的原材料。因此,必须根据各种废料的不同属性、不同用途和使用部门的不同要求进行加工,为生产部门提供可以直接使用的原材料。

(1)挑选分类

挑选分类就是把回收的废旧物资,根据“先利用,后回炉”的原则,把可以直接利用的、经过修配改制可以利用的、需要回炉再生的废旧物资,按照不同用途加工分类,以便分别供应。

(2)除尘去杂

除尘去杂就是将回收的废旧物资,采用机械或手工的方法,清除尘土,剔除杂物,特别是要把有毒、有害、易燃、易爆和易腐蚀以及危害工业产品质量的杂物剔除干净,实现净料投产,确保工业产品质量和生产安全。

(3)拆解分割,剪切破碎

拆解分割,剪切破碎就是将回收的大件物资,,如报废车船、各种大型构件、电机、电器等,进行解体,由大变小,由混合变单一,以便分别利用。

(4)打包压块

打包压块就是将回收的零、散、碎的废旧物资打包压块,变零碎为整块,变散泡为密实。其目的是为了方便运输和工业生产的使用。

2. 修配改制

废旧物资的修配改制,就是把已经损坏的物品,通过修补、拼配、改制,恢复其使用效能,供应有关部门直接使用,这对发挥物质效能,增加市场资源有一定作用。

(1)修　　补

修补是对已经破损的物品,通过修残补缺,使其完好,恢复或部分恢复它们的使用效能。如旧轮胎翻修,旧铁桶复原、残纸箱修补等。

(2)拼　　配

拼配是指已有残缺的物品,通过焊接补配零件,或以同类物品的完好零部件进行组合拼配,使其完整而恢复原物的使用效能。如残损的扳钳工具、水暖器材、轴承、机电器材等的拆解拼配。

(3)改　　制

改制是指原物已经破损残缺,不能恢复原物形状,利用其可用部分,改制成可利用的物品。如废纸箱、破铁桶、破麻袋的大改小,旧帆布改制成手套、鞋垫、肩垫和工具提包,用残纸改制成练习本等。

3. 再生利用

再生是废旧物资加工利用较为复杂的一种方式。它不仅使废旧物资在外观形态上发生变化,而且在内部结构上也发生变化。通过一系列物理和化学的处理方法,对废旧物资进行机械加工、冶炼提纯、化学分解与聚合等过程,使其变成一种新的原材料。

废旧物资再生利用的方法很多，主要有以下两种。

(1)高分子废旧材料的再生

把废旧橡胶通过机械粉碎、脱硫、压延、出片等工艺过程，生产再生胶及其制品。废旧有机玻璃通过高温气化、过滤除杂、冷凝结晶等工艺过程生产成新品等。

(2)废旧有色金属和贵稀金属的冶炼提纯

通过火法与湿法的冶炼，对含有铜、铝、锌、铅、镍、钴等有色金属的废液、废渣、废弃件，进行高温焙烧、熔解分离、冷却结晶等工艺过程，生产有色金属单质及其化合物；对含有金、银、铑、钯等贵重稀有金属的废液、废渣、废弃件的提炼，除需要上述工艺过程外，还要采取萃取分离、树脂交换等较为复杂的工艺过程，进行分离提纯，从而得到这些贵重稀有金属及其化合物。

三、资源再生案例

(一)钢铁再生资源的应用

据统计，建国后 40 年内，我国产生的废旧钢铁总计约 5 亿 t，回收利用约 4 亿 t，回收利用率为 78%。回收的废旧钢铁经挑选、分类、加工处理后，可用作炼钢(约占利用总量的 70%)的原料，炼铁、铸造、铁合金、化工等工业(以上约占利用总量的 20%)的金属炉料和原材料以及农业、轻工、手工业生产(以上约占利用总量的 10%)的原材料。

1. 回收后直接使用的钢材

切割、拆卸下来的钢板、型钢、小张料和边角余料等，经分类、修复、精整后，按照“先利用，后回炉”的原则，可直接用于农机具、轻工制品、手工制品和一般用途的材料。此外，尚可用作设备维修及技术革新用料等。直接利用的废旧钢材应注意以下几点：一是对使用要求不高的，一般性能即可满足的，用混号钢材就可以；二是对性能要求较高的，钢号要求较严格的应严格区分钢质钢号，以便保证使用性能要求；三是最合理的直接利用是按钢质钢号和性能指标均对路，符合使用要求的，因为这是最为经济合理的直接利用的途径。

2. 加工碎块和压块的利用

(1)用作炼铁的金属炉料

加工碎块。加工碎块应符合炼铁工艺所要求的精球团矿或烧结矿的粒度大小，来代替精熟矿，作为金属原料直接送入高炉冶炼商品生铁。

压块。经打包压块作为金属料，可直接投入高炉炼成生铁。

加工碎块和压块投入高炉冶炼，能提高高炉产品即生铁的产量和质量，降低焦比，提高高炉冶炼的经济效益。

(2)用作炼钢的金属料或合金料

加工碎块和压块用于炼钢，作为金属料投入炼钢炉冶炼，一般来说都能符合炼钢金属料的要求。但作为合金料时，对压块的纯度、清洁度等，要求非常严格，以便于炼钢操作和化学成分的掌握以及对钢的质量的要求。

(3)用作铸钢件的金属料

用压块来代替废钢入炉熔炼、浇注成铸钢件，节约废钢，不但能保证铸钢件的质量，同时也能提高铸钢生产本身的经济效益。这样就避免了铸钢生产与炼钢生产争夺原料，使废钢尽量用于炼钢，经济效益更高。因此，将压块尽量用于铸钢生产是合理的。

3. 废旧钢铁的利用

(1)废铁的利用

一般废旧铁的利用。这里所指的一般废旧铁包括废旧灰口铁、白口铁和可锻铸铁的废旧铸件，其利用可以分成两个方面：一是用作高炉炼铁的金属料；二是作冲天炉化铁熔炼再铸成各种设备或零部件的铸铁成品铸造件。

(2)废钢的利用

①废旧碳素钢的利用。废旧碳素钢的种类又包括普通碳素结构钢、优质碳素结构钢和碳素工具钢废钢。它们的利用用途广泛：一是在机械厂的电炉或平炉中熔炼，用作铸造铸钢零部件或设备底座等一般铸钢件，以冶炼时加入合金料，还可铸造特殊性能用途的铸钢件。二是在冶金厂用作冶炼各种钢种的金属料。这种利用简便易行，主要的元素碳在回炉冶炼时易于控制和调整。因此，回炉冶炼利用非常广泛。

②废旧合金结构钢的利用。各种机械或设备的制造都离不开合金结构钢，因其来源非常丰富并且产量很大。废旧合金结构钢件的种类很多，达 100 多种以上，其含有一定量的合金元素且合金元素的种类也多，是机械制造工业生产最多的一大类别废钢。严格地将它们区分也很困难，但其有一个共性，就是用于机械制造方面，所以这类钢的利用也很明确和方便。这类钢的共性是具有综合的力学性能，钢质成分中不同程度的含有锰、硅、镍、铬、钨、钼、钒、钛和硼等合金元素。锰、铬、镍、硼等元素能使淬透性提高；钒和钛使钢的韧性增强；钨和钼能降低钢的脆性。因此，经回炉冶炼后，能获得各种不同要求的力学性能。在回炉利用冶炼时容易掌握，这是一类可广泛利用的资源，在机械厂的电炉中能回炉冶炼、浇注成各种合金结构钢铸件及各种零件。在冶金炼钢应用方面也很方便，用作金属料可以很方便地冶炼成各种化学成分和性能要求的合金结构钢，浇注成锭后，可按各不同钢号加工成合金结构钢材，广泛应用于机械制造的各种零件和冲压制件。

③废旧轴承钢的利用。轴承钢的废旧料来源很多，并且来源明确，回收方便。其来源一是冶金厂和轧钢厂的工艺性废料。二是轴承制造厂的加工余量和切屑。三是各种报废、废旧的轴承件。

废旧轴承钢件中含有一定量的铬，适于作冶炼轴承钢的专用金属炉料，可以冶炼成各种成分和性能要求的轴承钢，再轧制成轴承用管材和滚动体用钢材，是很经济合理。还可以用作冶炼含铬的合金结构钢和含铬的不锈钢。回收中应将轴承钢料件碎块与轴承钢钢屑加以区分，钢料件碎块用返回法直接用于炼钢；钢屑先加工成压块后，用于炼钢也便于冶炼操作。压块还可用作冶炼铬铁合金的炉料。轴承钢废料的回收利用的经济效益和社会效益都很高，同时又能明显地节约贵重资源铬。

④废旧合金及高速工具钢的利用。废旧合金及高速工具钢件料屑的来源是非常广泛的，除了冶炼、压力加工和机械加工产生的工艺性废料外，此类工具钢的各种各样的工具，在社会上可以说每时每刻都有报废，例如各种切削刀具和模具，而数量又是巨大的，经回收利用后效益也很大。

此类钢中含有大量的且较贵重的合金元素，如铬、钼、钴、钒、镍等，回收时注意把它们按钢种进行区别分类。在分类时，注意把含钼量高的与含钼量低的钢屑或废旧工具件区分开，以便为利用提供条件。

它们的利用一是用返回法冶炼合金工具钢或高速钢，这主要是指对于废料头和废旧工具，用返回法直接冶炼，能使废旧料得到充分利用，返回率越高越好。二是对工具钢屑或轻薄料利用时，首先要进行清洁整理工作，去除夹杂物和油污，提高纯度。为了进一步提高钢的质量，可以进行二次冶炼。三是利用熔模精密铸造方法，将边角余料或料头直接铸造成工具。

每年大约报废几万吨工具钢，这部分工具钢废件的充分利用，也可回收大量的铬、钼等元素，具有明显的效益。

⑤废旧不锈钢的利用。我国每年耗用不锈钢约十几万吨，废旧不锈钢的来源十分丰富，有冶炼和加工过程中的工艺性废料和钢屑以及报废的不锈钢管件及零件、器具器皿等，随着化肥、化工、合成纤维以及石油等工业的发展，不锈钢的废、弃、旧件更是日益增多，不锈钢废旧件料中，含有贵重稀缺的战略金属元素铬和镍，对其利用不仅是节约了不锈钢，而且意味着增加了上千万吨的铬和镍。

废旧不锈钢零部件和边角余料的利用。一是先利用后回炉的原则，能直接使用的余料料头可用于制造不锈钢零件或不锈钢制品件。二是用返回法返回钢厂冶炼不锈钢用的主要金属炉料。三是利用精密铸造方法铸造耐蚀不锈钢零部件。

不锈钢屑的利用。不锈钢屑废料主要是机械厂加工不锈钢零件的切削余量下来的，占不锈钢废料的10%左右。其利用的主要途径是在回收部门冶炼铸成钢锭，作为商品锭，然后再返回钢厂冶炼不锈钢，加工成不锈钢材，也可作为冶炼结构钢的合金炉料。

⑥废旧耐热钢的利用。废旧耐热钢是高温设备和高能燃烧或高能发射装置的生产和报废件，其含量中具有大量的镍和铬的昂贵元素，对这部分的资源回收利用有着巨大的经济和政治意义。其利用大致有以下几方面。

块料返回钢厂冶炼耐热不锈钢。根据冶炼成分要求按镍和铬的含量高低分类，表面要进行净化处理，按钢号和冶炼用废钢的比例入炉，冶炼出所要求钢号的耐热钢或高温合金。

废旧料和钢屑用于冶炼不锈钢。这主要是指含镍量高并且其他杂质含量很少的高镍基合金,用作代替金属镍或微碳铬,作为合金剂来冶炼生产不锈钢。

废旧钢屑回炉冶炼铸造生产耐热钢铸钢件。将耐热钢屑按钢号进行分类,以适应耐热钢铸件的钢号,经过去除杂质油污和非金属混入物,冶炼调整成分铸成钢件。此外,在建材和机械行业,耐热钢屑也得到广泛的应用。

(二)塑料再生资源的应用

塑料再生资源的应用是指将废旧热塑性塑料经过加工重新塑化的利用方法。该方法又可分为单纯再生和复合再生两种类型。单纯再生主要是树脂厂、加工厂的边角料和能够分选洗净的同种塑料的再生;复合再生主要是使用过的且难以分成单一品种塑料的再生。单纯再生塑料制得的制品性能较好,可用于制造农用薄膜、包装薄膜及各种日用品;复合再生塑料则由于各种塑料混入的比例不同及相容性各异,聚氯乙烯这种有极性的树脂与聚乙烯这种无极性的树脂不能相互溶混,如果相互溶混则易于造成制品质量不稳定,性能较差,甚至发生龟裂,一般多用作土木建筑材料,如牧栅、栏杆等。

废塑料的再生可以直接熔融制成再制品,也可以生产粒料,作为再制品的原料出售,应根据废塑料品种和质量的不同,采取不同的加工方法。

1. 单纯再生

(1)塑料制品厂产生的热塑料下脚、废品等,未被污染,没有混入垃圾时,可以经过破碎直接混入新料中返工使用,不影响制品的质量。

(2)改性加工。经分选后所得单品种废塑料,为了使其达到希望的性能,成为有用的材料,可以添加新塑料或助剂进行改性加工。改性加工方法因塑料品种不同而有很大差异。对聚乙烯和聚丙烯烃类,其耐老化性较好,废料与新树脂比较,性能下降较少,而且这两种塑料的消费量较大,是利用的重点。改性加工的方法主要是与分子量较高或链结构规整度较好的同类新树脂共混。例如,在熔体指数为3.5~5.0的废旧织梭粉碎料中加入30%的熔体指数为0.2~0.4的新高密度聚乙烯树脂,经挤出造粒和注射成型后得到的织梭,其性能与单用新树脂制得的织梭一样。

聚氯乙烯塑料是含添加剂数量最多的一种塑料,这给废料改性加工带来一些特殊问题。为了使回收的聚氯乙烯边角料及废旧薄膜顺利通过二次加工而成为制品,须添加热稳定剂,还有的须添加一定量的新树脂,以满足对制品性能的更高要求。我国用废塑料直接加工再制品已取得一定成果,如用废聚氯乙烯加入碳酸钙、稳定剂、润滑剂等助剂,经混炼、压延印花、热压等工序制成钙塑地板等建筑及家用器具;用废塑料和废橡胶制橡塑再生胶及再生制品等。近几年来,我国废塑料再生制品的研究方向有向建材品发展的趋势,各种再生塑料卷材、塑料地板、塑料嵌缝膏、塑料腻子等相继出现。

(3)造粒。热塑性塑料直接熔融造粒,其产品可作为再制品的原料。废塑料还原造粒工艺流程因塑料的品种不同、设备条件的不同而异。基本流程图可归纳如图5-1所示。

废塑料经除杂、分选、洗涤、干燥之后,经由粉碎机破碎。破碎方式由生产要求和塑

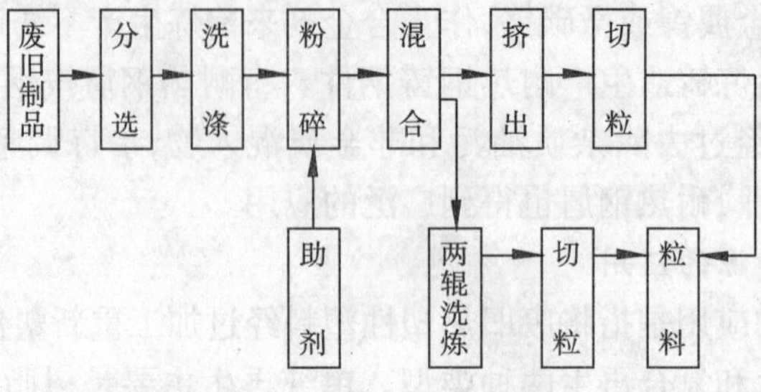

图　5-1

料的性能而定,一般脆性塑料适于用压缩粉碎机、冲击粉碎机破碎,塑性材料适于用剪切粉碎机破碎。

破碎成适当大小的塑料碎片放入混炼机,加入相应的增塑剂、稳定剂、润滑剂、着色剂等助剂,经过一定时间的混炼达到均匀状态,然后投入挤出机,挤出条状物料,由安装在出料品的旋刀切成颗粒。或用两辊炼塑机塑化出片状塑炼物料,再由切粒机切成颗粒。

通常聚氯乙稀等复杂成分的塑料都须加入助剂,而聚乙烯等简单成分的塑料可不加入助剂或只加着色剂,因此破碎后可直接挤出切粒,不需要经过两辊混炼工艺处理。

废塑料的造粒,除了采用切粒工艺以外,还可以采用团粒工艺,以聚乙烯或聚丙烯或聚氯乙烯的废旧薄膜的团粒工艺为例,其流程图如图 5-2 所示。

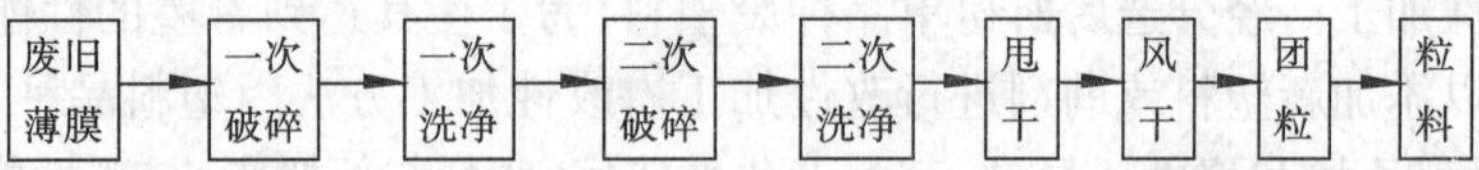

图　5-2

2. 复合再生

由于回收的废塑料大部分是多种塑料的混合物,因此回收加工混合废塑料是二次加工业当前所面临的大课题。大量研究表明,不相容的掺混聚合物机械性能较差,只能生产低档产品。如果加入某些固相分散剂则可以改善产品的性能。例如,SBS(苯乙烯-丁二烯-苯乙烯)嵌段共聚物是 PE/PS 掺聚物高度有效的固相分散剂,加入占掺聚物 20% 的 SBS 就能有效提高材料的抗冲击强度、断裂强度等。

复合再生加工主要经过除去石块、金属等杂物、破碎、干燥、熔融、成型等工序。其中关键是成型,一般采用浇铸成型,在某些情况下也可以采用延压成型或挤出成型。

复合再生制品主要用来代替木材、水泥作建筑材料或农渔用材料等。

(三)焚烧回收热能

塑料在燃烧时能释放出大量热能,因此不能再生的可燃性塑料都可以焚烧回收其热能。这种方法如果处理单纯废塑料比较困难,最好与废纸等可燃垃圾混合焚烧。废塑料在燃烧过程中,会产生氯化氢等有害气体、高热量、重金属以及微量有害物质而污染环境,因此,研制无污染或少污染的焚烧炉是十分必要的。目前日、美、欧各发达国家在这方面已有比较成熟的技术。

(四)热解回收油、气

废塑料经高温处理,裂解成燃料油(如汽油、轻油)或气体(甲烷,不饱和的碳氢化合物),其回收产物可以作为热能或化工原料使用。

单纯研究废塑料热裂解的工艺和设备是进入20世纪80年代才开始的,日、美、德国等国在这方面已有许多研究成果报导,我国广东环境资源开发研究所用裂解法还原废聚苯乙烯回收苯乙烯单体已获得成功。热解处理对环境影响小,从长远来看是处理废塑料的最佳方法。但目前这类工厂投资较大,经营困难,各国尚未大规模投产。

(五)减容固化处理

这也是焚烧废塑料,利用其热能的一种方法。只不过不是在焚烧炉中燃烧,而是将混有垃圾的废塑料通过减容固化作为固体燃料使用。具体处理方法是将回收的混有粗大垃圾、不燃垃圾的废塑料一起破碎,经过分选除去不燃物质,剩下的塑料和纸等高热量可燃垃圾一并进行加热固化。这种固体物可以作为燃烧应用,应用范围广泛。目前日本等发达国家已普遍采用这一方法。废塑料的减容固化技术可以归纳为表5-7。

表5-7　废塑料的减容固化技术

处理方式	固化技术的内容	熔融固化温度	固形物形状
回转炉式熔融固化	炉内吹入热风,熔融,造粒	200～230℃热风	ϕ5 cm左右的块
压缩、熔融固化(利用磨擦热)	以螺旋方式压缩,利用磨擦热熔融	100～130℃(磨擦热)	ϕ3～5 cm左右长约5cm
压缩、捆包(感应加热)	油压压缩、钢带捆包	160℃以下(感应加热)	包状85 cm×85 cm×100 cm
压缩、减容－压缩固化	向炉内直接喷射湿润热风、软化、收缩、压缩固化	200～380℃湿润热风	例如ϕ22 cm×50 cm
熔融－压缩固化	利用热风熔融、压缩固化	180～200℃热风	块状40 cm×50 cm×70 cm

(六)回收化工原料

塑料通过裂解、水解、醇解、碱解等途径可以再生为预聚物而回收利用。如有机玻璃废料经裂解、精馏可回收甲基丙烯酸甲酯单体,再进行聚合仍可生产有机玻璃;聚氨酯泡沫塑料经醇解可回收多元醇;尼龙-6经碱液水解可回收已内酰胺等。

(七)直接利用

泡沫塑料废料可以粉碎成不同直径的颗粒后再加以利用。如将废聚苯乙烯泡沫塑料粉碎成6 mm左右的颗粒同土壤混合,能改善土壤的保水性、通气性和排水性;若粉碎成10 mm以下的颗粒则可作为填料同水泥等混合制成轻质混凝土;泡沫塑料经破碎后还可作为靠垫、儿童玩具的填料,也可加入黏结剂制成衬垫材料。

第四节 再生资源的经济管理

一、再生资源的价值与价格

(一)再生资源价格的特点

价格是商品价值的货币表现。商品的价值是由生产领域劳动创造的价值和流通领域追加的价值两部分构成的。价格的高低取决于商品的价值、货币的价值、商品市场供求状况。

再生资源价格不同于一般商品的价格,有其自己的特殊性。再生资源是社会生产和人民生活过程中已经全部或部分丧失了原有使用价值的废弃物品,但留存有一些残值。这些残值,在没有被社会利用之前,没有使用价值,也就没有价格。当某种再生资源被社会利用时,它残存的使用价值重新进入流通领域成为商品,商品在流通领域中经过收集、整理、加工挑选、保管、运输等环节的劳动,使残值成为新的使用价值和价值。同时,在流通中还有一些必须的非劳动费用即流通费用。由此可见,再生资源的价格是由原物的残值、加工成本、流通费用和利润、税金等构成的。当交换结束以后,购买方使原物残存的使用价值得到实现,卖方得到价值。

再生资源的价值能否以价格的形式来实现,以及价格的高低,主要受以下几方面因素的制约:一是取决于能否被社会利用、利用程度、利废工业企业生产设备和工艺是否先进、成本的高低等情况。如:废电池、废日光灯管等,虽有利用价值,但在现有技术条件下经济效益不好,使回收和利用工作开展不起来。二是取决于以再生资源为原料的产品的市场供求情况和发展趋势。以再生资源为原料的产品供不应求,其原料价格就会上升;反之,供过于求,价格就会下降。三是与新原料的供应情况也有一定关系。

(二)制定再生资源价格的原则

根据再生资源价格的特点,要达到废弃物的残存价值的再实现,必须在价格上对利废生产企业有吸引力。因此,再生资源的作价原则应当是:有利于扩大再生资源的回收利用,实行购得进,销得出,利用者合算,经营者有利,出售者有一定收益,依据市场供求变化,实行随行就市,有涨有落,灵活掌握,适时调整的原则。价格水平的原则应当是:旧不超新,废不超旧,按质论价,比质比价。

(三)再生资源作价办法

回收再生资源的目的是为了利用,只有首先确定了它的利用价值之后,才能确定它能否回收。因此,再生资源价格上应先确定销售价格,根据销售价格再确定收购价格。

销售价格的确定,是由再生资源企业依据销售价格成本而定的,与利废工业生产企业实行多种形式。同利废企业协商定价时,必须注意:首先,正确合理地核算出本企业的理论销售价格成本,核算的目的在于确定某种再生资源在购销过程中所耗费的费用,是否能在销售价格中得到补偿;其次,考虑市场供求情况及发展趋势,与新的原材料或代用品的比价;再次,还要考虑企业之间的竞争能力,掌握社会平均销售价格水平。

收购价格的确定是以销售价格为基础,扣除各项合理的直接费用和间接费用,合理的利润、税金,并应考虑到是否有利于鼓励群众积攒和交售的积极性等因素。比较大宗的再生资源,应保持合理的差价。

二、再生资源回收管理与核算

(一)再生资源的回收管理

再生资源的回收,就是把分散在社会上的各种再生资源,通过各种形式和方法收集起来。回收工作做好了,就能为加工利用提供充裕的物质资源。在回收环节中要求做好以下几项工作。

1. 合理设置网点,方便出售

目前我国从城市到农村已建立了综合性或专业性的再生资源经营机构。市、县级再生资源经营企业,一般称为"再生资源回收利用公司"或"物资回收公司",是再生资源回收利用的基本力量,下属各种专业经营部、收购站,实行专业经营,是城市再生资源回收的重要阵地。除此之外,还有众多从事再生资源回收的各基层站及个体商贩。

这种多层次的收购网络,在社会上构成再生资源经营行业,为发挥再生资源在国民经济中的作用做出了较大的贡献。但是我国目前再生资源回收率还是比较低,这固然有多方面的原因,其中回收网点不足也是重要原因之一。因此,必须从为生产服务和方便出售出发,合理设置网点,力争做到工厂不出门、居民不出街、农民不出村就能出售再生资源,尽可能提高再生资源回收率。

2. 大力开展再生资源回收利用宣传

再生资源分散在各行各业和千家万户,具有广泛的社会性和群众性。同时,由于它的价值容易被人们忽视。因此,要做好回收工作,必须利用各种形式,宣传再生资源回收利用的意义,以提高广大群众对再生资源回收利用的认识,发动群众开展积攒、出售再生资源,使群众认识到积攒、出售再生资源功在国家、利在自己,是支援社会主义建设的具体行动,是勤俭节约的表现,从而把积攒、出售再生资源变成广大群众的自觉行动。

3. 大搞突击回收活动

为把平淡的回收工作掀起高潮,争取回收更多的再生资源,要在当地政府的支持下,每年结合重大节日和爱国卫生运动,大搞几次突击回收活动。如突击回收月、突击回收周,动员厂矿企业、机关单位、居民群众搞卫生、大扫除,清理出售再生资源。做到经常收购与突击回收相结合,定点收购与流动收购相结合,方便集体与个人出售,最大限度地挖掘再生资源潜力。

4. 端正经营思想,明确收购范围

再生资源回收行业,属国家特许经营管理范围,应认真贯彻执行党和国家的有关方针政策,坚持社会主义经营方向,收购时要注意掌握以下原则。

(1)群众和机关企事业单位出售有利用价值的再生资源可以收购。

(2)厂矿企业在生产过程中的边角下料,以及报废的机械设备和包装容器,凡有利用价值的,可以收购。

(3)群众出售拣拾的金属工业器材或原材料,必须凭出售人的身份证件由指定的专点收购,要严防收购"赃物",并主动配合公安部门打击不法分子的盗窃活动。

(4)铁路、邮电、电力等专用器材和厂矿企业新的机械配件,一律严禁收购。

(5)凡属历史文物,不应收购,已经误收的,要转交当地文物管理部门按照规定进行处理。

5. 加强市场管理,维护正常经济秩序

商品流通领域的"多渠道、少环节"的政策,再生资源回收行业应认真贯彻执行,并要适应新形势的要求,把再生资源市场搞活。但也要防止哄抬物价、扰乱市场。因此,再生资源价格应遵循如下原则。

(1)再生资源回收价格,应遵循有利于收购和利用,兼顾出售者、利用者和经营者三方面利益的原则。

(2)再生资源销售价格,应遵循旧不超新、废不超旧、按质论价的原则,同时与新产品要有合理的比价。

(3)再生资源经营挑选整理、清选加工,提高了使用价值,其增值部分的收入,是企业的合理收益。

制定和调整再生资源的价格,在价格权限放开后,更要做好调查研究工作,注意毗邻地区间的价格衔接,防止物资流向不合理,影响市场物价的稳定。要主动配合工商行政管理部门,同那些倒买倒卖、投机倒把、哄抬物价、压级压价、破坏再生资源收购政策的不良行为做斗争,以维护再生资源市场的正常经济秩序。

(二)再生资源回收环节的核算

再生资源回收环节的核算,根据不同的业务性质而有很大的区别,比如向群众收购业务、向企业收购业务的核算就有所不同,这里重点讨论一下向企业回收再生资源的核算。

企业一般都有严格的管理制度,出售再生资源属企业的一项收入,所以通常都能取得出售方的销售凭证。但出售方销售凭证所开列的名称,并不一定与本企业回收名称相同,因此本企业为了核算和管理,还要开收购凭单,这样既有企业销售凭证,又有本企业的收购凭证,一笔业务,在会计部门取得"双重凭证"。同时,由于出售方都是企业单位,故多数是采取转账结算,只有在结算起点以下的零星收购业务才采取现金结算。

回收再生资源是以"库存废旧物资"账户核算的。如属外地采购,由于货款结算时间与商品入库时间不一致,可先通过"在途商品"账户核算。支付款项时,借记"在途商品",贷记"银行存款",商品验收入库时,借记"库存废旧物资",贷记"在途商品"。

【例 5-1】 某单位向前进机械厂购买黄铜1 000 kg,单价 4.90 元,计 4 900 元,铁屑

200 kg,单价 0.15 元,计 300 元,取得供货方发票一张,总计 5 200 元,经仓库验收,填制收购凭单一份,开出转账支票一张。收购凭单参考格式见表 5-8。

表 5-8　收购凭单

供货单位:前进机械厂　　　　1994 年 1 月 3 日　No:

品　名	等　级	单　位	数　量	单　价	金　额	备　　注
黄铜屑	七折	kg	1 000	4.90	4 900	供方发票一张
铁屑	净	kg	2 000	0.15	300	
大写金额	伍仟贰佰元整					￥5200.0

验收仓库:金属库　负责人　付款　保管员　业务员

本收购凭单一式数联,其传递程序如图 5-3。

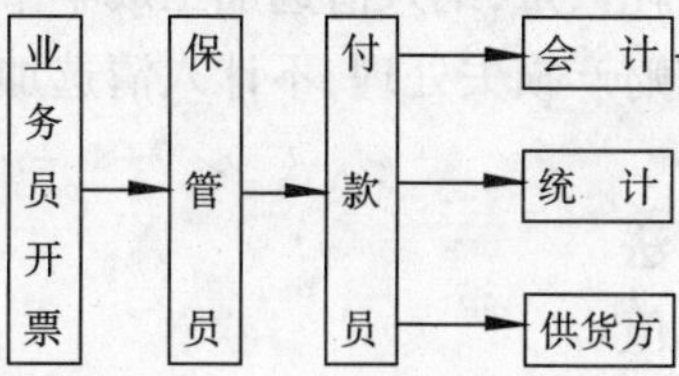

图　5-3

第一联:业务员存根联

第二联:保管员入账联

第三联:付款联,报会计部门

第四联:商品账联,与第三联同时报会计部门,单位较小时可与第三联合并。

第五联:统计联,也可以可商品账合用。

第六联:供货方联

会计部门收到仓库报来收购凭单和支票存根联,经审核无误,会计分录为:

借:库存废旧物资——金属库　　　　5 200

　贷:银行存款　　　　　　　　　　　5 200

三、再生资源挑选和加工的管理与核算

加工是指对再生资源按照生产过程,投入一定数量的人力和物力,改变了物质形态,加工成另一种产品。加工形式,按深浅程度不同又分为清选加工和深加工两种。再生资源的挑选加工,是提高再生资源利用率,为工业提供优质原料的重要手段,也是增加企业经济效益的重要途径之一。因此,加强再生资源的挑选、加工业务,无论对社会对企业都有重要的意义。

再生资源的清选加工,既不同于工业企业的产品生产,也不同于简单的挑选整理,

通过清选加工的品种,虽然不改变它的自然属性,但大多数会改变它的外表形态,从而引起它本身价值的变化。例如铁刨花、轻薄料加工成热压块铁、冷压块铁、铸铁等,这些不但改变原物形态,而且投入耗费较多,创造效益也较大,一般为粗加工。这些清选加工使废品产生了新的使用价值,从而增加了废品的价值。加工后的价值,一般是按新品种收购价计算的,这样就产生加工收回的价值与加工前价值之间的差额,这部分差额叫做"加工挑选差异",再扣除清选加工过程中劳动耗费,就是清选加工商品净增值。

为了反映再生资源综合利用的情况和职工的劳动成果,考核企业的经济效益,须将这部门清选加工形成的增值,采取专门的方法进行核算。

1. 清选加工核算的原则

(1)清选加工收回的商品,按新品种收购价计算,无收购价的品种,可按销售价倒扣一定的毛利率计算。

(2)清选加工过程中新追加的有关费用,从加工增值中抵减。

(3)清选加工过程中发生的损耗数量,纳入清选加工成本中,但发生霉烂变质、丢失缺少等责任事故造成的损失,应按财产损失处理,不计入清选加工成本。

2. 清选加工的核算方法

(1)"加工挑选差异"的计算方法

第一步,计算加工成品收回总值

加工收回总值 = ∑(某品种加工收回数量×该品种的收购价)

第二步:计算加工挑选差异额

加工挑选差异额 = 加工成品收回总值 - 加工前进价总值 - 加工过程中的劳动耗费

第三步,计算已销商品实现的加工挑选差异额

$$①\begin{matrix}\text{已销商品应}\\\text{分摊差异率}\end{matrix}=\frac{\text{本期销售成本}}{\text{本期销售成本}+\text{期末库存额}}\times 100\%$$

$$②\begin{matrix}\text{已销商品应实现}\\\text{的加工挑选差异}\end{matrix}=\text{加工挑选差异余额}\times\text{已销商品应分摊差异率}$$

(2)设置清选加工有关账户。为了反映清选加工过程及其清选加工后形成的增值,须设置与此相关的专用账户进行核算。

①需要加工的商品,如加工过程简单,可在库存废旧物资账户中设置"加工挑选中商品"专户以控制清选加工中的商品;对加工过程复杂和追加费用较多的加工商品,从库存废旧物资账户转入"生产与加工"账户,进行专项核算。

②商品经过清选加工,将发生价值差异,清选加工后的新品种价值大于原品种价值的差额,即为清选加工增值,反之,即为减值。为了反映清选加工的成果,须设置"加工挑选差异"账户进行核算,清选加工增值记贷方,清选加工减值记借方。

清选加工的增值或减值,要待商品销售后才能体现收益或损失。所以月末要用适当方法,计算售出商品已实现的加工挑选差异,转入"辅营业务收支"账户,结转后"加工

挑选差异"账户的余额为库存商品保留的加工挑选差异。

(3)清选加工核算方法举例

【例 5-2】 轻薄料拨出加工压块铁,核算方法如下:

①轻薄料200 t,单价 140 元计 28 000 元,拨付加工压块铁。会计分录为:

借:生产与加工——压块铁——材料　　28 000

　贷:库存废旧物资——轻薄料　　28 000

在实际工作中,拨付加工时,由于人力、物力和场地的不足,所以投料时一般难做到过磅计数,为了计算耗用材料数量,可以根据历史资料测定产品率,按产品率倒算的办法,其计算公式为:

耗用材料数量 = 成品收回数/产品率

②生产过程中支付的人员工资及福利费、动力及燃料费、折旧费、修理费以及管理费等,均作为生产成本。设:本期开支 11 400 元,会计分录为:

借:生产与加工——压块铁——生产费用　　11 400

　贷:银行存款(或有关科目)　　11 400

为了进行生产成本分析,生产费用可根据需要分为若干细目,例如原材料、动力、工资及福利费、间接生产费等。以便前后期对比,挖掘费用潜力,促进降低生产成本。

③加工收回压块铁190 t,由于压块铁没有收购单价,为保持销售环节有一定的毛利,可按销售价倒扣一定毛利率为产成品价。其计算公式为:产成品价 = 产品销售价 × (1 - 毛利率)。产成品价大于生产实际成本,就是清选加工增值。

如:压块铁190 t,售价 300 元/t,毛利率为 15%,则

压块铁成品价 = 300 × (1 - 15%) = 255 元

本批压块铁产成品总额 = 190 × 255 = 48 450 元

四、再生资源储存管理与核算

再生资源储存业务不同于工业品,工业品是整批购进分批销售,而再生资源是零星收进整批调出,挑选整理、清选加工频繁,数量和质量受自然因素和人为因素影响较大。因此,必须加强管理与核算。

再生资源的储存管理过程中应注意各种自然因素造成的再生资源的损耗,以及人为因素带来的再生资源的流失,要根据各种再生资源的不同性质妥善安排好各种再生资源的储存管理工作。

(一)销售成本计算和结转方法

计算与结转销售成本正确与否,关系到财务成果和期末库存价值的正确性,因此,会计部门应选择适当方法,正确及时地计算、结转销售成本。

基层收购站一般是零星收购,集中调运,不保留库存;县以上企业一般是分批购进,整批销售,还要进行挑选加工。鉴于这些特点,销售成本计算方法:基层收购站可采用

先进先出法，最后进价法；县以上企业除以上两种方法外，还可选用分批实际进价法，加权平均法等。

计算、结转销售成本方法分别介绍如下。

1. 最后进价法

这种方法，就是以某种商品最后一次购进价格，乘期末库存数量，计算出期末库存金额，然后倒算销售成本。其计算公式为：

$$\frac{\text{某商品}}{\text{销售成本}}=\frac{\text{期初}}{\text{结存金额}}+\frac{\text{本期购进和}}{\text{其他增加金额}}-\frac{\text{本期非销售}}{\text{减少金额}}-\frac{\text{期末}}{\text{库存金额}}$$

该方法适用于期末结存数量等于或小于最后一批进货数量，或虽然大于最后一批数量，但前后进货单价相差不大。

2. 先进先出法

这种方法是按照进货时间先后，采取先进先出的原则结转成本。其计算公式如下：

$$\text{本期销售数量}=\text{上期结存数量}+\frac{\text{本期第一次}}{\text{进货数量}}+\frac{\text{以后进货数量直到与}}{\text{本期销售数量相等}}$$

$$\text{本期销售成本金额}=\sum\text{各次数量}\times\text{各次单价}$$

该方法适用于前后各次进货价格不同的商品。

3. 分批实际进价法

这种方法是在商品能够分清批次的前提下，做到分批存放、分批销售，才能做到分批计算销售成本。其计算公式为：

$$\text{销售成本}=\sum\text{每批销售数量}\times\text{该批进货单价}$$

这种方法还可用于“直运”商品销售成本的计算。

4. 加权平均法

这种方法是以一个计算期为范围，按照各种商品的数量和金额，先计算每种商品的加权平均单价，再乘以本期销售数量或期末库存数量，计算出本期销售成本或期末库存金额。其计算公式为：

$$\text{加权平均单价}=\frac{\text{期初库存金额}+\text{本期增加金额}-\text{本期非销售减少金额}}{\text{期初库存数量}+\text{本期增加数量}-\text{本期非销售减少数量}}$$

销售成本结转的方除以上 4 种外，还有库存数量加权平均法、后进先出法等，此处不作介绍。

(二)手续费和运费补贴的核算方法

手续费和运费补贴是县级以上企业商品购进成本的重要组成部分。手续费属“从值”费用，它是根据各类再生资源回收的难易程度和价值大小不同，按收购数量分别给予一定标准的手续费；运费补贴属“从量”费用，其补贴标准视基层收购站交货路程的远近而有区别，按交货数量乘补贴材料给予包干补贴。

手续费和运费补贴计入成本的方法有以下两种。

1. 开设手续费和运费补贴专户,按费用成本率分摊

这种方法是将手续费和运费补贴视同两个品名,设置"库存废旧物资——手续费"和"库存废旧物资——运费补贴"两个专户。借方登记手续费和运费补贴的支出数;贷方登记已销商品应分摊的费用成本;余额在借方,表示库存废旧物资应保留的费用成本。

由于手续费是"从值"费用,计算手续费成本率时,应以存、销金额为依据;而运费补贴是"从量"费用,计算运费补贴成本率时,则以存、销数量为依据。其计算公式如下:

$$手续费成本率=\frac{分摊前手续费专户余额}{本期销售成本总额+期末库存总额}\times 100\%$$

$$已销商品应分摊手续费=本期销售成本总额\times 手续费成本率$$

$$运费补贴成本率=\frac{分摊前运费补贴专户余额}{本期销售总量+期末库存总量}\times 100\%$$

$$已销商品应分摊运费补贴=本期销售总量\times 运费补贴成本率$$

2. 手续费和运费补贴在购进时就要分别计入各品种成本

这种方法就是将手续费和运费补贴直接计入回收价格,这样回收价格改为"调入价"。

$$调入价=回收价+手续费+运费补贴$$

这样计算的优点是能完整反映各品种的实际成本价。但由于不同品种的手续费率不一样,路程远近不同,运费补贴标准不一样,所以开票工作量很大。为了简化开票计算工作量,可以将回收价加手续费,制订一个"交接价",再加运费补贴。这项工作在制定价格时就应完成。

五、再生资源销售管理与核算

回收、挑选、加工再生资源,目的是为了通过市场销售出去,加以利用。再生资源销售业务以"商品销售"账户核算,销售收入记贷方,结转销售成本记借方,贷方余额为毛利,借方余额为毛亏,月终结转利润账户后无余额。

再生资源销售业务有很多不同的种类。这里仅讨论销售生产单位的销售业务的核算过程。

再生资源种类繁多,用途广泛,涉及的生产单位也多,如冶炼厂、造纸厂、再生胶厂、塑料制品厂、玻璃厂、纺织厂以及众多的街道工厂和乡镇企业。这些销售对象,有的已建立起固定的供销渠道,有的则是随时光临的客户。对前者大多数采用发货制或送货制,对后者一般采取提货制的供应方式。由于供货方式不同,其业务程序和结算方式也各异。

(一)销售收入的入账时间

由于供货方式和结算方法不同,而产生发出商品与收回货款时间不同步。因此,销

售收入的入账时间应掌握如下原则：

实行一手交钱一手交货的提货制，将开出销售发票并收到货款的日期作为入账时间。

实行发货制的，以发出商品取得承运部门的运输凭证，开出销售发票并办妥委托银行收款手续的日期为入账时间。

实行送货制的，由购货方在收购地验收的，待收到购货方汇来的货款的日期为入账时间。

供应紧俏物资，实行预收货款的业务，预收货款时不作销售，将发出商品并开出销售发票的日期为入账时间。如经双方协商同意延期收款的业务，以收到货款的日期为入账时间。

实行商业汇票结算方式，以开出销售发票并取得商业汇票的日期为入账时间。

(二)销售业务的核算

1. 提货制的销售业务，即开票、收款同时办理

【例 5-3】 某街道工厂购拖把布300 kg。单价 1 元，计 300 元，收到支票一张存入银行。会计分录为：

借：银行存款	300	
贷：商品销售		300

2. 采取发货制的销售业务

【例 5-4】 按合同规定，发往骨粉厂杂骨200 t，单价 386 元，货款计 77 200 元，代垫运费、包装费 4 000 元，共计 81 200 元，业务部门报来有关单据，会计部门办妥委托银行收款手续。会计分录为：

借：委托银行收款——骨粉厂	81 200	
贷：商品销售		77 200
贷：银行存款(代垫费用款)		4 000

3. 采取送货制的销售业务

【例 5-5】 根据合同规定，送往橡胶厂软杂胶10 t，每吨销售价 670 元，成本价 500 元。

仓库发出商品时，会计分录为：

借：在途商品——运出——橡胶厂	5 000	
贷：库存废旧物资——软杂胶		5 000

收到货款时会计分录为：

借：银行存款	6 700	
贷：商品销售		6 700

分批结转在途商品和销售成本时，会计分录为：

借：商品销售	5 000	

贷:在途商品——运出——橡胶厂　5 000

第五节　国内外再生资源管理的现状

一、我国再生资源管理的现状

(一)我国的再生资源政策

正确的政策是发掘再生资源潜力的重要一环。一方面再生资源具有资源点分散、回收难度大、劳动力消耗多、有污染等特点,因而,许多经济单位不愿意利用再生资源,愿意完全依靠原生资源。另一方面,有些再生资源利用的微观效益较低,甚至是负效益,企业从自身利益出发也不愿意使用再生资源。所以,再生资源利用更要依靠政策才会有所发展,对再生资源效益的判断更应该兼顾宏观及微观两方面。

我国关于再生资源的一般政策包括以下内容。

1. 提倡对再生资源充分回收,合理利用

国家规定,为了保证对分散的再生资源进行有效的收集,按每三千户居民设一个收购网点,对于收集的再生资源实行"先直接利用,后加工回炉"的措施,即充分利用再生资源中所包含的原生资源原有的、主要的使用价值,如果主要使用价值已基本失去,要考虑直接利用其他使用价值,之后再通过加工、回炉、再制等各种办法,使之具有新的使用价值。例如我国对旧车、旧船、报废机电设备等再生资源,按国家政策是先将其拆解,于充分利用拆解的零件、配件、仪表和有色金属材料、黑色金属材料之后,再将无法再利用的部分回炉炼钢,这样一来,往往可使报废物的价值增加若干倍。

2. 对再生资源事业实行一系列优惠政策,鼓励企业"以废养废"

主要的优惠政策有:①减免税优惠。对供销社批发、调拨再生资源,按规定税率减半征收批发环节营业税,有的企业可以减免;在一定时期内减征所得税。②资金使用优惠。再生资源技术改造的资金,各地区、各部门应予优先安排,合乎规定的可申请国家给予贴息,可以使用优惠利率贷款并适当延长还贷期。③折旧基金的优惠。国家规定,再生资源企业的折旧基金全部留给企业。

3. 制定了有关利用发展再生资源事业的价格政策

价格政策按"鼓励群众交售,鼓励企业回收利用"的原则制定。

4. 对再生资源企业实行多种形式的承包经营责任制

如对基层收购网点可以租赁经营或转制经营;鼓励居委会、村委会代收代购;某些种类再生资源允许个体经营等。

5. 对重要的再生资源,制定了严格的管理措施

例如,对废旧金属材料,禁止个体经营;对使用金属材料的企业,严格回收制度,采用各种杠杆促使回收;对大量排放"废料"单位,限制其排放,并鼓励利用。

(二)我国再生资源管理的特点

我国再生资源的管理的实际状况是多头管理。遍布各部门、各地区以及有不同性质的回收管理单位,形成了一支废旧物资的计划、管理及回收、采购、加工、处理、销售的队伍,即所谓的废旧物资经营管理行业。应在现有的基础上把组织管理工作完善起来,使之科学化并提高其地位,以发挥废旧物资"第二资源"的天然优势。

二、我国再生资源管理中存在的问题及对策

我国再生资源管理中存在很多问题:缺乏科学的质量标准和分类标准;再生资源回收组织管理工作不完善;再生资源综合利用技术落后等。

为了推进废旧物资的再资源化,必须加强废旧物资资源的管理工作,进一步研究更深层次的资源利用技术。为此,需要积极开展以下几项工作。

1. 搞好回收管理是前提基础

第一要搞好生产企业的回收管理。在生产企业建立健全的分类回收管理机构,按不同废料的性质,进行回收和利用,使工艺性废料得到充分的回收和利用。第二要搞好基建单位和建设工程的回收组织管理,这类管理搞好,可直接将死物变活物,可直接利用的材料增多,经济效益也会提高。第三要搞好生活废弃物和生产中报废物资的管理,搞好社会回收和其他回收的组织管理工作。

2. 搞好加工的组织管理工作

要重视废旧物资的加工处理的质量及加工处理的组织管理工作。我国废旧物资的加工处理方法、设备质量、工艺水平严重落后,效率不高,迫切需要改造、更新或增加。对于加工处理后的检验和质量管理工作,应该提高和加强。

3. 搞好废旧物资的统计管理

对于各种废旧物资应按资源特征、工艺效益、产品类别等分档次排列成序,逐项统计,提高其使用价值。同时,废旧物资的资源量及资源分布,是确定再资源化规模及再资源化企业地区分布的依据。因此,必须对我国各种废旧物资的需要量、供给量及用途分配等进行深入细致的调查、专项统计和估算,从而对各种废旧物资的资源量、资源分布有一个准确的了解。

4. 确定废旧物资的合理流向

确定废旧物资的合理流向可以使再资源化的企业资源稳定,保证综合利用工作顺利进行。

5. 制定再生资源的质量标准和分类标准,建立再生资源保护法

防止一些企业不分类别、不分挡次一哄而起的做法,以保证废旧资源的利用价值和社会经济效益。

6. 再资源化设备的技术研究开发

目前国内的再资源化设备的技术落后,影响再生资源的使用价值。为此,我们应积极引进国外工艺先进的机械设备,然后消化吸收,再研究适合我国国情的,用于不同生

产能力的系列再资源化设备,以提高再生资源的利用效果。与此同时,积极开展对废旧物资再资源化的工艺技术的系统研究,使其工艺简单合理、投资少、经济效益高,为废旧物资更深层次的再利用寻找新的应用领域。

7.建立再生资源产业

随着社会生产的发展,人民生活水平的提高,对资源的需求量有较大的增加。但是,与全球性的资源危机的形势一样,我国的资源也严重缺乏。开发再生资源已成为解决资源缺口的捷径。以各种废弃物为原料,以工业生产为手段,生产适用的原料——再生资源。这实际上是一种解决资源永续的原料工业,也是建立再生资源产业的前提。

8.提高全民资源意识

资源是人类赖以生存和发展的物质基础,是人类生产资料和生活资料的基本来源。我国是一个资源大国,地大物博,资源丰富。但是,我国庞大的人口的主要资源人均占有量大大低于世界平均水平。随着科学技术的发展,不可再生资源的有限性与人类发展的无限性的矛盾尖锐地摆在当代人的面前。我们应该肩负起对未来发展的重任,适当合理地利用自然资源,同时综合利用随时不断产生的废弃物,保证经济与社会的长期、稳定、协调地发展。

针对我国废旧物资行业的现实情况,进行全面总结,调查研究,制订规划,按照客观经济规律,利用经济办法,建立统一协调的管理机构和组织管理工作。制定政策、法规和制度,建立科学的回收管理体制。不断改革,以适应行业发展的需要。采用现代科学技术,完善和加工处理的技术装备,使废旧物资行业充分发挥其作用。

三、国外有关再生资源管理简介

世界上许多发达国家非常重视再生资源的开发,已成立了世界性的组织"国际回收局",建立了"世界再循环会议",欧共体设有"废弃物交换市场",其他各国也有一些具体管理措施。

美国早在20世纪初就成立了再生利用协会,1960年又制定了"固体废物处理法"。

英国于1985年开始,内阁设立了"废物处理大臣",专管废弃物回收、利用、处理事宜。发表了《向废物开战》绿皮书,制定了一系列政策。

日本分别建立了废金属回收利用、塑料回收利用、碎玻璃陶瓷回收利用的协会,通产省下设半官方的"日化日本中心",1970年制定了《废弃物处理法》。

韩国于1980年建立了南韩资源回收利用总公司。

匈牙利于1981成立了二次原料回收利用管理局,下设6个地区公司,350个回收站。

四、再生资源的经济效益

再生资源的经济效益是对再生资源使用起重大作用的因素之一。当前,世界各国再生资源利用方面远不如认识方面的程度，在某种意义上，和其利用时所获经济效益不理想有关。从当前情况来看，经济杠杆对再生资源利用有着很强的作用，而这一作用尤其表现在微观经济效益方面。

鉴于再生资源的特殊性，在考虑经济效益时，其社会经济效益(即总效益)表现出比企业一般生产的总效益更为重要的特点，所以需要特别重视社会经济效益的评价及估算。

再生资源的社会经济效益包括两大部分，即直接经济效益和间接经济效益。企业的微观经济效益主要由直接经济效益体现，而社会经济效益与企业效益的主要差别在间接经济效益那一部分。

在计算社会经济效益时主要计算下列几方面。

再生资源本身及再生资源利用所实现的利润(或利税)，用汉语拼音字头“L”表示。

由于利用生产排泄物，降低原产品成本而获得的节约或减少的罚款，用汉语拼音字母“J”表示。

由于再生资源利用而减少了的运输费用和管理费用(如购买堆放废物的场地、管理人员开支等)，用“S”表示。

由于再生资源利用减少了环境损失和环境对动植物污染的损失，用“H”表示。

则再生资源的总效益(用 X 表示)的计算公式为：

$$X_{总} = \sum L + \sum J + \sum S + \sum H$$

其中，L，J，S 是比较容易数量化的，对于已有的统计及会计资料略加分析便可确定其数值，而 H 值是很难准确计算的，但可估计或估算，总效益的偏差也主要取决于 H 的估算。在再生资源对生态环境影响不太明显的情况下，计算总效益时也可略去最后一项。

复习思考题

1. 什么是再生资源？
2. 为什么要进行再生资源的分类管理？
3. 再生资源还具有价值与使用价值吗？
4. 怎样有效利用再生资源的价值与使用价值？
5. 如何加强再生资源管理？

第六章 资源的系统管理

所谓系统管理，就是将系统的理论、思想和方法等应用到管理中来。系统工程方法在近些年得到了越来越广泛的应用，并取得了显著的成效。在环境、能源等方面也都有所应用。本章讨论如何对资源进行系统管理。

第一节 资源系统管理概述

一、系统与资源系统

系统是由相互作用和相互依赖的若干组成部分结合而成的具有特定功能的统一体。而这个系统又可能从属于另一个更大的系统。因此系统具有集合性、相关性、目的性和环境适应性4个基本特征。太阳系、城市、汽车等都是系统。

人类生活在资源和环境所构成的自下而上的空间中，社会、经济、资源和地理环境构成了一个相互关联的复杂系统，可称之为“人类生态系统”。这个系统是处于动态平衡之中的，而人类活动(尤其是生产活动)在这个系统中却是引起不平衡的重大因素。因此，对资源的管理，实际上就是在人类生态系统中发挥人的作用，使这个系统处于平衡状态，以求得人类有一个良好的自下而上的环境。

也就是说，各种资源所构成的资源系统，是人类生态系统下的一个子系统。研究资源系统，绝对不能脱开这个人类生态系统而孤立进行；相反，还要时时将资源系统放在这个母系统中，进行比较、分析。因为对资源进行管理的最终目的，就是要求得人类生态环境的平衡甚至改善，使人类生活得更好。资源系统所处的这个母系统，就是影响它、制约它的外部环境。

资源系统本身也是一个大系统，它由自然资源和社会资源两大子系统构成。自然资源子系统中又包括各种存在于自然界、能被人类利用的资源，如土地资源、气候资源、水资源、海洋资源、森林资源、草场资源、野生动植物资源、矿产资源、能源资源、地热资源、旅游资源等。社会资源子系统中又包括人力资源、技术资源、经济资源和信息资源。通过人类的劳动，使组成资源系统的这两大子系统之间或每个系统内部不断发生信息、物质、能量的交换，因而，它是一个具有多层次结构、多输入、多输出、多目标、多变量和随机性的巨大复杂的系统。只有把这两大子系统当成一个有机的整体来研究，才能对资源系统进行有效地管理。

资源系统的构成如图 6-1 所示。在人类生态系统中，人类在一定的社会、经济条件下和地理环境中，根据各种信息，对自然资源进行利用，生产出各种设备、原材料等财富，同时产生了各种废弃物。在废弃物中，可再生的废弃物就通过自然变化或人类劳动，重新成为可利用的资源（再生资源）；不可再生的废弃物就成为永久性废弃物。

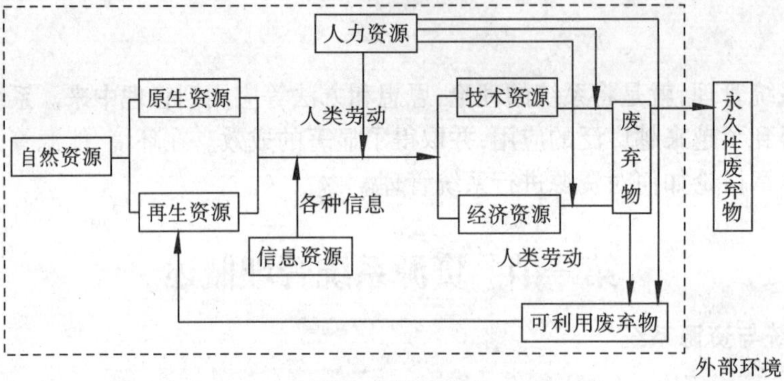

图 6-1　资源系统

二、资源的系统管理

(一)资源系统管理的理论基础

对资源进行系统管理,也就是说将系统工程的方法运用到资源管理活动中。因此,首先要了解什么是系统工程。系统工程是系统科学的重要组成部分,是系统科学中与社会经济决策和工程管理关系最密切的一部分。系统工程是一门综合性或边缘性的工程科学,它与各主要学科(如数学、运筹学、信息科学、控制论、计算机科学、行为科学等)之间有着丰富的联系。如果我们把系统工程方法应用于研究资源系统上,就称之为资源系统工程。或者说,资源系统工程是对资源系统进行合理规划、设计和运行管理的思想、组织和技巧的总称。也就是说,对资源进行系统管理,其实也就是资源系统工程的研究内容。

前已述及,资源系统管理是将系统工程的方法在资源管理中加以应用。因此,其理论基础包括系统工程和资源管理这两个方面的基础理论。系统工程理论是在系统科学、控制论、信息论、运筹学、管理科学以及计算机科学等基础上发展起来的,这些就是系统工程的理论基础。资源管理的理论基础是资源科学。

资源科学尚处于发展过程中,对其研究的对象、任务及内容做出肯定完备的介绍,还是有一定困难的。目前我国对于资源科学的研究,集中在自然资源上。但对于整个资源科学来说,它是在人类生态系统这样的环境中,研究资源的探寻、开发、利用、再生和保护等各方面的问题。若想将这些问题协调起来,只有通过科学有效的管理来进行。

(二)资源系统管理的任务和内容

对资源进行系统地管理,就是要研究如何对资源进行合理的开发和利用,如何对资源系统进行诊断、建模、规划和评价。也就是说,研究如何管理好资源系统,以达到整个人类生态系统的平衡。为了完成这个任务,我们要从系统的观点出发,采取定性与定量相结合的方法,建立资源系统数学模型,进行优化分析和评价,力求科学化。

(三)资源系统管理的方法及工作程序

资源系统所包含的内容多种多样,是一个多因素、多变量、多目标以及随时间变化的巨大复杂的动态系统。对其进行管理的方法就是运用上面介绍的基础理论和有关方法,按照一定的步骤和程序去规划、设计、管理资源系统。工作程序一般是对系统先进行诊断,然后进行建模、测辨,再进行预测和系统评价,并制定资源系统规划,对整个系统进行有效地管理。其中,贯穿始终的一个很重要的内容就是资源信息的管理。

第二节　资源系统诊断

系统诊断就是对所要研究的系统进行调查、收集资料和初步的分析研究,从而为进一步的研究提供数据资料和指明可能的研究方向。

一、资源系统诊断的任务和步骤

(一)任　　务

传统的政策制定过程常常是以表示不清楚的目标和对现实系统在头脑中的概念模型为依据。很明显,这种模型可能每个人之间都不相同。而采用系统工程方法制定政策就不同了,它的制定过程如图 6-2 所示。系统诊断的任务就是要完成图 6-2 中虚线框内的工作。也就是说,通过对现实资源系统的调查和观察,搜集模型识别和运行所需的数据;明确问题的定义;将对系统认识的模仿模型比较明确地表达出来;明确和加深对系统的认识,如建立系统结构模型或找出元素间的相互关系。此外还需弄清楚系统的目标集。目标集可用目标结构系统明确地表示出来。

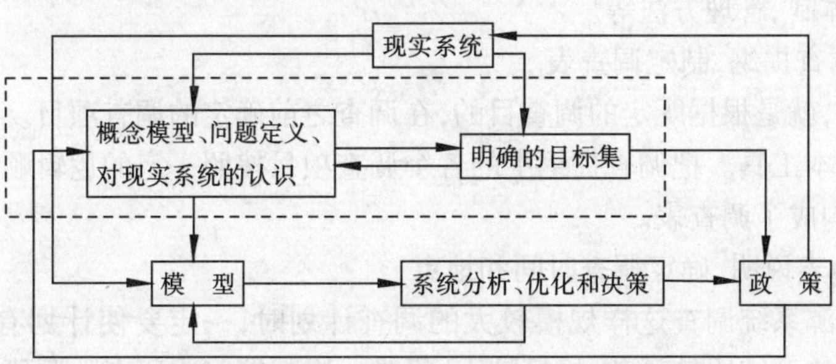

图 6-2　采用系统工程方法的政策制定过程

(二)步　　骤

系统诊断步骤可简单表示如图 6-3。

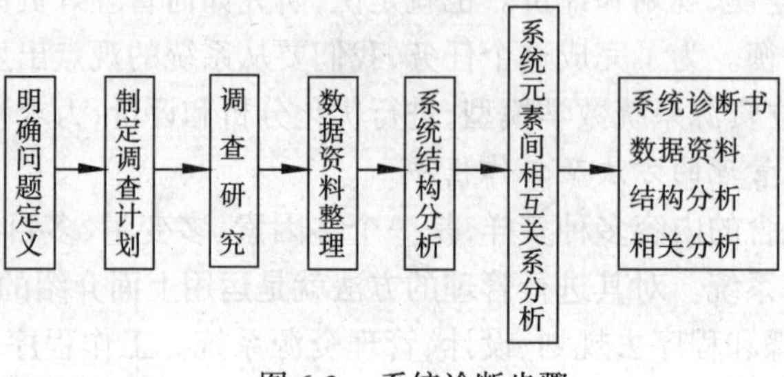

图 6-3　系统诊断步骤

二、资源系统调查

系统调查就是根据研究工作的任务和要求，采取科学的调查方法，有目的、有计划地整理反映系统实践活动情况的资料。系统调查是研究过程的第一个阶段，在整个研究工作中占有重要地位。如果系统调查的资料完整、准确，研究工作就有了可靠的基础。系统调查资料的完整性和准确性在很大程度上确定了在研究工作中所能采用的方法，决定了最终研究结果的精度。

(一)调查计划

调查计划是全部调查过程的指南，它确定以下内容。

1. 调查对象

某一资源系统。因为相对于一个地区、一个国家乃至全世界来说，其资源系统的范围各不相同。所以要根据研究目的，来确定究竟选取哪一个系统。

2. 调查目的

资源系统调查的目的包括：了解某一资源系统的资源构成情况，包括资源种类、数量、分布等；了解其资源开采与使用情况，包括过去开采、使用量、各种类使用数量、各分布点使用数量，以及开采速度、使用速度、剩余资源情况等；了解资源管理情况，包括管理政策、管理体制、管理方法等。

3. 拟定调查提纲，制定调查表

调查提纲，就是根据既定的调查目的，在调查之前确定的调查项目。调查表是搜集原始资料的基本工具。把调查提纲中的各个调查项目按照一定的逻辑顺序排列在一定的表格上，就构成了调查表。

4. 编制填表说明，确定调查时间和地点

在编制资源系统调查这样规模较大的调查计划时，一定要使计划有一定的弹性。而且由于这样的系统比较复杂、规模较大，很难一次就能完成所有的调研任务。随着研究工作的深入，一定量的重复调研也是必需的。因此，编制适当的填表说明十分必要。

另外,世界各国在目前基本都已对本国资源有了比较详细的调查数据。在进行调研时,还可以参照历史上可靠的调查数据,以简化工作,并据此进行比较、分类。

(二)调查方法

进行系统调查的方法很多。对于资源系统来说,适用的主要有如下几种。

1. 报表收集法

通过收集所调查地区各有关部门对当地资源情况的各种统计报表,来迅速快捷地取得所需信息。但是,在收集报表过程中需要注意一个问题,就是一定要确认是可靠完整的记录,才能予以采集。因此在收集过程中一定要注意资料的可靠性。

2. 重点调查法

为了更好地对资源系统进行研究和管理,慎重选取几个重要的资源点来进行重点的调查研究是必不可少的。这与抽样调查不同。因为抽样调查是要随机选取样本,而重点调查是要选择有代表性的样本。比如,对于自然资源可以将研究范围内各种资源的产地选取一个,而对于技术资源又可以选择有代表性企业来进行研究。这样,可以通过局部来了解整体,达到我们调查的目的。

3. Delphi 法

Delphi 法是在通常所说的"头脑风暴法"的基础上改进的,意思是充分发挥集体智慧,通过发调查表的方式,向专家征集意见。经过反复多轮的调查,进行意见和资料的汇总。

三、资源系统结构分析

资源系统具有相当的复杂性。这种复杂性是由于系统元素和它们之间的关系的数量的增加而引起的。可以采用结构分析的方法,将系统结构比较明显地表示出来。系统结构分析可以帮助人们更加正确有效地认识整个系统,为系统建模、系统分析提供坚实的基础。在系统结构分析中常用的有以下几种方法。

(一) Delta 框图

Delta 是组成 Delta 框图的 5 个元素的英文第一个字母的缩写。这 5 个元素是决策框、事件框、逻辑框、时间箭头和活动框。在 Delta 框图中还包含连接矩阵和接地符号两个元素。接地符号是用来表示结束的。Delta 框图的自解释性及清晰性是它的主要优点,它可以被大多数人所理解。图 6-4 是使用 Delta 框图的一个简单例子,它表明旅客列车废弃物的处理过程。

(二)因果关系图

因果关系图可描述系统中元素间的因果关系、系统的结构和系统的运行机制。这对系统建模来说是非常有用的。只有把握了系统的结构和运行机制,才能建立起高质量的模型。制作因果关系图分以下几个步骤进行。

1. 确定系统的主要元素

这些元素应能代表系统的状态。

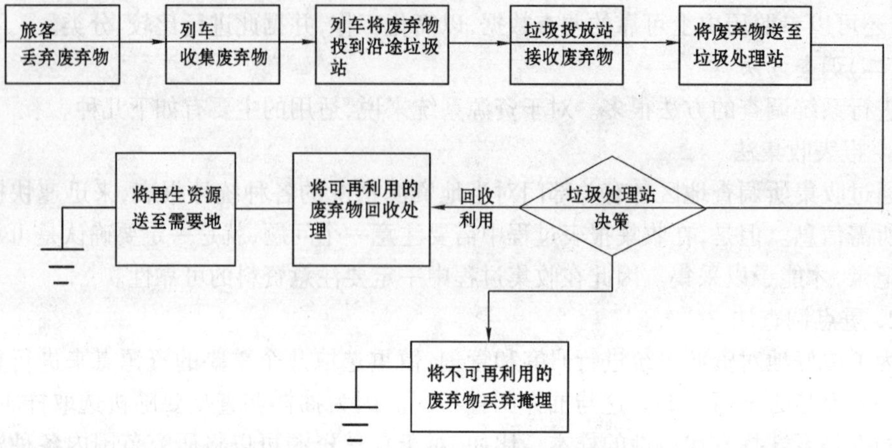

图 6-4　旅客列车废弃物的处理过程

2. 找出元素间的因果关系

分为正增长因果关系和负增长因果关系。例如,元素 A 和元素 B 之间存在着因果关系。A 的增长导致 B 的增长,A 的减少导致 B 的减少,即为正增长因果关系;若 A 的增长导致 B 的减少,而 A 的减少导致 B 的增加,即为负增长因果关系。

3. 绘制因果关系图

元素间的因果关系用带箭头的实线表示。正增长因果关系在箭头旁注"+"号,负增长因果关系注"-"号。

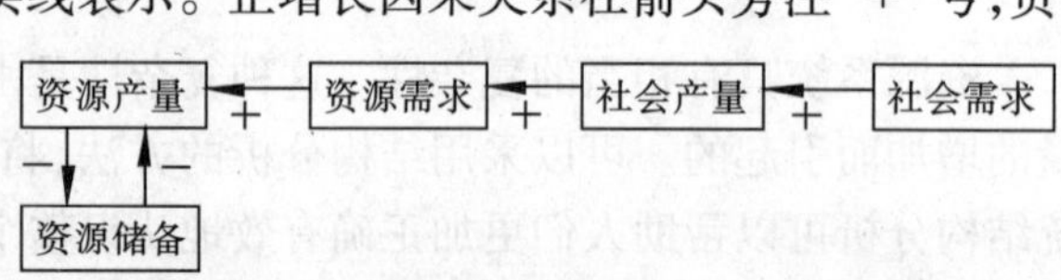

图 6-5　资源和社会经济系统因果关系图

图 6-5 为反映资源和社会经济系统的因果关系图。图中系统的重要因素为资源产量、资源储备、资源需求、社会产量和社会需求。各元素间的因果关系和此系统的运行机制可以从图上很明确地看出。

结构模型的建模过程包括 3 个要素:客观系统,这是一个模型需要描述的定义不明确的系统;表现系统,这是一组定义明确的关系;目标系统,对某些相关特征与表现系统的关系的隐含的理解。依据客观系统来解释隐含的目标和表现系统则产生了解释性结构模型。

通常客观系统定义常常是不全面的,但一般都能找出一定的元素和它们之间的关系。例如,"资源使用过度导致资源危机"这句话中,元素就是"资源使用过度"和"资源危机",关系则是"导致"。为了建立解释性结构模型,设想元素间存在着二元关系。如果某一个人被问到资源使用过度是否会导致资源危机,回答是"1",则表示"是"。在此不考虑元素间连续的关系。有了元素集、关系集和所建立的双元关系,即可以构造一个反映元素间关系的有向图。

四、元素相关分析

(一)相关分析

意即寻找两个变量之间相互关系的方法。两个变量既具有内在联系,又同受外因影响,而联系有紧有松,表现为不同程度的相关性。

变量间相关程度的度量对于收集资源、理解系统的结构及其运行机制,以及建模中的变量选择有着非常重要的作用,相关程度的具体计算要借助于估计标准差及由它计算的其他方法。

(二)交叉影响分析

先取两个事件 e_i 和 e_j,将其发生的可能性相应的表示为 $p(i)$和 $p(j)$,这两个事件可以是完全不重叠、重叠和完全包含的(如图 6-6)。当两个事件完全不重叠时,一个事件的发生或不发生对另一事件没有影响。当一个事件包含另一事件时,该事件的发生,必然导致被包含的事件发生。若该事件不发生,则被包含的事件也必不发生。完全不重叠和完全包含的事件发生,相对来说比较容易,不需用交叉影响分析法来进行处理,但一般来说,在现实系统中所遇到的重要事件很少是完全不重叠或完全包含的。而对于重叠事件,就需要考虑用条件概率和交叉影响分析方法来进行处理了。

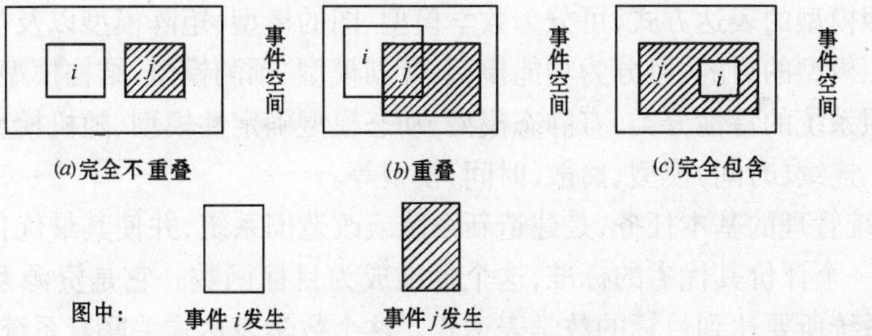

图 6-6　i ,j 两事件间关系的几种形式

对于资源管理来说,元素相关分析的应用也是比较广泛的。因为资源系统的管理中也需要建立各种各样的模型,其中要牵涉到各种变量。研究这些变量间的关系,是解决问题的重要手段。通过这种研究,可以更深入地了解每个变量之间的相关性,从而为制定计划和决策提供更确切的依据。

第三节　资源系统建模

一、资源系统模型概念及用途

(一)资源系统模型的概念

1. 模　　型

在自然科学和社会科学的所有领域中，人们所研究的一切客观对象都称为实体。一般来说，实体是一个复杂的对象、过程或系统。在科学研究中，为了更好、更方便地研究复杂的实体的特征，相当普遍地采用了模型法。

模型是对实体的特征极其变化规律的一种表示或抽象，而且往往是对实体中那些所要研究的特定的特征定量的抽象。通过模型，把复杂系统简化成已被人们掌握了分析方法的形式。也就是说，模型并不是实体本身，它只是关于实体信息的提取和处理。

通常，要求模型具有目地性、清晰性、准确性和经济性。而且为了确认模型的正确，必须采取各种方法进行验证，以证明其有效性。

2. 建　模

把实体变为模型的过程，就称为建模和模型化。在客观世界中，实体总是受到大量的确定其状态的干扰因素的影响(如图 6-7)。实体有许多未知的性质，而建模正是企图研究这些性质。一般来说，建模的最终形式都归到图 6-7 的一般框图形式。若用数学语言来建模，那么最后的数学方程式就是数学模型(或称状态方程)。

图 6-7　模型的一般框图形式

3. 模型分类

按照不同的标志对系统模型可以有很多分类法，这里主要介绍与资源有关的模型分类。

(1)按照模型的表达方式，可分为数学模型、图的模型、矩阵模型以及摸拟模型等。

(2)按照模型的目的，可分为功能模型、计划模型、预测模型、结构模型等。

(3)按照系统的特性分类，有静态模型、动态模型确定性模型、随机模型、线形模型、非线形模型、连续(时间)模型、离散(时间)模型等。

资源系统管理的基本任务，是建造新系统或改造旧系统，并使其最优化。系统是否最优必须有一个评价其优劣的标准，这个标准成为目标函数。它是资源系统优劣的比较准则，是系统所要达到目标的数学表达式。这个数学表达式关联着系统变量的参数。变量和参数的变化都要受到技术、经济条件的限制，其限制范围称为系统变量的约束条件。通常把描述资源系统的状态方程、结构模型、约束条件和目标函数称为资源系统最优化模型。

4. 建模过程

一般来说，建模过程是一个反复迭代过程。通常的系统建模过程包括以下几个步骤。

(1)确定建模目的；

(2)选择模型形式；

(3)数据分析处理；

(4)模型数量规划；

(5)模型评价；

(6)模型应用。

这是一般子系统的建模过程。一个大系统可能包含多个类似过程。子系统的模型进入大系统后,发现有不满意时,必须修正。

(二)资源系统模型的用途

系统模型表达了系统过去、现在和未来的变化和发展规律,对系统有预见能力,因而是解决各种复杂资源问题的有力工具。系统模型在处理资源管理问题中的应用,主要是在资源规划和管理中用于制定资源使用标准,如何最有效地利用资源,如何进行资源配置,以及如何进行废弃物的管理和资源的再生。

也就是说,资源系统管理的主要任务是如何有效管理各种资源,防止过度开采、过度使用资源和浪费资源,使资源利用合理化、最优化,并达到资源最大限度的再生,使资源系统的输入、输出达到平衡,最终使资源系统在人类生态系统中成为稳定、合理的一环,以达到整个人类生态系统的平衡,保护人类赖以生存的一切。而系统模型,就是为了揭示系统内在的本质联系,了解系统各作用因素之间的定量关系,以及人类生产经济活动所进行的资源开发与资源有关资源参数(如资源开采程度)之间的关系。例如,已探明和尚未探明的资源有很多种,分布在很多地方。那么,对于一个国家、一个地区来说,为了子孙后代以及今后长远经济发展的需要,如何对资源进行管理,开采哪些,留下哪些做储备,开采到什么程度,如何进行资源再生等,这都需要进行定性和定量的分析研究。尤其是定量分析,极为重要。要了解这些参数和要素之间具有什么样的定量关系,就要建立起这个资源系统的投入产出的数学模型,进行计算与分析。通过这个例子,可以看出系统模型在进行资源管理过程中的重大作用。

二、模型的建立、解析与选择

(一)模型的建立

建立模型的方法有很多种。对资源系统建模来说,比较实用的有状态空间法、建立网络图模型、建立图模型等。这些方法在有关系统工程的书籍中有详细的讲解,这里不再赘述。

(二)模型的分析

建立模型之后,需要对它进行一系列的分析。资源系统是规模庞大、构造复杂、因素众多,但具有共同目标的大系统。从系统工程的角度来看,用系统模型就可以代表这个大系统,研究系统模型的特性就可以了解这个系统的规律和性能。归纳起来,系统模型可以分为两类:图及其相应矩阵;数学方程组。描述复杂的大系统的模型是数目大、变量多、互相关联的一组方程式,所以应用当前的计算技术求解很困难。这就需要对复杂的大系统进行简化,即分解出若干个子系统,以使用通常的计算方法做最优化计算。目前使用的方法有相邻矩阵分隔法、事件矩阵分隔法、牵引矩阵分隔法及环路矩阵切割法等。

上面提到的模型的建立,是根据物理、化学原理和专业知识,给出模型的函数形式,或由实验数据来拼凑出函数形式,其中的未知数利用实验数据来估计。例如,某矿物资

源使用速度 y 与 n 个影响因素($x_1,x_2,x_3,\cdots,x_n$)之间是线性关系,其线性方程为:$Y=a_0+a_1x_1+a_2x_2+\cdots+a_nx_n$。其中,$a_0,a_1,a_2,\cdots,a_n$ 为未知参数。其值由实验数据(y_i,x_i),$i=1,2,\cdots,m$ 来确定。确定参数值的工作成为参数估计,就是按照人们对系统的认识,给定系统数学模型的形式;然后,借助于实际系统的输入-输出的观测数据,寻找模型中的求知参数值。一般采用的方法有:直接估计算法,如最小二乘法;迭代估计算法,如非线性方程线性化方法和直接最优化方法。

(三)模型的选择

对于资源系统来说,还有一个模型的选择问题。管理、研究资源的目的,就是为社会经济服务,因此,资源模型和经济是分不开的。一般来说,资源模型的结构至少由宏观经济模型、投入产出模型、资源生产模型和资源优化模型等耦合而成,以反映资源、经济和环境之间的整体联系。具体到不同的资源系统来说,又要按实际需要来确定究竟要建立何种模型。比如,对一个国家来讲,就需要全面建立各种模型;对一个以消耗为主的资源消费地区,就可以忽略资源生产模型。现在,最常用的也是最实用的一种数学模型,就是投入产出模型。

三、资源系统的投入产出模型

(一)概　述

投入产出法是在20世纪30年代由诺贝尔奖金获得者W.Leautief于1936年首先提出的。它是运用现代数学理论和电子计算机手段,来研究分析整个国民经济、地区经济、部门经济和企业经济范围内一项经济活动中的投入与产出(即生产与消费)数量依存关系的经济数学模型的方法。所谓经济活动,实际是指物质生产活动,在此生产过程中所消耗的生产资料和劳动者的劳动为该项生产活动的投入;生产活动生产出来的产品和排出的废物为产出。

投入产出法的应用范围极为广泛,不仅用于经济预测和计划,亦可用于系统设计、规划和管理,大型工程的环境评价,污染源调查,综合治理以及环境规划等方面。在这里将它用于资源管理中,实际上建立的就是资源-经济模型。因为资源最终要为经济活动服务,离开了这一点,资源管理就失去了意义和目的。

目前,投入产出模型已从静态模型发展到动态模型,并且与最优化技术结合起来,可以用于经济领域和资源管理中的宏观长期预测。它可以解决下述问题。

(1)在计划期内确定了各部门的最终需求量之后,预测为达到此目标各部门应安排的生产计划。

(2)在计划期内确定了各部门的产出计划之后,预测按此计划各部门能提供的最终产品数量。

(3)通过生产过程的投入量来估算废弃物的发生量。

(4)预测经济发展对资源使用与储备的影响,提供资源影响评价指标体系。

(5)通过上述结果,反过来控制资源的使用量,控制各部门的生产。

因此,投入产出法不仅是经济预测、经济计划的重要工具,在资源管理中也可以发挥很大作用。

(二)投入产出模型的基本表达式

投入产出法的基本内容,包括投入产出表和投入产出数学模型。

1. 投入产出表

根据国家统计部门和其他有关部门提供的经济统计资料,编制成投入产出表。投入产出表可分为两种基本类型;实物型投入产出表,即采用不同的实物计算单位编制的综合物质平衡表;价值型投入产出表,即采用统一价值单位编制的平衡表。在实际工作和经济研究中,最常用的是价值性投入产出表,表 6-1 为这种表的简化形式。根据具体情况可以编制出各种形式的表。例如,企业投入产出表,资源经济投入产出表等。但其基本结构形式是相同的。

表 6-1 投入产出表

投入↓ \ 产出→		中间产品					最终产品	总产值
		部门 1	部门 2	…	部门 n	小计	y_1	x_1
物质消耗	部门 1	x_{11}	x_{12}	…	x_{1n}	E_1	y_1	x_1
	部门 2	x_{21}	x_{22}	…	x_{2n}	E_2	y_2	x_2
	…	…	…	…	…	…	…	…
	…	…	…	…	…	…	…	…
	部门 n	x_{n1}	x_{n2}	…	x_{nn}	E_n	y_n	x_n
	小计	C_1	C_2	…	C_n	C	y	x
新创造价值	劳动报酬 V_j	V_1	V_2	…	V_n	V		
	纯收入 M_j	M_1	M_2	…	M_n	M		
	小计 N_j	N_1	N_2	…	N_n	N		
总产值		X_1	X_2	…	X_n	X		

上表主栏包括物质消耗和新创造价值两项,宾栏则包括中间产品和最终产品两项。中间产品指用来作为生产过程的原材料、辅助材料、动力等的消耗,最终产品指可供社会消费和使用的产品。这些,都是本书中所提到的产品资源。投入产出表的特征是存在 3 种平衡关系。

(1) 总投入量等于总产出量。

(2) 中间投入量等于中间需求量。

(3) 生产总额等于最终使用额。

2. 投入产出模型

通常可利用投入产出表的“部门产品平衡关系”和“部门价值平衡关系”来建立投入产出模型。

(1) 建立在“部门平衡表”基础上的模型

将投入产出表的一、二象限联系起来考察，每一行都存在如下平衡关系：中间产品＋最终产品＝总产出

用方程组的形式表示则为：

$$
\begin{array}{ccccccccccc}
x_{11} & + & x_{12} & + \cdots + & x_{1n} & + & y_1 & = & x_1 \\
\cdots & & \cdots & & \cdots & & \cdots & & \cdots \\
\cdots & & \cdots & \cdots & \cdots & & \cdots & & \cdots \\
x_{n1} & + & x_{n2} & + \cdots + & x_{nn} & + & y_n & = & x_n
\end{array}
$$

也可写成

$$\sum_{i=1}^{n} x_{ij} + y_i = x_i (i = 1,2,\cdots,n)$$

设直接消耗系数 a_{ij} 表示 j 部门每生产单位产品消耗 j 部门产品的数量，即 $a_{ij} = x_j$ 代入前式可得

$$\sum_{j=1}^{n} a_{ij}x_j + y_i = x_i (i = 1,2,\cdots,n)$$

用距阵形式表示则有 $\boldsymbol{AX} + \boldsymbol{Y} = \boldsymbol{X}$。

(2) 建立在“部门价值平衡”基础上的模型把投入产出表一、三象限联系起来考察，存在如下平衡关系：

物质消耗＋劳动报酬＋纯收入＝总投入

用数学形式来表达则为：

$$\sum_{i=1}^{n} x_{ij} + V_j + M_j = x_j (j = 1,2,\cdots,n)$$

用 $x_{ij} = a_{ij}x_j$ 代入上式，则有

$$\sum_{i=1}^{n} a_{ij}x_j + V_j + M_j = x_j (j = 1,2,\cdots,n)$$

由于 $V_j + M_j = N_j$，因此上式也可写成：

$$\boldsymbol{A}^{\mathrm{T}}\boldsymbol{X} + \boldsymbol{N} = \boldsymbol{X}$$

即有

$$(\boldsymbol{I} - \boldsymbol{A}^{\mathrm{T}})\boldsymbol{X} = \boldsymbol{N} \tag{1}$$

$\boldsymbol{A}^{\mathrm{T}}$ 为 A 的转置矩阵。由式(1)通过矩阵求逆，可得下式：$\boldsymbol{X} = (I - \boldsymbol{A}^{\mathrm{T}})^{-1}\boldsymbol{N}$ (2)

当总投入为已知时，可利用式(1)求出各部门新创造的价值。反之，当各部门所创造的价值为已知时，可利用式(2)求出各部门的投入。

(三)投入产出法的应用

在以前的应用中，投入产出模型主要是为编制计划，特别是中长期计划服务。在资源管理中，它可以通过对资源使用量的预测分析，确定资源使用消耗定额，确定开采量；可以通过各地区各部门间的投入产出关系，确定资源的合理配置；还可以通过能够投入的资源量，对生产进行预测、调整和控制。可见投入产法在资源管理中，有着极广

泛的用途。

四、建模实例①

通过对上海市某年所作的能源-经济模型、能源网络图及其数学模型的介绍,具体表明如何将实际问题转化为数学模型。

【例 6-1】 上海市近期能源-经济模型

1. 研究背景

本模型研究工作的具体任务和要求是:

(1) 进行近期能源模型的研究。要求模型能对经济结构调整进行研究,能预测能源需求量并且提出在"六五"期间工业增长达到"保四争五"的增长条件下,实现工业能源增长的可能意见。

(2)通过近期模型的研究,在建模理论、建摸方法上进行探讨,期望能为建成供"七五"规划咨询使用的工作模型奠定基础。

2. 方法内容

上海市能源-经济系统具有以下特点。

(1) 上海市是一个纯能源消费地区,无一次能源工业,一次能源全部靠区外供应。由于上海经济比较发达,人口集中,能源需求量较大,因此,上海的能源供应对区外能源生产、能源运输和国家计划的依赖性很大。

(2) 上海工业比重大,因此工业能耗的比重也大。但上海工业基础较好,技术力量也较强,能源利用的经济效益在国内处于领先地位,而且节能潜力还很大。

(3) 上海的工业与经济发达,在国内所占经济比重较大,经济活动与外省市联系较密切,较多靠区外提供工业原料和能源,也较多地支援其他地区的经济发展。因此,上海的经济发展必须服从国家经济发展计划的目标。

总之,上海是以耗能为主的能源消费地区。上海的有关领导最关心的是如何使数量有限的一次能源在市内得到最合理的应用、发挥最大的经济效益,为完成国家所规定的经济发展目标服务。

一般来说,能源模型结构至少由宏观经济模型、投入产出模型、能源生产模型和能源优化模型等耦合而成,以反映能源,经济和环境之间的整体联系。

根据上海能源–经济系统的特点和模型及研究工作的具体要求,特别考虑到上海经济发展目标和能源供应计划指标是由国家下达这样的传统计划管理方法,上海的能源模型作了适当简化。鉴于上海能源-经济(1)和(3)两个特点,模型省去了宏观经济和能源生产两个子模型,而用外生决策变量代替。这样大大减少了建模的工作量,又使模型方法与传统方法得到结合,以适应我国目前的管理水平,使模型具有实用性。

---

① 资料来源:系统工程应用手册 . 北京:煤炭工业出版社,1991

3. 主要模型

(1)模型的总体结构

地区能源-经济模型应能反映地区能源经济的特点。所建模型应力求简明、灵活,易于取得原始数据,易于向领导解释和推荐,并有实施的可能,并逐步完善、不断修正,以适应不断变化的客观世界。

我们确定模型总体结构的原则是:模型必须做到有针对性、实用性和简明性。能源模型的一般结构及上海近期能源-经济模型的简化结构如图 6-8 所示。

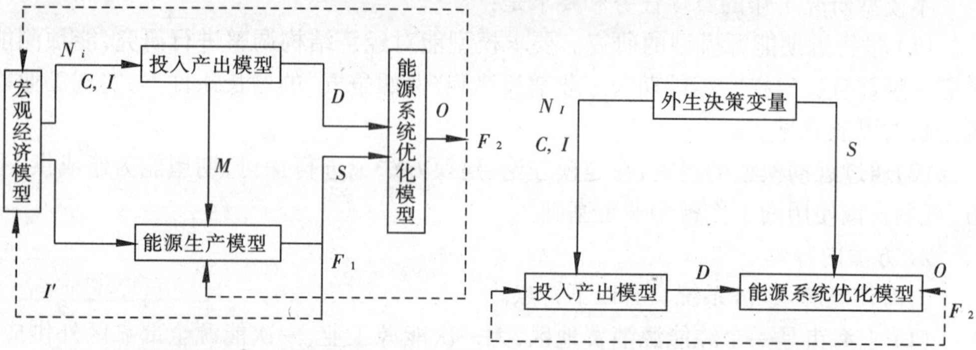

(a)能源模型的一般结构　　(b)上海市近期能源 - 经济模型的简化结构

图 6-8　能源模型的一般结构及上海市近期能源 - 经济模型的简化结构

N_I—国民收入;M—能源工业提供的设备材料;D—能源需求量;

C—消费总额;I'—能源工业提供的投资额;O—最优方案;

I—投资总额;S—能源供应量;F_1,F_2—反溃信息。

本模型分为能源需求和能源供应使用两部分,两部分之间可以进行联机仿真分析,如图 6-9 所示。

能源需求部分由能源投入产出表和经济结构优化子模型组成,可用于能源需求量的预测经济结构变动时对能源需求的影响分析、结构节能潜力的估算以及进行经济结构的最优化,它所需要的涉及经济方面的变量可以由经济模型输入,也可由决策者作为外生变量给定。

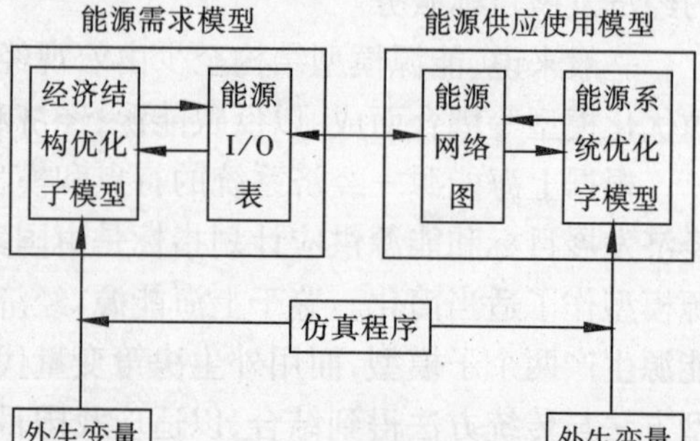

图 6-9　模型的总体结构

能源供应使用部分由能源网络图和系统优化子模型组成,可采用研究各种节能措施(包括工艺改进、设备改造和能源替代等措施)对满足能源需求程度的影响,估算技术节能的潜力,还可进行节能投资最优分配以及能源系统发展最优化方面的研究。它所需要的涉及能源资源、工艺水平进步和环境影响等变量,可由其他模型输入,亦可由决策者凭经验作为外生变量给定。

(2)能源投入产出表

由于建模工作受到人力、时间和基础统计数据等方面的制约,研究组与有关部门领导商定,本模型以上海市 11 个主要工业局为研究对象,以此作为上海市工业系统的缩影进行研究。这 11 个工业局是:冶金局,机电一局,建材局,化工局,仪表局,纺织局,轻工局,手工局,造船局,医药局和农机局。该 11 个工业局的工业产值总和占全市工业总产值的 86.5%,能耗总量占全市工业总能耗的 85.4%。因此,本模型分析所得的结果可以反映上海市工业系统的趋势和情况。

能源投入产出表以能源作为重点分析对象把能源部门加以扩大,包括:能源生产部门,能源转换部门以及虚设的能源产品部门三部分。虚设部门产出各类最终使用的不可替代的能源服务形式(有效能),如工艺热、动力、照明等等,并在分析中认为:非能源工业部门仅仅消费虚设的能源产品部门的产出,不消耗能源生产部门的产出。

因此,在投入产出方程式 $\boldsymbol{X}=(\boldsymbol{I}-\boldsymbol{A})^{-1}\boldsymbol{Y}$ 中,投入产出系数矩阵 $\boldsymbol{A}$ 具有如表 6-2 所示的结构,共有 16 个子矩阵,其中有 7 个子矩阵为 0。

在 BNL 模型中实际使用时可以把能源生产部门和能源转换部门加以合并,称为能源供应部门,用字母 S 表示,$\boldsymbol{A}$ 矩阵结构变成如表 6-3 所示的形式。

表 6-2

投入↓ \ 产出→	能源生产部门 R	能源转换部门 C	能源产品部门 P	非能源工业部门 I	社会需求 Y	总产出 X
能源生产部门 R	0	A_{rc}	A_{rp}	0	Y_r	X_r
能源转换部门 C	0	0	A_{cp}	0	Y_c	X_c
能源产品部门 P	A_{pr}	A_{pc}	0	A_{pi}	Y_p	X_p
非能源工业部门 I	A_{ir}	A_{ic}	0	A_{ii}	Y_i	X_i

表 6-3

投入↓ \ 产出→	能源供应部门 S	能源产品部门 P	非能源工业部门 I	社会需求 Y	总产出 X
能源供应部门 S	A_{ss}	A_{sp}	0	Y_r	X_r
能源产品部门 P	A_{ps}	0	A_{pi}	Y_c	X_c
非能源工业部门 I	A_{is}	0	A_{ii}	Y_p	X_p

由于上海本身无一次能源生产工业,能源转换工业部门的归属和统计体制上无独立性,与区外物资交流频繁,在物资消费的统计资料中不能完全区分“本市”与“外地”,所以在能源投入产出表结构上又作了两点改进。

①把矩阵 **A** 简化成下列形式：

$$\mathbf{A}=\begin{bmatrix}0 & \mathbf{A}_{sp} & 0\\ 0 & 0 & \mathbf{A}_{pi}\\ 0 & 0 & \mathbf{A}_{ii}\end{bmatrix}$$

②在投入产出表中增设一栏“调入量”G。

这样，为本模型所编制的能源投入产出表具有下列格式(见表 6-4)。

表 6-4

产出 / 投入	各部门使用中间产出 S	P	I	社会需求 Y	总产品 X	调入量 G
S	0	$\mathbf{A}_{SP}X_P$	0	0	0	G_S
P	0	0	$\mathbf{A}_{PI}X_I$	0	X_P	0
I	0	0	$\mathbf{A}_{II}X_I$	Y_I	X_I	G_I

其中 $\mathbf{A}_{SP}$，$\mathbf{A}_{PI}$ 和 $\mathbf{A}_{II}$ 3 个子矩阵的物理意义为：

$\mathbf{A}_{SP}$——各类能源产品(有效能)对一次能源的消耗系数子矩阵，它主要反映能源供应，转换和使用系统中各类能源的分配，各个工艺环节的相对效率；

$\mathbf{A}_{PI}$——各类工艺部门对各类能源产品(有效能)的消耗系数子矩阵，它由各工业部门产品结构，工艺路线及管理水平等因素决定；

$\mathbf{A}_{II}$——各部门之间技术生产系数子矩阵，反映相互依赖的程度。

至于表格中非零的部分，应该采集的数据包括：

$\mathbf{A}_{SP}X_P$——各类能源产品对一次能源的消耗量；

$\mathbf{A}_{PI}X_I$——各部门对各类能源产品的消耗量；

$\mathbf{A}_{II}X_I$——各部门间相互物资的生产性消耗；

Y_I——各部门所提供的社会需求量；

X_P——各类能源产品的总产出；

X_I——各非能源工业部门总产出；

G_S——从区外调入(供应)的一次能源量；

G_I——各工业局从区外调入的物资总价值。

(3)能源系统网络图

能源系统网络图是能源系统的一种描述模型，它以网络形式表示能量在各个环节中的流动过程和各种能源产品(有效能)在各部门之间的分配，考虑到双模型联机的需要，网络图必须与能源投入产出表相匹配。本网络图把复杂的能源系统分为能源供应，转换和使用以及能源消费(需求)两部分。具体做法将在下面第二个问题中说明。

(4)经济结构优化数学模型

经济结构优化模型是一个用来研究经济结构调整的线性规划模型。目标函数可以有多种考虑。根据模型既定要求,选用一次能源需求最少和工业利润最大为目标函数。

(5)节能投资择优分配数学模型

通常,在能源模型中能源系统优化模型往往是以能源系统总成本最低为目标函数的线性规划模型。但这样做对近期模型并不合理。因为在短期内不可能把原来的系统改造并发展成总成本最低的"最优系统"。根据市委领导的建议,考虑到近期内节能工作的需要,值得研究的是节能投资择优分配的问题。即研究如何合理分配使用国家下达的节能投资,使为数一定的投资得到最好的节能效果;后者在达到规定的节能需求下,所花的节能改造费用总量最少。为此,我们建立了如下数学模型:

$$\text{ob.}\quad \min \boldsymbol{C}^{\mathrm{T}}\boldsymbol{z}$$

$$\text{s.t}\quad \sum A_{SP}(\boldsymbol{z}_P)=\sum \boldsymbol{G}_{SO}\left(1+\frac{\beta}{A}\right)^{\mathrm{T}}\qquad (0\leqslant \boldsymbol{z}\leqslant \boldsymbol{Z})$$

式中　$\boldsymbol{C}$——各类设备(包括转换设备,用能设备改造或更新的单位投资费用(万元/台);

$\boldsymbol{z}$——应改造的各类设备数目(台);

$\boldsymbol{X}_P$——能源产品需求量,由经济结构优化模型输出;

$\boldsymbol{G}_{SO}$——基年的一次能源供应量;

β——由经济结构优化模型输出的能耗平均增长率;

A——控制变量,反映一定的技术节能要求;

$\boldsymbol{Z}$——各类设备总数。

该数学模型是一个非线性规划模型。

4. 基本结论

本模型的规划期为1981年~1985年的"六五"计划,其主要功能如下。

(1) 能预测并分析在满足预定工业总产值年平均增长率的情况下,规划年的各种经济结构安排下的能源需求量。

(2) 在保证"六五"期内工业总产值有一个稳定的总长速度,保持各工业部门内部综合平衡,保证国家或地区计划对各工业部门的社会需求得到满足等前提下,模型能对上海各工业部门的产值进行合理调整,使规划年的工业总能耗量尽可能小,工业利润尽可能大。

(3) 能对各种可能采用的节能措施(如结构节能、技术节能和工艺节能等)和可能的变化情况进行节能潜力的估计与评价。

模型的主要特点是:为了深入研究能源经济系统中的能源问题,建立了以上海市11个主要工业局为研究对象的投入产出表和从一次能源分别到能源产品(有效能)的网络能源图,并且通过能源网络图与能源投入产出表相匹配,实现了能源需求模型和能源供应使用模型的联机计算,这在国内均属首次实现。

本案例把能源需求(能源I/O表)和能源系统优化两部分模型结合在一起,形成模型体系,用途较广,对于经济系统的建模会有所裨益。

【例 6-2】 能源系统网络图及其数学模型

1．研究背景

结合上例的研究，上海市能源模型研究组进行了能源网络图及其数学模型的研究，对能源网络图的数据收集、整理、编制、建模、应用进行了研究。

2．方法内容

能源系统是一个复杂系统，用网络图的形式能形象、直观地反映系统中的资源运输、分配、加工、转换、消费等过程。它使人们能清晰地了解能源系统中各种能源的流向、各个环节能源的构成、能源消费部门的结构以及能源转换的投入产出关系。通过初步分析，对能源系统中各个环节的内在联系和系统运行管理水平都有一个较好的了解。同时，它为建立能源系统的数学模型奠定基础，对分析、改造、管理能源系统起积极的指导作用。在此基础上建立了能源系统的矩阵模型，并进行了实际应用。

3．主要模型

网络图以 11 个工业部门为研究对象，并且考虑了集中转换设施 9 种，终端用能设施 26 种，其中用电设施 3 种、用焦设施 4 种、用焦气设施 1 种、用蒸汽设施 1 种、用煤气设施 8 种、用燃油设施 4 种、用轻油设施 4 种、用滑油设施 1 种。设施分类原则是和统计口径基本一致，另外考虑简单方便，将不同燃料同种设备分开。能源产品分为 8 种：即动力、照明、焦煤高温工艺热、油高温工艺热、中温工艺热、低温工艺热、原料、其他工艺热。能源网络简图见图 6-10。

由此可知，我们涉及的能源系统是纯能源消费系统，即起点为能源资源的供应（调入）。所以我们把能源系统简化为能源供应和能源消费两大部分，共 9 个主要环节。网络图的左方是能源供应部分，右方是能源消费部分。

左方的主要环节包括：①一次能源供应；②一次能源运输；③一次能源加工分配；④一次能源集中转换；⑤二次能源输送分配；⑥能源产品转换，即通过终端用设备将二次能源转换为有效能形式。

右方的主要环节包括：①能源产品的集中，即将不同设备转换的同种能源产品集中；②能源产品的分配（能源产品的部门分配量）；③能源产品的部门消费（各部门能源产品需求总量）。

网络图各环节之间用直线（折线）段和点来区分；各能源过程用连线来表示，箭头表示能流方向，并在接点处相互衔接；各环节过程的能流量，过程能源利用效率等参数可直接表示在图上。过程连线上的数值一般用分数来表示：分母数值表示各种能源的实物量，单位为 t/年（根据能源不同而单位不同）；分子数值为吨标准煤/年；未用分数表示的，均以吨标准煤/年计；括号内的数值为能源过程效率。

在此基础上，可建立能源网络图的数学模型。首先，可用矩阵形式表示能源系统的平衡关系，一般形式为：

$$\boldsymbol{S} = \boldsymbol{A}_{SP} \cdot \boldsymbol{A}_{PI} \boldsymbol{D}_I$$

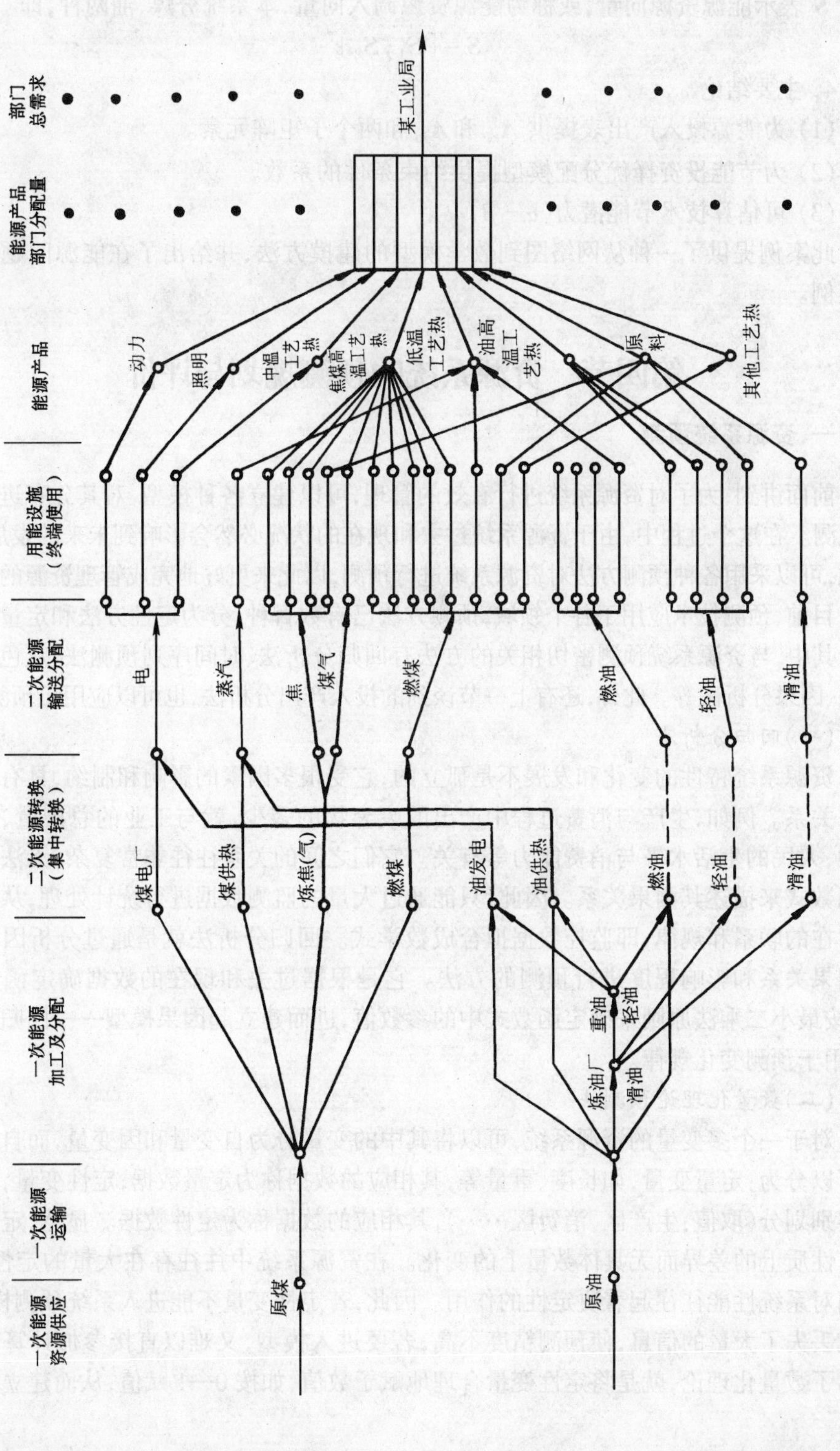
一次能源资源供应
一次能源运输
一次能源加工及分配
二次能源转换（集中转换）
二次能源输送分配
用能设施（终端使用）
能源产品
能源产品部门分配量
部门总需求
原煤
原油
炼油厂
重油
轻油
滑油
煤电厂
煤供热
炼焦(气)
燃煤
油发电
油供热
燃油
轻油
滑油
电
蒸汽
焦
煤气
燃煤
燃油
轻油
滑油
动力
照明
中温工艺热
焦煤高温工艺热
低温工艺热
高温工艺热
油
原料
其他工艺热
某工业局

图 6-10　网络图简图

其中 $\boldsymbol{S}$ 表示能源资源向量,或称为能源资源调入向量,本系统分煤、油两种,即

$$\boldsymbol{S}=[S_1,S_2]^T$$

4. 主要结论

(1) 为能源投入产出表提供 $\boldsymbol{A}_{SP}$ 和 $\boldsymbol{A}_{PI}$ 和两个子矩阵元素。

(2) 为节能投资择优分配模型提供约束条件的系数。

(3) 可估算技术节能潜力 $(\alpha-\beta)/\alpha$。

此案例提供了一种从网络图到数学模型的建摸方法,并给出了在能源问题上的应用案例。

第四节　资源系统的预测规划与评价

一、资源系统预测

前面讲到,为了对资源系统进行有效的管理,可以建立各种模型,对其分布进行分析与预测。在这个过程中,由于资源系统过去和现在的状况必然会影响到未来的发展趋势,因此,可以采用各种预测方法对资源系统进行预测,以此来更好地完成管理资源的任务。

目前,预测技术应用于各个领域,预测方法已有数百种,分为定性方法和定量方法两类。其中,与资源系统预测密切相关的方法有回归分析法、时间序列预测法、灰色系统预测法、因果分析法等。此外,还有上一节谈到的投入产出分析法,也可以应用于预测。

(一)回归分析法

资源系统特性的变化和发展不是孤立的,它受很多因素的影响和制约,具有一定的因果关系。例如,生产与消费过程中产出的废弃物的多少,就与工业的总产量、布局和类型,人民的生活水平与消费能力等有关。它们之间的关系往往非常复杂,无法用精确的函数式来描述其因果关系。因此,只能通过大量的监测数据进行统计处理,从中找到其内在的联系和规律,即监控数据拟合成数学式。回归分析法就是通过分析因素之间的因果关系和影响程度进行预测的方法。它是根据过去和现在的数据确定函数关系式,按最小二乘法原则来确定函数式中的参数值,进而建立起因果模型——回归预测模型,用于预测变化规律。

(二)数量化理论预测法

对于一个多变量的资源系统,可以将其中的变量分为自变量和因变量,而自变量中又可以分为:定量变量,如长度、重量等,其相应的数据称为定量数据;定性变量,如资源区类别划分(取值:生产区、消费区……),其相应的数据称为定性数据。显然,定性变量只有性质上的差异而无具体数量上的变化。在资源系统中往往存在大量的定性变量,它们对系统性能往往起着决定性的作用。因此,若定性变量不能进入系统预测模型中,则就丢失了大量的信息,使预测精度不高;若要进入模型,又难以直接参加计算。于是提出了数量化理论,就是将定性变量合理地赋予数值,如按 0—1 赋值,从而建立起包括

定量和定性两类变量的预测模型。应用数量化理论建立预测模型,能充分地反映事物之间的关系,提高预测精度。

(三)灰色系统预测法

在资源系统、工程技术系统、生态系统以及社会经济系统中,都包含着大量已知信息、未知信息和不确定信息。把已知信息称为白色信息,信息完全已知的系统称为白色系统;而未知的或不确定的信息称为黑色信息,信息完全不知的系统称为黑色系统。如果一个系统既含有已知信息又含有未知信息,则这个系统称为灰色系统。例如,建造一个垃圾处理系统,其中一些信息,如垃圾处理量、垃圾性质与组成、材料、机器、设备、工艺过程等等是已知的,而另一些信息,如处理效果、技术水平、劳力素质、工程质量等等是不确知的,因此这是一个灰色系统。

灰色系统预测主要是基于灰色系统模型的预测。因此预测的核心是建立预测模型。建立灰色系统预测模型的基本思想,是把已知的现实和过去的具有明显规律的时间数据列(原始数据列)进行一系列加工,得到有规律的时间的数据列(生成数据列)。这样处理的目的,一是为建立模型提供中间信息,二是将原始数据列的随机性减弱。从而对系统的发展由一无所知到认识其发展规律。然后,用微分方程对生成数据列进行拟合,得到灰色系统动态模型。它是线性/非线性微分方程,可以利用它对系统的发展变化进行全面的分析和观察,并作出长期预测。这是一种新的建模方法,也是为“逼近”开辟了新的途径。

(四)实　　例①

下面,通过简单介绍对中国钢材需求量趋势的研究,看一下如何解决实际中的问题。

1. 研究背景

钢铁工业是重要的原材料工业,它对国民经济的影响很大。解放以来,我国的钢产量已有了飞速的增长,但是我国的钢铁工业还远远不能满足国民经济的发展需要,大约有 1/4 的钢材需求量是通过进口来满足的,特别是一些短线钢材品种仍然得依靠进口,近几年来,钢材的需求矛盾日趋尖锐。对于一个决策部门来说,迫切需要解答三个问题:第一,我国的钢铁工业若按目前的规模发展,能否适应“翻两番”的需要?第二,我国在实现小康水平的发展过程中,究竟需要多少钢材?第三,我国应优先发展哪些钢材品种?由于钢材企业的投资额大,投资周期长,决策上的失误将造成巨大的经济损失。可见,搞好钢材需求的长期预测是很有意义的。

2. 方法内容

本课程采用系统工程的方法,结合我国的国情建立起一个钢材需求长期预测模型。

它的基本原理参见图 6-11。模型可划分为 4 个子块,即国民经济发展子块,钢材需求总量子块,各产业部门钢材需求结构子块和各产业部门钢材需求子块。按国家统

① 资料来源:系统工程应用手册．北京:煤炭工业出版社,1991

计局的口径，我们将国民经济划分成 15 个部门，即农业、黑色金属工业、有色金属工业、电力工业、煤炭工业、石油工业、化学工业、机械工业、建材工业、森林工业、食品工业、纺织工业、其他工业、交通运输业和商业饮食业。并将钢材分为 15 个品种，即重轨、轻轨、大型、小型、带钢、特厚板、中厚板、薄板、优质、线材、硅钢、无缝管、焊管和其他钢材。模型借助于计算和进行运算，可求得 2000 年前各年份的全国钢材需求总量及其上、下限值，国民经济各部门的钢材需求量和需求结构，全国钢材需求分品种量，钢材需求品种比，板管比等。并能打印出总需求量的仿真曲线，预测趋势曲线，需求灵敏度曲线，需求强度曲线，需求弹性曲线和各品种需求比的直方图，进而分析我国钢材需求的趋势。预测模型原理图见图 6-11。

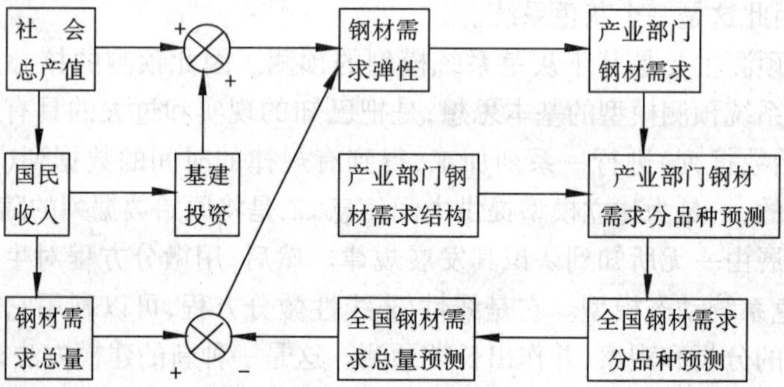

图 6-11　预测模型原理图

3. 主要模型

(1)钢材需求总量预测模型

这是一个以国民经济收入为外生变量的高斯马尔科夫预测模型。模型的主要特点是：①采用了动态模型，能更好地体现出由于技术进步、管理完善等引起的钢材需求弹性逐渐下降的趋势；②引入了现代控制理论中的卡尔曼滤波技术，使得模型能逐期地进行自适应参数校正。

模型的状态方程表达式为：

$$\boldsymbol{J}=E[\boldsymbol{x}(k)-\hat{x}(k)]^{\mathrm{T}}[\boldsymbol{x}(k-\hat{\boldsymbol{x}}(k)]\rightarrow\min$$

$$\text{s.t. } \hat{\boldsymbol{x}}(k+1|k)=\boldsymbol{\phi}(k)\hat{\boldsymbol{x}}(k|k)$$

$$\hat{\boldsymbol{y}}(k)=\boldsymbol{c}(k)\hat{\boldsymbol{x}}(k|k-1)$$

$$\hat{\boldsymbol{x}}(0|-1)=\hat{\boldsymbol{x}}_0$$

$$\boldsymbol{P}(0|-1)=\boldsymbol{P}_0$$

$$(k=0,1,2,\cdots)$$

式中，$\hat{x}'(k)=[\hat{\boldsymbol{y}}(k),\alpha_1(k),\alpha_2(k)]$是状态向量 $\hat{\boldsymbol{x}}'(k)$的估计值；$\hat{\boldsymbol{x}}'(k|k)$是 $\hat{\boldsymbol{x}}'$

(k)的条件期望值；$\hat{\boldsymbol{y}}(k)$为预测值；$\boldsymbol{\phi}(k)=\begin{bmatrix}0.365 & \ln \boldsymbol{G}(k+1) & 1\\ 0 & 0.985 & 0\\ 0 & 0 & 0.966\end{bmatrix}$为状态转移矩阵；$\boldsymbol{c}(k)=[1\quad 0\quad 0]$；$\boldsymbol{G}(k)$为国民收入；$\boldsymbol{P}$为误差协方差矩阵。

课题组用1965年至1985年的历史数据进行了仿真试验，求得的事后预测结果表明平均偏差不大于3%。卡尔曼滤波预测模型之所以有较好的精度，是因为它不但能像传统预测方法那样利用历史数据来进行外推，而且还能吸取新信息来进行自适应校正。

(2)各产业部门的钢材需求结构模型

我们称各部门的钢材需求品种比例为钢材需求结构，目前我国尚无这方面的统计数据。

定义各产业部门的钢材需求量和全国各品种钢材需求量分别为输入和输出，两者之间的关系可用结构矩阵$\boldsymbol{P}(k)$来表示。由于输入和输出是已知的而$\boldsymbol{P}(k)$却是未知的，故这是一个黑色系统。进而，我们可用现有的数据初步构造一个结构矩阵$\boldsymbol{P}_0$，利用$\boldsymbol{P}_0$作为系统结构矩阵$\boldsymbol{P}(k)$的测辨基点，从而使模型灰化。设预测期的起始点上有$\boldsymbol{P}(k)=\boldsymbol{P}(0)$，通过计算机的反复迭代可以求得一个系统结构的近似解。其迭代等式为：

$$\hat{\boldsymbol{P}}(k)=\boldsymbol{R}^u(k)\boldsymbol{P}_0(k)\boldsymbol{S}^v(k)$$

其中，$\boldsymbol{R}^u(k)$和$\boldsymbol{S}^v(k)$都是校正项；

$$\boldsymbol{R}^u(k)=\boldsymbol{R}_1(k)\boldsymbol{R}_2(k)\cdots\boldsymbol{R}_u(k)$$

$$\boldsymbol{S}^v(k)=\boldsymbol{S}_1(k)\boldsymbol{S}_2(k)\cdots\boldsymbol{S}_v(k)$$

$$\boldsymbol{R}_1(k)=\begin{bmatrix}R_{i11}(k) & & \\ & R_{i22}(k) & 0\\ 0\cdots & & R_{imm}(k)\end{bmatrix}\text{为 } m\times m \text{ 维矩阵}$$

$(i=1,2,\cdots,u)$

$$\boldsymbol{S}_1(k)=\begin{bmatrix}\boldsymbol{S}_{j11}(k) & & \\ & \boldsymbol{S}_{j22}(k) & 0\\ 0 & \cdots & \boldsymbol{S}_{jnn}(k)\end{bmatrix}\text{为 } n\times n \text{ 维矩阵}$$

$(j=1,2,\cdots,v)$

当$\hat{\boldsymbol{P}}(k)$与$\boldsymbol{P}_0(k)$的相似程度愈好，则$(u+v)$的值愈小，测辨的偏差也愈小。当$\boldsymbol{P}_0(k)$给出时，我们可通过计算程序在计算机上方便地求出$\hat{\boldsymbol{P}}(k)$的值。下面写出利用指数把移动平均序列来求解$\boldsymbol{P}(k)$的模型算式，这些算式用来反映钢材需求结构的变化趋势。

设预测值为$m(k)$，则需求结构的变化趋势可表示如下：

$$m(k)=\alpha d(k)+\alpha L d(k-1)+\alpha L^2 d(k-2)+\cdots+2L^w d(k-j)+\cdots$$
$$(L\leqslant 1, k=0,1,2,\cdots)$$

其中，$d(k)$为第 k 期的观测值，α 为待定系数，且有

$$\alpha+\alpha L+\alpha L^2+\cdots+\alpha L^w+\cdots=1$$

于是可求得 $L=1-\alpha$，前式可写成

$$m(k)=m(k-1)+\alpha[d(k)-m(k-1)]$$

为了能反映预测值的长期发展趋势，在上式的基础上再引入一个趋势修正值 $b(k)$，并设第 i 个部门的第 j 个钢材品种的需求量比值为 $P_{ij}(k)$，则有

$$m_{ij}(k)=P_{ij}(k-1)+\alpha_{ij}e_{ij}(k)$$
$$b_{ij}(k)=b_{ij}(k-1)+\alpha_{ij}\beta_{ij}e_{ij}(k)$$
$$e_{ij}(k)=d_{ij}(k)-P_{ij}(k-1)$$
$$P_{ij}(k)=m_{ij}(k)+b_{ij}(k)$$

α_{ij} 和 β_{ij} 是待定系数，满足 $0\leqslant\alpha_{ij}\leqslant 1, 0\leqslant\beta_{ij}\leqslant 1$。

(3)全国钢材各品种需求量模型

通过以上的简要讨论，可以得到全国钢材分品种需求量预测的迭代等式

$$\boldsymbol{FZ}(k)=[\boldsymbol{XZ}(k)\boldsymbol{X}(k)+\boldsymbol{T}(k)]\boldsymbol{IN}(k)\boldsymbol{P}(k)$$
$$\boldsymbol{Y}_{\boldsymbol{FZ}}(\mathrm{k})=\boldsymbol{C}_{FZ}\cdot\boldsymbol{FZ}(k)$$
$$\hat{y}_T(k)=\boldsymbol{y}_{FZ}(k)\cdot\boldsymbol{C}_T$$
$$(k=0,1,2,\cdots)$$

其中，$\boldsymbol{X}(\mathrm{k})$是国民经济结构矩阵，形式如下

$$\boldsymbol{X}(k)=\left(\begin{array}{ccccc:c} \boldsymbol{X}_1(k) & & & & & \boldsymbol{0} \\ & \boldsymbol{X}_2(k) & & & & \boldsymbol{0} \\ & \boldsymbol{0} & \ddots & & & \vdots \\ & & & & \boldsymbol{X}_{15}(k) & \boldsymbol{0} \\ \hdashline \boldsymbol{0} & \boldsymbol{0} & \cdots & \cdots & \boldsymbol{0} & \boldsymbol{0} \end{array}\right)$$

$\boldsymbol{C}_{FZ}=(1\quad 1\cdots 1)$；

$\boldsymbol{C}_T=(1\quad 1\cdots 1)^{\mathrm{T}}$；

$\boldsymbol{T}(k)$为基建投资总额矩阵

$$\boldsymbol{T}(k)=\left(\begin{array}{c:c} & \boldsymbol{0} \\ \boldsymbol{0} & \vdots \\ & 0 \\ \hdashline 0\cdots 0 & \boldsymbol{T}_{15}(k) \end{array}\right)$$

$\boldsymbol{XZ}(k)$为社会总产值向量；

$Y_{FZ}(k)$为 15 个品种钢材的需求量；

$\boldsymbol{IN}(k)$为钢材需求强度向量；

$\boldsymbol{P}(k)$为钢材需求结构矩阵；

$\hat{y}_T(k)$为全国钢材需求总量值。

预测模型的总方框图可见图 6-12。

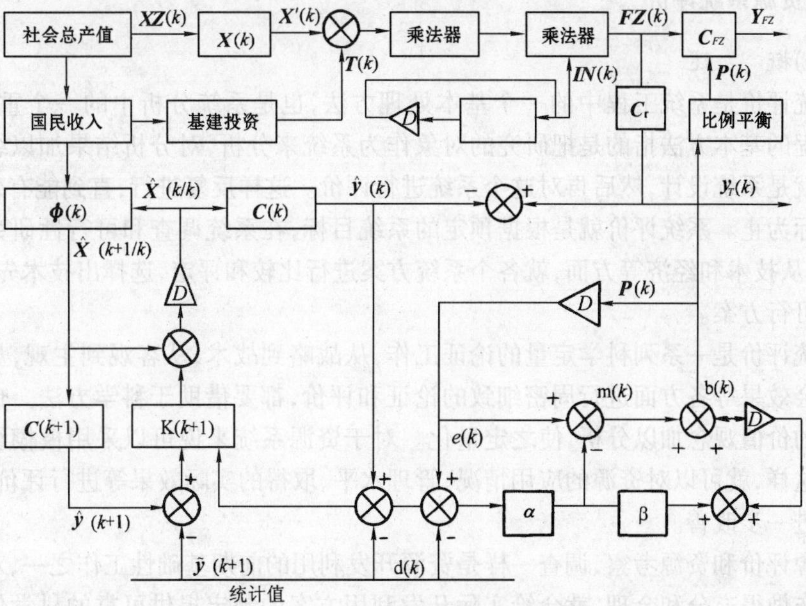

图 6-12　钢材需求预测模型

【分析说明】

本例为预测我国钢材需求趋势，用系统工程方法建立了模型体系，考虑了系统的复杂性、动态性，引进了卡尔曼滤波方法，使模型有自适应功能。

二、资源系统规划

当今世界公认，经济发展中存在四大问题，即人口、资源、发展和环境。因此，迫切需要寻求一种既能使经济持续稳定发展，又能合理利用并保护资源的发展战略。要实现这个目标，就必须开展资源规划，把经济发展和资源利用与保护作为一个有机的整体，进行分析、研究和规划，使其协调发展。

进行资源的系统规划，是在预测的基础上，应用运筹学原理和计算机技术来进行的。在规划中，可以应用线性规划和目标规划，对可用线性模型来表示的资源系统进行规划。对于多级资源系统，可用动态规划的方法来解决。还可将资源系统用数学式描述,应用模拟技术和最优化技术,在满足有关的约束条件的前提下,选择最佳的资源利用方案,从而达到最佳的经济效果、社会效果和环境效果。另外,由于一个复杂的资源系统中总有大量的不确定因素和模糊因素无法定量表示,且在规划过程中决策者的主观意图、选择和判断起的作用不容忽视,所以不能仅依靠数学模型作定量分析,还要将定性分析也结合起来。这就需要应用层次分析法来进行研究。

由于篇幅所限,这里对各种方法的具体应用不再作详细介绍。

三、资源系统评价

(一)概　述

系统评价是系统工程中的一个基本处理方法,也是系统分析中的一个重要环节。系统工程的基本方法指的是把研究的对象作为系统来分析,对分析结果加以综合后所产生的就是系统设计,然后再对这个系统进行评价。这样反复进行,直到能有效地实现预定目标为止。系统评价就是根据预定的系统目标,在系统调查和可行性研究的基础上,主要从技术和经济等方面,就各个系统方案进行比较和评定,选择出技术先进、经济合理的可行方案。

系统评价是一系列科学定量的论证工作,从战略到战术,从客观到主观,从经济效果到社会效果等各方面进行周密细致的论证和评价,都要借助于科学方法。也就是说对系统的价值观念加以分析,使之定量化。对于资源系统来说可以采用模糊综合评价法等。这样,就可以对资源的应用情况、管理水平、取得的实际效果等进行评价,以促进工作的进一步改善。

资源评价和资源考察、调查一样是资源开发利用的前期基础性工作之一,对资源的评价工作做得充分和合理,就会给实际开发利用方案的制定提供可靠的科学依据。因此,资源的评价研究工作受到学术界和管理部门的高度重视,在资源评价的理论、方法、指标体系等方面开展了大量的研究和探索,并取得了一定的成果。

(二)资源系统评价的目的和原则

为了合理地开发利用各种资源,有效地治理、保护生态环境,就必须开展资源系统规划。进行资源系统评价的目的,就在于通过对规划地域内各种重要资源,特别是整个资源系统的数量与质量、结构、分布、开发利用潜力等方面的评价,明确规划地域内的整体优势、劣势、资源组合特征、优势资源开发利用的可能和潜力;指出资源在规划地域上的组合结构、空间配置等方面的合理性和不合理性,为制定合理规划提供全面可靠的科学依据。应特别指出的是,对于一个国家或地区来说,在资源系统评价中不能只从研究区域的局部利益去开展,而应该把这个局部放在全国或者大区域的范围内去研究,才能真正达到评价的目的。总之,开展资源评价的目的必须十分明确,才能取得评价的效果,才能真正为正确制定区域开发与整治的战略决策、强化区域的整体功能服务。

众所周知,资源开发利用治理规划具有高度的综合性、宏观性和战略性。因此,对资源系统的评价包括各生产部门和各种经济活动的要求,除了对资源数量和质量、分布及开发利用潜力的一般评价外,更重要的是综合性、全局性、经济合理性的评价。可见,在开展综合评价时,要遵循以下原则。

(1)局部与全局相结合的原则;

(2)近期与远期相结合的原则;

(3)综合分析评价的原则;

(4)结合资源开发利用条件评价的原则;

(5)定性和定量相结合的原则。

(三)资源系统评价的内容和方法

资源系统评价的内容不难从资源的组成中获得。资源系统由自然资源和社会资源所组成,因此资源评价就是针对这两方面的内容进行的。其中,为了方便,可把经济资源单独提出来,作为评价的一部分。对某一资源评价时,主要包括资源的品种和数量、资源的质量、资源的时空分布和组合特征、对自然资源的评价以及资源开发利用条件、开发效益的潜力等等的评价。

为了有效地完成评价工作,必须采用科学的评价方法。由于评价涉及的内容很广,层次、范围也不一,因此评价的具体方法也不尽相同。一般可以采取的方法有以下几种:

(1)以资源数据资料为基础开展分析评价,再辅以实地考察;

(2)纵向和横向分析评价相结合,以横向为主;

(3)条条和块块综合评价相结合,以块块评价为主;

(4)定量评价与定性评价相结合。

(四)资源系统评价的基本步骤

通常在进行资源系统的评价时需要做如下的工作。

(1)确定要评价的资源系统的范围;

(2)收集整理区域内的资源数量等基础材料;

(3)确定和选择评价指标;

(4)分专业评价;

(5)综合评价;

(6)区域环境、生态评价。

(五)评价指标体系①

开展评价的重要依据,就是评价指标体系。根据我国的研究成果,对资源系统的评价指标大致如图 6-13 所示。需要说明的一点是,评价指标的选择往往要根据评价目标不同采用不同的指标,这里所列出的体系是一个总体的概述,仅供参考。

① 资料来源:国土资源信息分类体系与评价指标．北京:中国科学技术出版社,1992

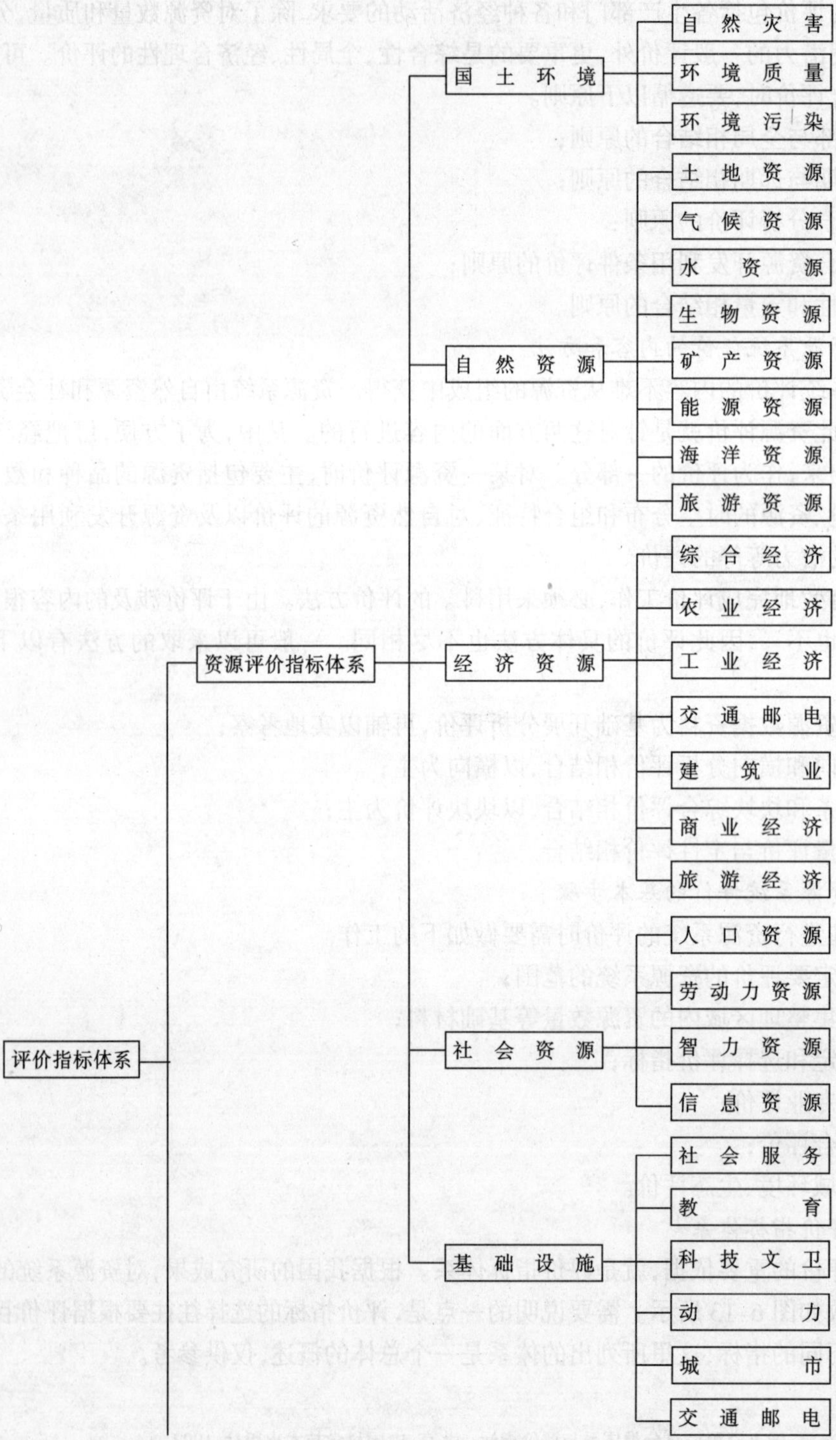
评价指标体系
资源评价指标体系
国土环境
自然灾害
环境质量
环境污染
自然资源
土地资源
气候资源
水资源
生物资源
矿产资源
能源资源
海洋资源
旅游资源
经济资源
综合经济
农业经济
工业经济
交通邮电
建筑业
商业经济
旅游经济
社会资源
人口资源
劳动力资源
智力资源
信息资源
基础设施
社会服务
教育
科技文卫
动力
城市
交通邮电

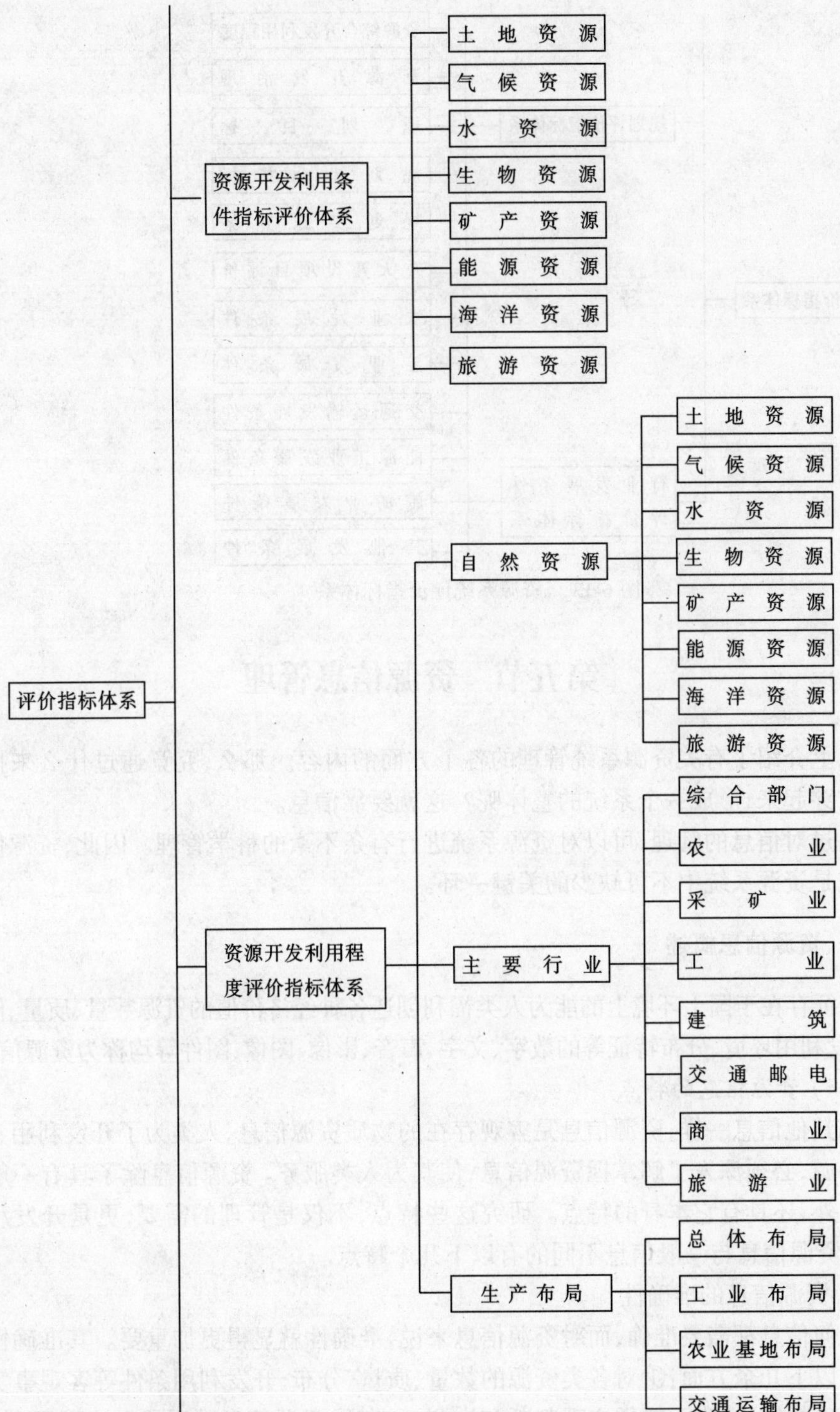
评价指标体系
资源开发利用条件指标评价体系
土地资源
气候资源
水资源
生物资源
矿产资源
能源资源
海洋资源
旅游资源
资源开发利用程度评价指标体系
自然资源
土地资源
气候资源
水资源
生物资源
矿产资源
能源资源
海洋资源
旅游资源
主要行业
综合部门
农业
采矿业
工业
建筑
交通邮电
商业
旅游业
生产布局
总体布局
工业布局
农业基地布局
交通运输布局

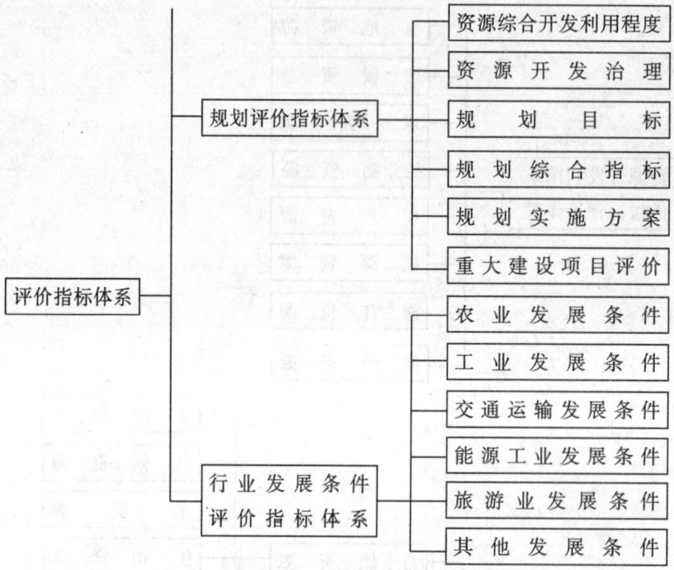

图 6-13　资源系统评价指标体系

第五节　资源信息管理

以上介绍了有关资源系统管理的各个方面的内容。那么,究竟通过什么来把这些内容贯穿起来,形成一个系统的整体呢?这就要靠信息。

通过对信息的管理,可以对资源系统进行有条不紊的科学管理。因此,资源信息管理系统是资源系统中不可缺少的关键一环。

一、资源信息概述

表征存在于国土环境上的能为人类福利创造各种经济价值的资源数量、质量、储存条件、开发利用环境、分布特征等的数字、文字、声音、影像、图像、图件等均称为资源信息。

(一) 资源信息的特点

和其他信息一样,资源信息是客观存在的物质资源信息,人类为了开发利用、治理、保护资源,必须深入了解掌握资源信息,使其为人类服务。资源信息除了具有一般信息的特点外,还具有它本身的特点。研究这些特点,不仅是管理的需要,更是开发利用的需要。资源信息与一般信息不同的有以下几个特点。

1. 资源信息的准确性

任何信息都需要准确,而对资源信息来说,准确性就显得更加重要。其准确性主要表现在以下几个方面:①对各类资源的数量、质量、分布、开发利用条件等客观事实要能十分准确的描述,决不能凭主观判断和推测;②获取资源信息的手段和方法要科学,计量单位和标准要一致;③各类资源所处的社会环境、变化趋势、组合特征、优势和劣势分析要真实可靠。

2. 资源信息的综合性

从资源信息的开发利用来看,它所表现出来的综合性特征是非常明显的。任何一类资源信息的利用都要牵涉到相关的资源信息,研究任何一种资源都需要其他资源信息,大部分情况是多种资源信息同时综合应用才能取得较好的效果。前述的准确性在综合研究中就更显得重要了,若有某一个资源信息不准确,其研究结果就毫无意义。

3. 资源信息的动态性(即实时性)

人类处在千变万化的大自然中,物质资源随时在变化,资源信息的动态性特征或称实时性,对不同类型的资源信息所表现的形式是不一样的。例如,土地资源,就总量来说,它是不会随时间而变的,但它的内部组成是不断变化的;生物资源不但总量在随时变化,就是它的内部组成也是变化的,其他资源信息也是如此。面对这些变化无穷的信息,一是要获取各种信息的随时间和空间变化的动态信息,作为应用的依据,二是要求各类资源信息的获取方法要正确,准确及时,传递迅速,保证实际应用的正确性。

4. 资源信息的层次性特征

如前所述,资源信息所包含的范围十分广泛,利用这些信息去研究全局问题,又要解决局部问题,有宏观控制,又有微观实施。这就要了解各类资源之间的组合关系和每种资源的内部组成,从自然资源到社会资源以及开发利用资源所必须掌握的其他相关信息。因此,在资源信息获取和开发利用时,首先就要明确信息的层次与级别,不同层次的资源信息的内容、等级是不完全一样的,例如全球性的和国家级的区别。

5. 资源信息的地域特征

由于资源在地球上分布的差异性,决定了反映它的特征的信息同样具有地域性特征。在资源信息获取中主要是以区域为单元进行。

6. 资源信息的开发利用必须有经济信息参与

资源信息开发研究的目的是为了更好地应用它来分析研究资源的开发、利用、保护和治理,这些都必须牵涉到资源的合理配置、生产结构的形成、市场销售的可能、国家现有财力、物力的现状等多方面的经济信息,进行综合研究才能达到合理利用资源和保护治理环境的目的。

利用资源信息开展综合分析研究,可以寻找和发现新的物质资源,创立新的资源理论,指导社会生产。并可以预测资源发展趋势、资源的承载能力,为资源综合开发、治理、保护提供新的科学依据。这就要从信息的产生、获取、传递、存储、开发和应用入手,使资源信息的研究系统化、理论化。这项工作的基础,是对资源信息进行科学分类。

(二)资源信息分类

1. 资源信息研究的范围

资源信息研究的范围主要是由资源开发利用规划和综合分析研究所需要的信息范围而

定,通常下列信息是必不可少的:①物质资源信息;②社会经济信息;③ 定额和目标信息;④资源法规、法令信息;⑤国家有关的现行政策信息;⑥相关信息;⑦环境现状及变化信息。

2. 资源信息分类研究的目的

资源信息内容丰富,门类甚多,不便于管理和开发利用,研究它的分类和编码的主要目的是:①理顺各类资源信息的纵横关系,为信息管理系统的建立、目标及界面的确定提供科学依据;②为资源信息统一编码,制定统一的技术规范做基础;③为各级各类资源信息系统的总体设计和技术方案设计提供基础技术资料;④为方便数据共享。

3. 资源信息分类原则

资源信息的分类体系,是以建立科学的资源信息管理和研究资源合理开发应 用为前提的,因而它是一个实用的资源信息分类体系。它的范围远远超出资源本身的信息。因而它必须遵循下列分类原则。

(1)资源信息分类必须遵守"国家经济信息系统设计与应用标准化规范"所提出的科学性、系统性、可扩延性、兼容性及综合实用的原则。

(2) 资源信息的分类内容要包含所有资源的物质资源信息及其相关的信息内容,即研究资源综合开发利用所要牵涉到的所有信息。形成资源信息的综合体,并把综合体分成不同的等级和类型。

(3)资源信息分类要紧紧围绕分类的目标进行,综合实用是十分重要的。

(4)资源信息分类体系是一个综合性资源信息分类系统,不可能一次分类后永远不变,要采用边分类边应用的原则,在应用中不断修改补充,逐步形成具有中国特色的资源信息分类体系。

(5)分类中既要考虑到资源信息的完整性、科学性、实用性,又要照顾到现行行业的专业分类体系和编号的原则与方法,在"类"、"级"的分配上尽量留有余地。

(6)在分类编码中,对于已有国家标准的,一律采用现行国家标准,能与国际通用的标准尽量和国际上一致。

(7)分类体系要体现资源信息综合性和宏观控制的特点,在学科内部尽可能与学科本身的分类体系一致,在横向连接上各分类体系要求层次平行,地位协调一致。

(三)资源信息分类方法

由于事物的复杂性,人们认识事物、选择事物的目的不一致,在对事物的分类中也产生了不同的方法。对资源信息的分类也是如此。目前,对资源信息的分类方法大致有以下几种。

1. 按资源本身的体系分类

资源是一个复杂的综合性系统,它是由若干系统、子系统、子子系统组成,对每一个组成部分来说,它们都具有资源的共同特征,而更具有其本身的个性,因而对它们的研究方法不能千篇一律,每个子系统都有本身的信息表征和特征。传递方式和标准等。为了充分地研究资源信息,必须把它们按资源本身的分类系统来进行资源的信息分类,如果暂不考虑与资源信息有关的其他信息,那么整个资源信息的分类体系,就是按资源本身的分类体系来进行。

对资源的分类在本书第一章已有详细介绍,这里不再重述。需要注意的是,为了开发、治理保护资源的分析研究和方案制定的需要,还需要其他有关的信息类型,即应包括前述的资源信息研究范围的全部。

2. 从有效的使用资源信息来分类

研究资源信息的目的是为了更好地开发利用和更好地获取、组织资源信息,从而更深入地开发利用资源、保护资源。因此,可以按资源信息在现行部门的流通情况来区分,即按它们在国民经济中的地位和部门来分类,这样分类有助于组织各类信息为生产服务。其分类体系如图 6-14 所示。

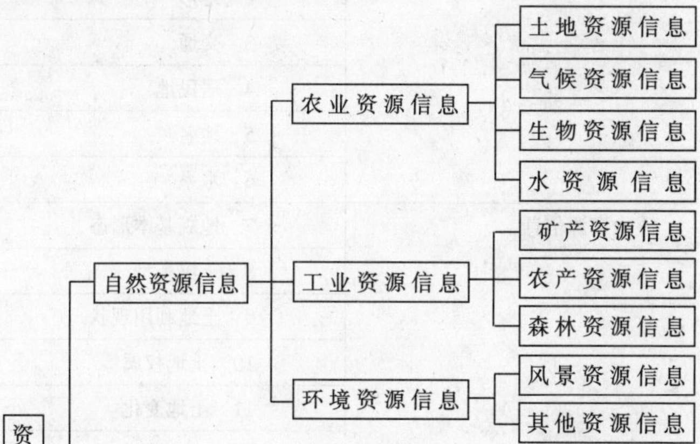

图 6-14　按有效使用资源信息的分类体系①

① 资料来源:国土资源信息分类体系与评价指标．北京:中国科学技术出版社,1992

3. 人资源信息的科学管理来分类

资源信息管理的实质就是利用现代化科学技术来获取、整理、存储、管理和应用资源信息,使其更有效的为资源的开发利用、保护和环境治理服务。由于科学管理的范围、等级复杂多样,要求管理中统一规范标准。因此,对资源信息按照科学管理的要求来进行统一分类编码是十分重要的。表 6-5 就是这类分类体系的一个例子。

表 6-5 国土资源信息分类体系简表①

序号	Ⅰ 级	Ⅱ 级
1	国土基础信息	1 区划
		2 地形
		3 交通
		4 居民地
		5 地名
		6 水系
2	土地资源信息	7 地貌基本形态
		8 土壤类型
		9 土地利用现状
		10 土地权属
		11 土地变化
		12 土地质量
3	气候资源信息	13 光能
		14 热量
		15 水分
		16 气压和风
4	水资源信息	17 水体
		18 水资源量
		19 水质
		20 水能资源
		21 水资源开发利用
5	生物资源信息	22 森林资源
		23 草地资源
		24 野生动物资源
		25 野生植物资源

① 资料来源:国土资源信息分类体系与评价指标. 北京:中国科学技术出版社,1992

续上表

序　号	Ⅰ　级	Ⅱ　级
6	矿产资源信息	26　能源矿产
		27　金属矿产
		28　非金属矿产
		29　水、气矿产
7	能源资源信息	30　常规能源
		31　新能源
		32　农村能源
8	海洋资源信息	33　海洋化学资源
		34　海洋生物资源
		35　海底矿产资源
		36　海洋动力资源
		37　海洋空间资源
		38　海域
		39　海水水产资源
9	旅游资源信息	40　自然风景资源
		41　人文风景资源
		42　风景名胜资源开发利用
10	人口与劳动力信息	43　人口
		44　劳动力
		45　人口文化素质
11	基础设施信息	46　城市
		47　乡镇
		48　交通线路
		49　邮电通信
		50　动力
		51　科学、教育、文卫
		52　商饮服务
12	经济条件信息	53　综合经济
		54　农业经济
		55　工业经济
		56　交通运输邮电业
		57　建筑业经济
		58　商业经济
		59　企业
		60　产业结构

续上表

序　号	Ⅰ　　级	Ⅱ　　级
13	灾害与治理信息	61　自然灾害
		62　环境破坏
		63　环境污染
		64　环境治理
		65　环境保护
		66　三废利用

二、资源信息的管理

(一)管理方式

在漫长的人类历史的发展进程中,不断认识自然、改造自然、利用自然。对资源信息的管理,人类从自发到自觉,从简单到复杂,随着人类文明的进步和科学技术发展经历了若干阶段,但是真正认识到它的重要性和有效管理的可能性还是今天的信息时代。我们可以把资源信息的管理方式分为两大类:一类是传统的人工管理方式,另一类是科学管理方式。图 6-15 是资源信息管理分类简图。

(二)资源信息管理的类型和等级

目前,对资源信息系统主要是全数字型管理,也就是把资源各要素的信息及相关信息的特征及其分布位置的数据信息,按照统一的分类体系、规范和标准进行收集整理后,存储在电子计算机存储器中。在计算机软、硬件系统的支持下,实现资源信息的自动查询、检索、修改、更新,回答各种咨询,提供可选择的开发规划方案,开展综合评价分析研究、资源和环境动态监测,为资源开发利用,制定国民经济发展计划提供科学依据。

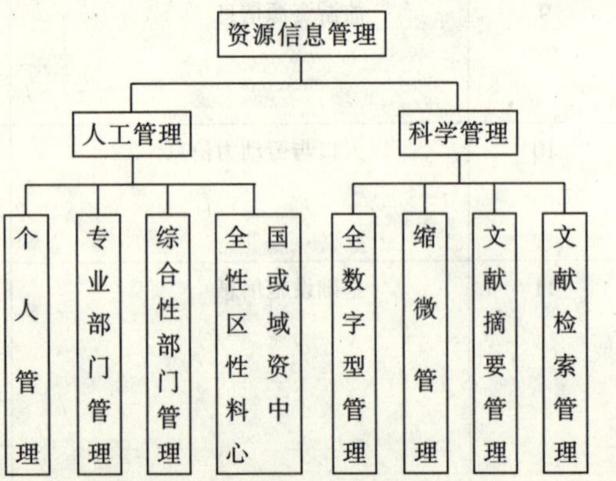

图 6-15　资源信息管理分类简图

1. 类　　型

全数字型管理主要分为两种类型,它们分别服务于不同对象,实现不同的功能。图 6-16 为资源信息科学管理的类型示意图。

(1)专业性资源信息的管理

这种管理形式,主要是以选择的某一类型的信息为主,辅以其他的相关信息,为本专业的资源信息管理和深入专业研究服务,为本专业的管理部门和研究单位提供专业咨询之用。例如,可以为土地资源建立专业性的土地资源信息库,主要存储的信息是土

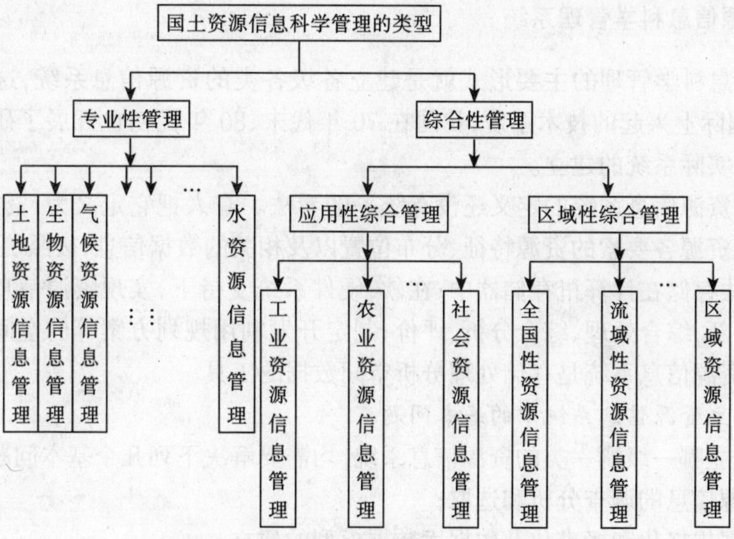

图 6-16　资源信息科学管理的类型示意

地类型、数量、质量、分布及开发利用条件，以及相关人口、气候、水文、社会经济等信息，针对土地利用综合评价分析研究和开发规划等所需要的信息来选取数据项目。

(2) 专题性资源信息的管理

在资源开发规划研究中，专题研究是十分重要的，它介于纯专业和综合性研究之间，往往是围绕某一专题性问题展开，而以某一类型 的资源为主。以解决某一种问题而建立的专题性信息管理系统是十分普遍的，由于它目标明确，因而效果更加明显。

(3) 综合性资源信息的管理

在综合性信息管理中，有的以区域为基础如全国性、区域性或流域性的，在这个范围内选取各类资源信息，为区域开发综合研究服务；也有的是以资源信息在主要物质生产部门所需要的方式进行管理，如工业资源信息、农业资源信息等等。综合性管理的目的是为了应用，综合性越强，它选择的专业类型越多，层次可能越高。

2. 等　　级

对上述 3 类信息管理系统可以区分为 3 种级别：

(1) 初级信息管理系统

只完成资源信息的存储、检索、统计、更新，即处于数据库阶段。

(2) 中级信息管理系统

除了具有初级系统的功能外，还对信息进行加工、分析、综合处理等。

(3) 高级信息管理系统

在系统中引入数学方法、系统理论、人工智能专家系统的技术，可以为用户提供辅助决策方案。

三、资源信息科学管理系统

资源信息科学管理的主要形式就是建立各级各类的资源信息系统,这是 20 世纪 60 年代在国际上兴起的技术系统,我国在 70 年代末、80 年代初也开展了研究,并投入力量在进行实际系统的建立。

目前对资源信息系统的定义还没有统一的看法。有人把它定义为:资源信息系统就是一个把资源各要素的资源特征、分布位置以及相关的数据信息,按照统一的规范标准、编码方法存储在计算机存储器中;在软、硬件系统支持下,实现资源信息的增加、删除、修改、更新、综合处理、综合分析、评价、制定开发利用规划方案等的空间信息系统。简而言之,资源信息系统是存储处理分析空间数据的工具。

(一)建立资源信息系统中的基本问题

无论建立哪一级哪一类的资源信息系统,均需要解决下列几个基本问题。

(1)资源信息的调查分析和选取;

(2)数据规格化和标准化及数据库数据模型的建立;

(3)资源数据库的建立;

(4)资源数据的组织管理方法及开发规划模型体系的建立;

(5)资源数据信息的分析和应用方法研究;

(6)专家知识的获取和表示方法研究;

(7)成果输出方法研究。

资源信息在管理系统中的流程如图 6-17 所示。

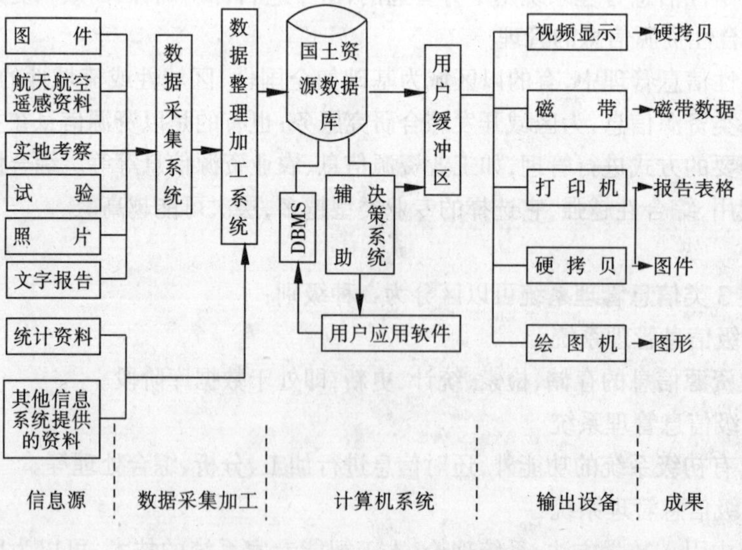

图 6-17　管理系统中的资源信息流程图

从信息流程图上可见，资源信息在管理系统中是经过输入——处理——输出的过程。

(二)国内外发展概况

国际上，一般把上述这种系统叫做地理管理系统(GIS)，它比较侧重地理学科，大多是从具有简单的单项功能如计算机辅助制图开始，发展到以数据库为核心，具有信息输入、存储、分析、多途径、多形式的输出功能较为完美的系统，达到实用阶段。目前该系统正向着智能化、分布式、高独立性、系统自动设计等方向迈进。国际上此类系统主要有3种类型：全国性的综合性系统，如日本的国土信息系统，加拿大的国家地理信息系统等；区域性的系统，如瑞典斯德哥尔摩地区信息系统，美国明尼苏达州土地管理信息系统等；专题性的信息系统，是发展最为普遍的系统，以某一专业、问题或现象为主，如美国煤炭资源数据库、地震分析系统，法国的地球物理信息处理系统，瑞典的道路数据库等。

在国际上有影响的地理信息系统有：资源信息显示系统，地理信息检索和分析系统，加拿大地理信息系统，地球资源实验室应用软件系统等。

与国外相比，我国地理信息系统的建立和研究起步较晚，但发展速度令人满意。国内逐步建立起的有关系统一般称为资源与环境信息系统，也有叫做国土资源信息系统的，但差别不大。

(三) 资源信息系统的目标和功能

1. 资源信息系统的目标

(1) 实现资源信息的科学管理，提供资源信息服务；

(2) 实现资源信息综合评价和分析研究；

(3) 提供国土规划研究和开发治理的方案；

(4) 为经济信息系统提供资源的背景数据和空间定位信息。

因此，资源信息系统的目标可归纳为：资源信息管理；国土开发宏观决策；资源信息服务。

2. 资源信息系统的主要功能

(1) 存储和处理多种形式的资源信息的功能；

(2) 资源信息的查询检索和更新功能；

(3) 资源数据的数量统计和数据共享；

(4) 资源综合分析评价功能；

(5) 国土开发治理规划研究；

(6) 具有多种输出功能；

(7) 提供各种应用程序；

(8) 资源动态监测功能。

由于信息系统建立的等级、层次不一样，对它的功能要求，将有所侧重。

(四) 资源信息系统的类型和等级

上面已经介绍了资源信息科学管理的类型和等级,其相应的管理信息系统就是资源信息系统,它们的类型和等级是一致的,这里不再重复。

(五) 资源信息系统的结构模型

资源信息系统总体结构模型的确定是对用户需求分析研究后,根据系统的目标、功能、服务对象和当前技术水平的可能性而得出的,如图 6-18 所示。

(六) 建立资源信息系统的步骤

1. 开展可行性研究
2. 总体方案设计
3. 技术方案设计
4. 审定总体和技术方案
5. 组织实施
6. 系统开发应用

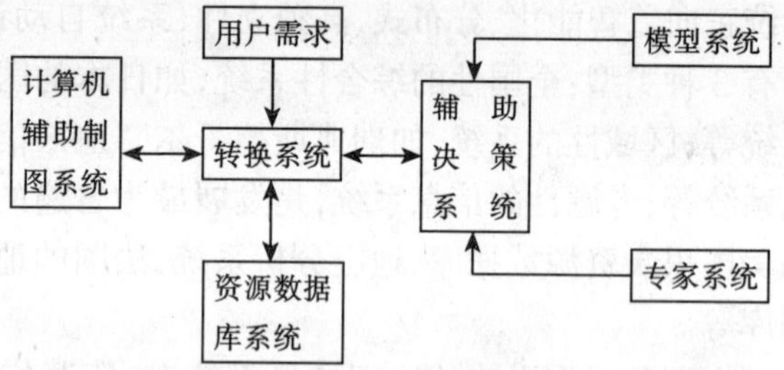

图 6-18　资源信息系统总体结构模型

具体的步骤与建立方法参见有关信息系统的各种书籍,在此不再赘述。

复习思考题

1. 资源系统诊断的任务是什么? 步骤如何?
2. 简述资源系统评价的内容、方法与步骤。
3. 简述资源信息的特性。

第七章 资源产业管理

所谓资源产业,就是通过社会投入进行保护、恢复、再生、更新、增殖和积累自然资源的生产事业。目前,我国尚未确立资源产业的地位,更未将其列入到产业的序列中,国家对自然资源的社会再生产投入不足,自然资源的再生产大多仍依赖于资源本身的自然再生产过程。因此,自然资源恢复和再生产的速度远不及其损耗的速度,大多数对国民经济有重要影响的自然资源已出现赤字现象。可以预计,资源的这种消耗方式,必将使资源系统的承载能力达到极限,最终导致资源枯竭,经济崩溃。所以,在我国确立并发展资源产业,是历史的必然。

第一节 资源产业的提出

矿产资源是采掘工业的主要劳动对象,采掘工业的生产规模直接取决于社会各个生产部门的需要和生产技术水平,但是,它还不能不受矿产所处的地理位置、自然丰度、矿石质量、可开采量的制约。石油是多种加工工业及交通运输业的十分重要的原料和燃料。资本主义社会多年来发生了几次"石油危机",每次都对发达资本主义国家的经济产生重要影响。这说明社会生产的发展同资源之间存在着密切关系。农牧业、林业、渔业的生产规模,更受自然资源的制约。不仅耕地面积、草地面积、森林及水域面积直接决定这些部门的生产状况,而且在这些生产部门内部还存在采伐与资源再生产、捕捞与繁殖等比例关系。当资源的开发利用在其生产处于良性循环的状态时,可以持续稳定地成为社会经济发展的物质基础;否则破坏资源的再生产,会给社会生产带来严重危害。涸泽而鱼、乱采滥伐,不是发展生产,而是破坏生产。

在人类文明几千年历史上,似乎资源是取之不尽,用之不竭的,那是生产力水平低下的表现。近几十年来,人们似乎突然发现,地球上的资源是那么有限。同时也认识到,在物质资源循环过程中,还存在着生产规模与资源的平衡关系,存在着自然资源的再生产与其他物质资源再生产的按比例协调发展关系。毋庸置疑,资源的再生产包括着两个过程,即自然过程和社会过程。在人类进步与社会发展对自然资源的需求日益加大的情况下,完全依靠自然再生是不可能的,因为自然再生相对于人类社会的需求是有限的。正因为如此,人类已从单纯地攫取和占有资源转向大力保护自然资源和加强资源循环的社会再生产过程。这里我们借用前苏联学者的一段话,将更加清楚地看出资源循环的社会过程的必要性和重要性。这位前苏联学者说:“随着社会的发展,事先未受到劳动影响的自然资源日益减少。看来,不用多久再也没有什么不花钱的自然财富好说了。实际上,自然因素未被劳动过滤的领域将不复存在。”现在越来越多的国家和地区,已经把资源的循环作为改善生活、发展生产、治理环境的义务和责任。以可再生资源森林而言,人们不仅保护天然林,促其繁衍,而且不断增加了人工林的种植。以不可再生资源矿产而言,人们在不断加强对新矿产地的寻找的同时,依靠科技进步不断地降低对可开发利用矿产品位的要求,变废为宝,并不断开拓出新的可替代资源,使可能出现的矿产资源枯竭得以缓解,转向充裕。

不断地增加社会投入,保护、促进资源的循环再生,并不断扩大资源的再生总量。这是人类生产规模的扩大和对资源消费量增长的需要,也是保护和改善生产、生活环境的需要。

世界各国人口的增长和工业化进程已使全球相当一部分自然资源状况趋于恶化,发展中国家尤甚。我国由于人口众多的压力,资源总量虽多,但是由于资源结构性短缺问题突出,受国民经济的数量扩张式发展模式影响,资源开发利用不受节制的损失浪费以及资源管理机制不健全等问题依然存在,进一步加速了资源严峻形势的到来。

面对着这样一个资源形势,我国的对策是开源与节流并重。我国是一个发展中国家,在未来50～60年间,要建成一个中等发达的现代化强国,人口至少要净增5亿,人均国民生产总值将为现有的几倍。仅从非再生资源的消费总量来看,即使资源的耗失率比经济增长小一半,资源消耗总量也可能为现在年消耗水平的数十倍。面对着未来经济发展对资源需求成倍增长的势头,仅仅依靠节流,将难以满足资源需求的增长幅度。因此,强化自然资源再生产产业活动,提高自然资源供给能力已势在必行。但是,长期以来,我们在观念上一直存在着偏差,认为自然资源是对社会有用的自然物质的储备,可以直接取自于自然界,并且是取之不尽,用之不竭的。因而只知道消费,认识不到被消耗掉的自然资源需要补偿和再生产的必要性。在实际生活中,自然资源被长期无偿占有、使用,过度消耗和损失浪费现象严重,自然资源再生产能力得不到应有的加强,自然资源的消耗与积累难以平衡发展,合理开发利用资源的机制建立不起来。

社会对自然资源需求越来越大.在自然资源再生产上所需的投入今后将继续增长。如果我们仍然不对国民经济最重要的比例关系之一——资源的再生产和其他物质资源再生产之间的平衡关系给予充分重视,必将使国民经济中物质资源生产结构产生严重失衡,并导致严重后果。

在现行的国民经济结构体系中,要解决资源的生产与消费平衡和合理开发利用问题比较因难。所以,界定新的物质生产部门——资源产业,重新审定国民经济结构体系,是解决这一问题的根本性产业组织措施。这一问题的解决,将有利于资源系统与社会经济系统的平衡发展,有助于解决自然资源再生产与后续资源生产的平衡关系,有助于建立起资源合理开发利用的新运行机制。

资源产业的提出可以说是生产力发展和社会劳动分工深化的必然结果。随着科学技术和社会生产力的发展,社会分工越来越细化,独立的生产部门越来越多。在机器大工业产生之前,社会生产只粗略地形成农业、畜牧业、手工业几大分支,而且手工业只是农业的副业。机械化大生产出现之后,才形成了真正的工业生产部门,此后,工业又分作许多工业部门。第二次世界大战后这几十年,各国工业部门不仅生产规模、技术水平有了突飞猛进的发展,社会生产的分工也更为发达,能源、化工、电子乃至宇航工业,均构成了独立的生产部门。依据劳动对象的不同和生产活动方式的特点,确立资源产业的时机已经成熟。

第二节　资源产业的界定

一、资源产业的概念

社会经济的发展.对资源供给的压力越来越大。因此,界定资源产业,使经济同资源保持供求平衡,是社会经济发展过程中的一项艰巨而复杂的任务。

所谓资源产业，是指从事自然资源再生产活动的生产事业。如前所述，主要根据人类进步和社会发展对自然资源的需求，通过社会劳动投入，使自然资源不断更新、积累的生产过程称为资源再生产。资源产业生产活动主要包括矿产资源的普查与勘探、土壤改良、耕地恢复、采种育林、育草、水产育苗、海洋调查与勘探、水利、废气废水的净化、资源保护等。

按照资源再生产的特点,资源产业还可以划分为两类,即资源勘查业和资源再生业。二者尽管都是通过社会劳动的投入,使资源不断更新、积累的生产过程,但又具有各自的特点。资源勘查业生产活动是“异地”更新、积累资源的生产过程;资源再生业是通过人类的劳动投入,促进资源再生的过程。

资源产业与接续产业的界定原则可划在自然资源的更新、积累与消费之间。以森林资源为例,其资源再生产活动是围绕营林活动进行的,如做进一步划分,则其简单再生产主要指伐后林木的恢复更新。而原有林地的林木种类、数量、质量的更新增殖可视为内涵扩大再生产。通过扩大林地,增大森林覆盖率而实现的扩大再生产可视为外延扩大再生产。其接续产业则是林木采伐业。又如矿产资源,矿山资源采空后只能异地更新,而这一过程主要靠地质勘查活动实现,所以其资源再生产过程是围绕地质勘查活动进行的。其简单再生产主要是指对保证原采掘生产规模的矿山而进行的接替矿产资源的勘查评价活动。其内涵扩大再生产系依靠技术进步降低可利用矿产资源的技术经济指标,加强伴生、共生有用组分的综合勘查评价,变非矿为矿,变一矿为多矿。外延扩大再生产主要指可满足扩大矿产品生产或增加国家矿产资源储备而新增的矿产地的勘查评价工作。其接续产业是矿产采掘业。同理可以对其他资源再生产加以界定。现择其主要内容概略列入表 7-1 所示。

表 7-1 资源产业的界定

资源种类		资 源 产 业			接续产业	资源产业现隶属行业
		简单再生产	扩大再生产			
			内涵	外延		
耕地		耕后地力恢复	原耕地地力增大	开垦荒地	种植	农
林地		伐后林木恢复	原林地林木增殖	扩大林地	采伐	林
草地		牧后草被恢复	原草场草被增殖	扩大草地	放牧	牧
矿产		采后接替矿产地勘察	替代、伴生、共生组分综合勘察评价	增大资源储备勘察	采掘	地勘
水	地面	水资源恢复	净化、调蓄	调水等时空调配	水利、供水、养殖、航运、	水利服务
	地下	水资源恢复	净化、调蓄	扩大水源	供水、供热	地勘
海洋水产		维护水产生物及其环境	养生养殖,净化和改善水产生物环境	增加水产品种,扩大水产生物水域	捕捞	渔

二、资源产业的关联

资源产业是处于"社会与自然界"毗邻的上游产业。它的生产过程是自然再生产过程和社会再生产过程的统一。自然资源通过资源产业的生产活动转化为社会经济发展的物质基础。可以说资源产业是国民经济生产过程中的第一个环节。按照产业顺序.它与其它产业的关系和衔接应该是:资源产业——基础材料产业——加工装配产业——消费品产业。资源产业主要包括资源再生产和再积累部门,不包含开发利用部门,即不包括矿产的采掘业、森林的采伐业、供水和自来水业、畜牧业、种植业、海洋资源的开发利用(如海上运输)等。它是自然资源开发利用以前的社会生产活动;基础材料产业包括矿业、化学工业、钢铁工业、金属制品业、材料工业以及石油、煤炭等工业;加工装配业一般指机械、运输工具等加工业;消费品产业包括食品、纺织等。

事实证明,资源通过社会的再生产过程,各类资源不仅能保持原有的水平.而且还能以比消费更快的速度增长。不仅能保持或扩大资源总量,而且还可以增加资源种类,扩大它们在国民经济中的应用范围等等。所以按照资源再生产的特性和水平,界定资源产业是适当的。对于社会来说,资源的供给和消费的平衡是首要的。这种平衡是在自然补给和社会消费之间,通过增加社会劳动投入实现的。如果我们在确定国民经济发展的最终综合指标时,能够考虑社会用于资源再生产的费用,以及考虑其经济价值,提出一种能够反映自然界与社会相互影响强度的方法.那么就可以比较理想地平衡国民经济中各种广义资源(劳动力、资金、人力和物质资源)的关系。

三、资源产业的地位

根据人类社会经济活动的先后次序,英国著名的经济学家和统计学家科林·克拉克

(C.G.Clark)1940年出版的《经济进步的条件》一书中提出了三次产业分类法。他的产业分类方法被绝大多数人所公认。在克拉克看来,全部的经济活动可划分为第一次产业、第二次产业和第三次产业。他认为:第一次产业是利用自然界本来存在着的劳动对象进行生产活动的若干生产部门;第二次产业是对初级产品进一步加工的生产部门;第三次产业是各类服务部门。他还把农业和矿业合称为第一次产业,其属性是取之于自然的产业。他认为经济再生产的第一环节是第一次产业,其劳动对象是自然界固有的现成物。但是,今天人类社会生产并赖以存在、繁衍的客观环境已发生了变化。克拉克当时提出的一次产业的劳动对象"自然界本来存在着的"资源现实中已不多见了,实际上已经没有一种资源完全是未经初步生产过程,即未经劳动介入,人类即可拿来使用的。人类社会经济活动已经由对自然的索取转变为对自然的投入,这是我们应当正视的问题。

资源再生产活动在我国和世界其他国家、地区几十年前已经出现了,如地质勘查、植树造林等。但是,长期以来没有将其视为一项独立的产业活动。在我国,资源的再生产活动则长期依附于后续产业,并被视为一种非物质生产事业部门。近几年对这个问题才有了新的认识,1989年《中国统计年鉴》第一次把"地质普查和勘探业"列入物质生产部门,与农、林、牧、渔、水利业、工业等并列在一起。并进一步界定第一产业指农业(包括林、牧、渔业等),第二产业指工业、地质普查勘探业和建筑业,第三产业指上述第一、第二产业以外的其他行业。在这个分类中,资源产业之一,矿产资源产业放在第二产业中,土地资源产业、森林资源产业、草地资源产业、水资源产业、海洋资源产业尚隶属一次产业中的农、林、牧、水、渔业。这种分类方法较之以前有所前进和发展,但仍有些不妥。从经济活动先后次序看,资源产业应该位于一次产业(包括采掘业)之前的产业。按照克拉克产业划分的顺序,资源产业应该属于"零"次产业或称前一次产业(Preprimary Industry)。它的生产目的是为第一次产业作准备和积累劳动对象或劳动资料的。它应该成为社会经济再生产投入产出过程中的第一环节。

在人类的物质资源生产过程中,劳动首先是人与自然之间的过程,是人以自身的活动来引起、调整和控制人与自然之间的物质变换的过程。所以说,资源再生产应该是社会经济再生产的第一个层次或基础层次,其产业活动是其他物质生产产业的基础。马克思、恩格斯曾指出,"一切人类生存的第一个前提也就是一切历史的第一个前提","就是——人们为了能够'创造历史',必须能够生活。但是为了生活,首先就需要衣、食、住以及其他东西。因此第一个历史活动就是生产满足这些需要的资料,即生产物质生活本身。同时这也是人们仅仅为了能够生活就必须每日每时都要进行的……一种历史活动,即一切历史的基本条件。"

第三节　资源产业管理的理论基础

人类的物质资源生产是利用自然、改造自然的活动。这种活动表现为一系列对资源进行加工的过程。这个过程的始端,就是自然资源的再生产。自然资源再生产过程是自然再生产过程与社会再生产过程的结合。如果没有自然资源再生产活动,其后续生产活动将成为无源之水、无本之木。在人类进步与社会发展对资源需求日益加大的压力下,加强对自然资源再生的生产过程管理愈来愈显示出其必要性。

我国资源基础不断削弱,供需缺口日益拉大。可再生资源急需恢复和改善,不可再生资源急待发现和勘查、提高储量增长速度和保证程度。因此,合理开发利用资源和大力提高资源产业供给能力已势在必行。

前已述及,资源产业是指通过社会投入进行保护、恢复、再生、更新、增殖和积累自然资源的生产事业。它是原材料产业的前身,是社会再生产与自然再生产的有机统一体。开展资源产业研究,除了涉及产业结构理论、产业关联理论、产业组织理论以及产业均衡理论等一般产业理论外,还涉及到一些资源经济理论和资源管理理论。我们认为,有关资源价值、资源资产以及资源核算等问题是资源产业理论产生与发展的重要理论基础。

一、资源价值

长期以来,我国实际执行的是自然资源无价、原料低价、产品资源高价的价格政策。它压抑了自然资源再生产活动的积极性,刺激了人们的消费需求乃至自然资源浪费的加大,导致生态破坏相环境污染日益加剧。如 1952 年至 1987 年我国国民收入增长 8.6 倍,而能源消耗增长 14.88 倍,有色金属消耗增长 23 倍,铁矿石消耗增长 24 倍,……

不仅资源的开发利用随着经济的增长而成倍增长,而且与经济发展相伴随的环境污染越来越严重。据估计近年来因砍伐木材,每年环境污染所造成的直接经济损失近 1 000亿元,其间接影响就更加惊人。无数的事例说明,我国资源产业规模相对萎缩,基础产品资源短缺,加工企业过热膨胀,均与自然资源无价密切相关。资源价格在经济发展中的作用主要表现在当自然资源(原料、能源)与资本和劳动力一起投入生产过程后,产出产品资源和废弃物,如自然资源价格偏低,人们就会产生浪费,使产品资源减少,废弃物增加,对废弃物再资源化的工作不感兴趣,于是大部分废弃物进入环境,造成环境污染。因此,改变自然资源无价、原料低价、产品资源高价的逆反价格体系,调节资源供需矛盾,是保护资源、生态、环境,促进经济社会持续发展的根本途径之一。

如前所述,资源,包括未经人类劳动参与、尚未参与市场交易的天然的自然资源,都是有价值的。就像原始森林一样,越是未受到人们改造的未投入交易的大自然,对于人类越宝贵。原始森林等天然资源的价值,将随着时间的推移日益提高。而原始森林之所以是原始森林、就在于它是天然形成的,没有受到人类的培植。当然,在整个人类实现的价值活动中,这种未经人类改造的资源尽管已经很少,但它确实存在。

在功效论、财富论和地租论的基础上确立起来的资源价值,其根据是资源对人类的有用性,即它能满足人类生存、发展和享受等某种需要。至于它的价值大小,则决定于它的稀缺性(体现为供求关系)和开发利用条件。由于现实的资源,绝大部分或多或少都有了人类劳动的参与,为明确说明没有劳动参与的资源也有价值,可以把资源价值分作两个部分。一是资源本身的价值;一是人类劳动参与,即社会投入产生的价值。资源价值的量化,可以通过地租(或租金)的资本化和预期未来收益的资本化,再考虑供求关系和时间价值来实现。如果是包含了人类劳动参与的资源,在已知其地租(或租金)或预期未来收益的情况下,计算资源价值可直接按以上方法量化,不必再把它分成资源本身的价值和劳动投入产生的价值。但是,必须明确,资源再生产过程,是自然再生产过程和社会再生产过程的结合和统一。现行的生产价格定价法和市场价格定价法,只考虑社会再生产过程,不考虑自然再生产过程,即不考虑资源本身的价值,是不对的。

二、资源资产

一般经济学理论认为,能够带来收益的东西统称为资产。根据资产的物理特性以及其他限制条件,它又可分为固定资产和流动资产。一个物品能否成为固定资产主要取决于两个限定条件:一是它必须是在生产流通过程中起作用的劳动资料,而不能是过程以外的物;二是它具有独特的价值周转方式。它不是在使用价值形式上进行流通,而是在它的价值形式上进行流通。

固定资产的再生产就是固定资产经过购置、建造,投入生产使用,发生损耗,并达到寿命终结,需要以新的固定资产来代替它的过程。在这个过程中,如果固定资产的生产能力没有扩大,则为简单再生产,如果固定资产的生产能力有所扩大,则为扩大再生产。

在固定资产的再生产过程中.固定资产因损耗而转移到产品价值中去的那部分价值叫折旧,由此而形成的货币准备金叫折旧基金。固定资产为恢复其使用价值而追加支付的维持费用叫做修理费用。固定资产的再生产方式主要为修理、更新改造(或称技术改造)和基本建设等。

简而言之,固定资产的再生产,就是通过固定资产的购置、建造、投入生产、损耗、修复、报废、更新、再投资、再建造、再生产、再损耗……这样一个周而复始、循环不息的过程。

前已述及,资源,无论是天然的还是经过人类劳动投入的,都是具有价值的,都可以为人类社会带来收益,因此,资源是一种资产。储备的资源是真正的财富,是经济社会赖以发展的物质基础。我国目前已确定将资源作为资产来看待,国家国有资产管理机构也开始将资源作为储备的资产来管理。传统的国民财富概念,只包括固定资产和流动资产,现在,我们要再加上一项资源资产。

资源是千姿百态的,既有固态,也有液态和气态。从其物理特性看,资源既有固定资产的特征又有流动资产的特征。从资源的可再生性看,也是如此。因此,我们称其为资源资产。

由于人类社会的飞速发展,对资源的开发利用不断扩大,现在已出现了资源的消耗量大于其增加量现象,这种现象类似于固定资产折旧,因此我们称之为资源折耗。资源折耗基金,可为资源的再生产(包括新发现、新生长等)提供资金,是资源产业发展的重要资金来源。

资源资产与其他资产一样,也存在产权管理问题。我国《宪法》规定,所有资源都归国家所有(部分土地归集体所有)。但是,在实际生活中,资源所有权与使用权混淆,还常常表现为所有权与使用权合一,产权界定不清,谁是国有资源资产的人格化代表,谁代表资源资产所有者综合管理国有资源,没有明确的规定和完善的管理制度,因而资源所有权的经济权益也没有得到实际的体现,资源产权转让市场机制更是十分不健全。

这一切要求我们必须明确资源是一种资产的观念,明确解决资源产权关系,改变资源无偿占有和无偿使用制度,只有这样才有可能从根本上建立起抑制资源日趋耗竭的内在机制。同时,为资源产业的发展确立坚实的基础。

三、资源核算

一个国家国民财富的富裕程度,不仅应用国民生产总值来衡量,而且还应用资源储备来衡量。就像我们说一个家庭富不富裕,不能光看他每月有多少收入,还要看他有多少财产一样。可是,我们现行的国民经济核算体系,是只重经济产值,忽视资源基础的。这很容易造成一种严重后果.即经济产值的虚幻增加,资源基础的持久性削弱,出现经济发展中资源空心化的现象。这对于我们持续发展的要求和目标,是极为不利的。

为了解决这种资源危机,消除生态、环境恶化的根源,人们提出了许多解决方案或基本思路。尽管各种方案或思路侧重点不同,甚至在某些方面有矛盾,但是它们之间在很多方面是可以互相交错和互相补充的,真正的出路可能在于它们之间进行恰当的组合。因为资源类型及利用过程的复杂性和多样性意味着不存在一种齐一的利用制度、管理体系和调节政策。但是,无论哪一种思路,都提出了进行资源核算的要求。

严格地说,资源核算是国民经济核算的一部分,它包括两方面的基本内容:一是资源的实物账户,由相应的实物单位计量各类资源的存量和流量;二是资源的价值账户,在对资源进行价值计算的基础上核算各类资源的价值量及其增减,确定资源财富,并在此基础上确定国民生产总值等指标。

资源核算纳入国民经济核算体系有 3 个渠道。一是纳入国民财富核算,即国民财富 = 固定资产 + 流动资产 + 资源资产;二是经济产值核算;三是投入产出核算。

为此,要将资源产业与其他产业同等看待,并行列入物质生产部门的投入产出。这样,资源产业的产出就会作为其他产业部门的投入,而其他产业部门的产出,也分别有一部分作为资源产业的投入。于是资源产业与其他产业就紧紧地结合在一起,你中有我,我中有你,不再是互不相关,人们也不会只顾追求经济产值及其增长速度,而不顾资源基础的损毁了。需要说明的是,资源产业是环境产业的组成部分。资源核算也是环境核算的组成部分。关于资源核算及其纳入国民经济核算体系的方法将在本书第九章进行论述。

第四节 资源产业管理的运行机制

一、资源再生产与社会再生产

国民经济各个组成部分以及社会再生产各个方面保持均衡关系是社会经济持续发展的前提和基础,而研究社会经济的均衡关系和发展问题,首先就要研究社会再生产问题。在社会分工较为发达的条件下,社会物质资源生产分成了若干生产部门、若干生产行业等。反过来说,整个社会的物质资源生产的完整过程就是由这些因社会分工而形成的各个组成部分构成的。各个组成部分之间存在相互依存、相互制约的关系:一个部门的生产可能以另一些部门的产品作为生产资料,而它的产品又可能是另外一些部门的生产资料,各生产部门相互间的这种产品供给与需求的关系,在数量上还具有由生产的技术、经济条件决定的某种固定的比例。如炼1 t钢需要若干吨铁和焦碳,还需要耗费若干度电,因此,就决定了钢铁业、采矿业及电力等部门的数量比例关系。各生产部门、生产行业之间保持适当的比例关系,是社会物质资源生产顺利发展的基础。社会物质资源生产的这种客观要求,就是社会生产按比例发展的规律。这种客观必然性是物质资源生产的客观规律性,任何社会性质的生产和再生产都是物质资源的生产,所以任何社会的生产和再生产都存在这种客观必然性。

研究社会再生产过程,可以从不同的角度对社会生产做出各不相同的划分。一种是把社会生产分为农业、工业两大部门,这是古老的、传统的划分方法。资产阶级经济学中的重农主义创始人魁奈(F.Quesnay)就曾在这种划分的基础上,研究过社会再生产和流通问题。第二次世界大战后,随着科学技术和社会生产力的迅速发展,生产部门的划分越来越细,能源、化工、电子、宇航等部门已从“工业”中分化出来,成为独立的生产部门。此外,还有一种关于社会生产的划分方法,即按产品加工顺序把社会生产划分为三次产业。马克思在《资本论》中曾详细地研究过农业部门同其他生产部门的关系,研究过交通运输业在社会生产中的重要地位,研究过机器大生产对改造整个国民经济的巨大作用。这些都说明,社会生产是一个由众多组成部分构成的运动着的整体,在各个组成部分之间存在着错综复杂的联系,因此要揭示社会生产的运动规律,需要进行多方面的研究。

以往,在研究社会再生产的经济关系和社会总产品的实现问题上,只涉及了已经生产出来的产品资源,忽视了物质资源再生产过程中还包含有生产规模同自然资源之间的平衡关系,忽视了对自然资源的更新、积累。因为生产过程是一个转换过程,有益的生产能把物质和能源转化为更有价值的形式,以便更有效地满足人类的需求。不难看出,人类社会的生产或转换,都是始于对自然资源的占有和利用,而且整个生产过程都要受自然资源状况的制约。钢铁是机械工业的主要原料,钢铁工业的生产规模直接取决于社会各个生产部门的需要和生产技术水平，但是，它还不能不受矿产资源的质量、可开采量的制约。农业、林业、渔业的生产规模，更要受资源状况的制约。不仅可耕地面积、草场面积、森林和水域面积直接决定这些部门的生产状况，而且在这些生产部门内部还存在着采伐与资源再生产、捕捞与繁殖等的比例关系。所以，要实现社会经济持续、快速、健康发展，必须首先平衡资源再生产同后续物质资源再生产的关系。社会再生产是个连续的过程，在某一再生产周期中，生产出一定量的社会产品，直接和间接地都要耗费一定量的资源。为继续进行再生产，已经消耗的资源必须得到补偿和更新。就像磨损的机器设备要维修和更新，消耗的原料要重新购买一样。

自然资源的再生产也有两个过程，自然再生产过程和社会再生产过程。自然再生产过程是在没有人类参与的情况下，由自然界本身完成的，如原始森林的形成。社会再生产过程是指人类同自然界的自然力结合起来实现的资源再生产过程，如人工植树造林等。在资源的自然再生产过程中，矿产资源相对于人类历史来说算作不可能自然再生的资源；森林、草原、水等虽属于可自然再生的资源，但其再生能力也是有限度的，过伐、过牧和超量开采都会破坏自然资源的再生产。所以从满足人口和经济日益增长的需要来说，提高自然资源的社会再生产能力越来越具有现实意义。

二、资源产业的运行机制

从社会分工的角度看，国民经济包括许多物质生产部门，资源产业、农业、采掘业、工业、交通运输业、建筑业等，此外还包括许多非物质生产的经济部门，如商业、金融业等。从经济运动过程来看，包括生产、交换、分配、消费4个环节。从物质资源再生产过程来看，包括简单再生产与扩大再生产。国民经济各个组成部分或各个运动过程之间存在着相互制约、相互促进的关系。保持国民经济各组成部分之间的均衡关系，是社会化大生产的客观要求，是国民经济正常运转和顺利发展的基础，如果各个组成部分之间的均衡关系遭到严重破坏，就会使整个国民经济的发展受到挫折。这一点并不因社会制度的不同而改变。前面讲过，人类物质资料的生产和再生产最终都要指向资源，因为社会最终产品都是由资源转换而成的。因此，研究国民经济均衡关系，必须研究资源产业的生产规模、发展速度以及生产结构，研究资源产业同其他物质资料生产部门的产业关系和结构，研究资源再生产与国民经济的发展速度、规模之间的比例关系。

恩格斯说，生产有两种，一是物质资料的生产，一是人类自身的生产。资源的再生产是物质资料生产和再生产的基础，人口再生产与资源再生产应保持适当比例。这就是通常说的人口、资源、环境与发展的问题。人既是财富的创造者，也是资源的最终消费者。我国是一个拥有众多人口的大国，人口是宝贵的人力资源，劳动力数量多是巨大的潜在生产力。另一方面，人口增长过快也给资源和环境带来巨大的压力。

资源是宝贵的财富，可作为资产看待和管理。这种资产通过勘查、发现（如不可自然再生的矿产资源），或通过种植、养护（如可自然再生的森林资源）而扩大，同时，又通过开采、利用而减少。如果过量开采利用,使资源的消耗速度超过资源的再生速度,就会使资源趋于枯竭,给社会生产带来严重危害。所以应通过定性和定量分析方法,建立起资源消长基本模型,以解决资源资产增长与开发利用以及生产最终产品或社会服务等各个环节之间的关系问题,包括供需总量平衡、结构关系,以及产业部门之间的总量平衡、结构关系等。

把资源产业纳入国民经济结构体系,使其有计划、按比例发展,并没有解决资源产业本身的发展问题,还需要研究和解决资源产业发展的动力、运行机制和相应管理体制问题。因为只有解决了这些问题,才能使资源产业良性运转。过去,我们在解决资源产业发展问题上,往往忽视了它与其他产业部门的经济联系,忽视价值规律的作用,因而导致了一系列问题的发生,教训是极为深刻的。

第五节　矿产资源产业管理

资源产业的内容涉及的范围很广。按照目前的分类方法,可以将资源产业具体细分为矿产资源产业、草地资源产业、森林资源产业、土地资源产业、水资源产业、海洋资源产业等。限于篇幅,本节仅对矿产资源产业作简要叙述。

一、矿产资源产业的界定和发展状况

矿产资源产业,是指从事矿产资源社会再生产的产业。它源于矿业,而后又随着社会需求的变化,从单纯依附于矿业的地位分离出来,形成了一个具有独立地位和经济行为的产业,矿产资源产业的劳动对象是地壳,其最终物质产品是可供开发利用的矿产地,其直接服务对象是矿山采掘企业。由于矿产资源在短期内是不可能原地自然再生的,所以矿产资源产业的再生产活动必然有别于其他可在短期原地再生的资源,而充分体现了“异地”、“异质”更新的特点。即一处矿产地的可采资源被采空后,就要在别的一个矿产地去进行矿山采掘的再生产,或者一种矿产资源被采空后,利用另一种可替代的其他种类矿产资源来维持再生产活动。但其通过地质勘查、评价,提供“矿产地”而为后续的矿产资源开发利用部门服务的性质、作用和地位,与其他各种资源再生产活动是一致的,都是通过人类社会劳动的投入,使资源不断更新、积累的生产过程。

矿产资源产业较之矿产资源勘查业的内涵和外延更为丰富,它是为采掘工业提供劳动对象和积累资源的物质生产部门。它的界定原则可划在矿产资源积累和采掘之间,即不包括矿业、冶炼加工生产部门。

建国 50 余年来,我国矿产资源产业得到了很大发展,产业队伍规模由解放前的 300 多人,发展到 1988 年的 110 万人,探明了近 2 万处矿产地,有探明储量的矿种共 148 个,其中有 20 多种矿产探明储量居世界前列,矿产资源总量居世界第 3 位,奠定了国民经济发展的矿产资源基础。

矿产资源产业在发展中也经历了不少曲折。尤其是1958年~1979年的20年间，由于“左”的思想束缚及其惯性影响，先以钻探进尺为纲，后又以片面追求储量数字增长为目标，这种外延式扩张战略导致了产业内部生产要素规模迅速膨胀、部门分割，缺乏产业结构调整的功能。产业内部吃皇粮，产业外部缺乏依据价值规律建立的与其他产业的关联效应。两个无偿占用将地质勘探产业排斥在商品经济的大门之外，产业生产单位既缺乏激励也没有压力，职工的劳动积极性被抑制，自我发展能力很差。探明的矿产储量的利用率只达到30%，经济效益普遍下降。

党的十一届三中全会以后，矿产资源产业有了新的转变，外延式扩张发展有所控制，从注重数量、规模的发展逐步转向提高社会经济效益，固体矿产大中型矿产基地的利用率提高到53%，勘探项目成果利用率提高到76%，价值规律在矿产资源产业中开始发挥作用。基金制和招标制的推行，使生产单位增强了市场需求导向的意识，提高了经营管理水平。

但是从总体上看，矿产资源产业仍然存在着两个重要问题：一是产业投入长期严重不足，1958年~1979年勘查业发展超前系数为-0.12，1980年~1987年为-0.645。由于长期投入不足，利用部门过量的资源消耗，到目前，全国近2/3的有色金属统配矿山，主要金属已到了生产的中、晚期，有的濒于枯竭，后备资源基地趋向危机。大庆、胜利、华北等已开发的主力油田开采已进入稳产末期，产量自然递减加快，油气可利用储量严重不足。二是产业运行机制不健全，产业劳动消耗得不到合理补偿，导致资源供求错位和失衡，储量和勘查资金大量积压。

矿产资源产业的生产活动是缓解资源短缺矛盾的重要前期生产事业。它目前的状况，一是浅、近、富、易矿矿床和其他资源后备基地，已大部分被查明和开发，找矿的难度越来越大，每新增1 t探明储量的劳动消耗，较前成倍增长。据初步统计，我国1980年~1987年几种主要矿种探明储量的成本费用，较1952年~1980年的平均成本上升4~35倍；二是资金投入日趋不足，在投资呈微弱线性增长和通货膨胀影响下，矿产资源产业生产规模不断萎缩。近10年来，除非金属外，其他多种矿产的储量增长率已大大低于储量耗减率，矿产资源基础越来越脆弱。因此，加强矿产资源产业的产业地位和增加资金投入，转变产业经济运行机制已势在必行。

二、矿产资源产业发展中的问题和对策

（一）矿产资源产业投入不足，生产规模相对萎缩

迄今为止，矿产资源产业主要靠中央财政支持，但从“六五”以来地勘投资水平逐年下降，地勘费在中央财政支出中所占比例，从建国到1985年平均为1.65%，1988年降为1.29%，“七五”期间年均为1.25%。同时矿产勘查生产成本因找矿难度加大，材料价格上涨，人工费及社会性支出剧增，有限投资能完成的地质工作量大大减少，矿产资源勘查工作不仅未得到应有加强，反而出现生产规模萎缩的明显趋势。

(二)矿产资源产业经济运行机制不健全,难以良性发展

我国矿产资源产业,长期以来依靠国家财政拨款,而创造的价值又无偿地被工业部门使用,产业劳动消耗得不到应有补偿,不能有效地扶持起产业的自我发展能力,造成了产业低效益的外延扩大,进而形成了对中央财政的持续依赖。

过去几十年,国家地勘业有几百亿资金的投入,勘查业也有相当规模的产出,然而却没有建立起矿产勘查业的良性循环体系,反而随着对资源需求的增大,产业发展相对萎缩趋势加剧。造成这种结果的主要原因在于,我们需实现的产业良性发展目标,与实际产业经济运行机制在一些重大方面发生明显的错位。

一是矿产储量无偿使用,造成矿产资源产业与下游产业供需错位。矿产资源勘查业是专门为采掘工业提供劳动对象的,正如采掘工业为冶金工业提供矿物原料、冶金工业为机械工业提供钢铁、机械工业为纺织工业提供机器一样,是社会分工发展和生产社会化的结果。因此,矿产资源产业与后续产业部门存在着客观必然的经济联系,这种经济联系不仅是定性的,在一定生产技术条件下也是定量的。如,生产1 t铁,需要多少吨铁矿石;生产1 t铁矿石,需要多少吨铁矿储量等等。这些都有固定的比例关系。这种关系的调节,有赖于价值规律的作用。然而,长期以来在资源产业中我们排斥了商品经济,资源靠行政性手段分配,割断了资源产业与其后续产业的内在联系,无法发挥价值规律的调节和反馈作用,造成矿产资源需求与储备严重失衡。

二是地质勘查投资依靠国家预算拨款,造成资金投入与产业发展错位。地勘业资金投入长期依赖国家预算拨款,这种投资体制,一方面助长了产业外延式生产的膨胀,队伍规模盲目扩大,非生产性支出日益增大,以致造成大量生产要素闲置。据统计,地质行业约有1/4~1/3的生产能力不能发挥作用,出现大量富余人员。另一方面,产业内部难以实行经济核算、建立统一的衡量标准和投入与产出的对比,造成产业经济活动不能形成良性循环。国家拨给地勘单位的只是成本费用,没有利润,影响了部门和职工的经营积极性。同时这种计划投资又以报销制而逐年核销,不存在市场机制和等价交换关系,导致探矿方向和投资流向的随意性,造成各矿种的采储比悬殊较大,结构不合理。

(三)人口、经济增长对矿产资源需求越来越多,对资源产业压力增大

多年来,我国经济增长很大程度上是靠过量消耗资源来支撑的。在1953年~1985年的22年间,国民收入增长6.25倍,而同期能源消耗增长13.23倍,生铁消耗增长20.6倍,铜、铝、铅、锌等4种有色金属消耗增长32.5倍。我国1986年每生产1美元国民生产总值所耗费的能源为世界平均水平的2.3倍,印度的1.8倍,韩国的2.2倍,巴西的3.4倍,日本的5.2倍。如果不改变这种过量资源消耗态势,优化产业结构,矿产资源产业将难以支撑。同时,由于矿产资源利用率低,矿产资源损失浪费严重,也加大了对矿产资源产业的压力。目前我国矿产开发资源总回收率仅30%~50%,比国外低10%~30%。

(四)矿产资源管理体制弊端日趋明显

我国矿产资源管理体制存在不少问题,影响矿产资源产业发展。

一是虽然制定了《中华人民共和国矿产资源法》,但实施不力,有法不依,执法不严,致使资源纠纷四起,违法案件不断。矿产资源中,许多国营大矿资源被严重破坏,一些经过多年勘探的矿区,储量报告尚未最终提交,矿区已被挖得遍体鳞伤。如云兰坪铅锌矿探明储量1 400万 t,属世界罕见的大矿,但近几年每天上万群众上山捡挖高品位富矿石,到目前为止,约开采矿石 33 万 t,损耗矿产储量达 500 多万 t,采矿回收率不到 7%,绝大部分资源被破坏浪费掉了,矿山被挖得千疮百孔、面目全非,勘探坑道严重破坏,给大规模的开发利用造成了极大困难。

二是政府有关资源管理职能欠完备,思路不明晰。突出表现在管理体制存在着同类资源分头管理,造成重复建设,浪费严重的现象。具有内在联系的各类资源被人为分割开来,缺乏更高层次的全面规划,工作既有交叉重复,又有脱节。体现资源所有权的管理与使用权的管理界限不清,且常常用使用权的管理挤压所有权的管理,用经济效益挤压资源效益和环境效益等等。在组织形式上和职能配置上国家没有专门的资源立法机构,政府缺少综合管理矿产资源的统一协调部门。在 1988 年政府机构改革后,对资源管理有所加强,明确了一些部门的资源管理职能,但是究竟管什么、怎么管等问题仍处在研讨阶段,尚无定论。矿产资源是国家重要的资产,是国力的重要体现。加强资源管理,在国民经济运行中是一项不可缺少的基础性管理工作。然而我国资源管理迄今未摆上应有位置,资源家底不清,产权关系模糊,无偿和过量占用资源,资源破坏浪费严重,造成了实际上的抢占者得、抢开者得的局面。对多功能或综合性矿产资源,重单项管理,轻统一管理已成为普遍现象。

三是长期忽视经济手段在资源管理中的作用。表现在对资源无偿使用,以及执行的资源无价、原料低价、产品高价的逆反价格体制。这种体制是一种典型的供给体制,它内在地扩大了资源供求矛盾,加速了资源的耗竭和浪费,抑制了矿产资源产业供给能力的提高。

根据我国矿产资源面临的严峻形势和矿产资源产业发展中存在的问题,我们必须在大力节约矿产资源的同时.积极发展矿产资源产业,增加财力、物力和科技投入,尽快改变矿产资源产业生产萎缩的局面。要完善矿产资源产业的运行机制,变矿产资源产业成果无偿使用为有偿使用,把矿产资源产业的投入、产出,都纳入社会主义市场经济的轨道。要改革矿产资源及其产业的管理体制,加强权后管理和法制建设,完善政府职能,强化经济管理手段,使矿产资源产业良性发展。

复习思考题

1. 综合分析资源产业的建立与可持续发展的关系。
2. 为什么说资源产生应属于“零次”产业?
3. 试分析资源产业管理的理论基础及其作用。
4. 试分析矿产资源产业发展中的问题和对策。
5. 试述资源产业管理的内容与现阶段我国的问题。

第八章　资源资产管理

资产的最基本的含义是指由国家、企业或个人拥有具有价值的有形的财产或无形的权利。资产对物主之所以有用，或者是由于它可以用于取得未来的收益，或者是由于它是未来事业的源泉。资源性资产，无论是自然资源还是经过人类活动的产品资源和其他资源，都可以为人类社会带来巨额收益。按照资产能带来未来利益的概念和资源开发利用能给人类带来巨额的收益和财富的事实，资源无疑是资产。既然是资产，就应该作为资产来管理。所谓资源的资产化管理，就是遵循资源的自然规律，从资源的开发到资源的再生产，按照经济规律进行投入产出管理。对加入人工劳动的产品资源、再生资源等，把原来资源生产和再生产的事业型管理转变为经营型管理；对天然资源，实行有偿开发、有偿使用制度，将开发利用权逐步推向市场，将其收益再投入于资源产业；建立起资源的核算制度、规划制度、补偿制度和监督制度，最后形成以资源养资源、资源产业的良性循环，为社会提供更好的经济效益和良好的生态环境。

第一节　资源资产管理概述

一、资产的内涵

广义的资产(property),表示收益与财富之意。从经济上,可将资产分为经营性资产、非经营性资产、资源性资产,也可分为固定资产、流动资产、无形资产等。狭义的资产是指会计学中的资产。

我国《企业会计准则》对资产定义为:资产是企业拥有或者控制的能以货币计量的经济资源,包括各种财产、债权和其他权利。由资产的定义可以看出,资产的可获益性、可控制性、可计量性与已发生性常常是判断资产的一些基本特征。会计学中资产按其流动性质分为流动资产、固定资产、递延资产或其他资产等。在企业中,资产按其是否用于经营活动可分为经营性资产与非经营性资产。按资产存在形态可分为固定资产、流动资产、无形资产、资源性资产、金融性资产等。西方国家把自然资源(natural resources)称为递耗资产(wasting assets),认为其成本必须分摊,在会计上称为折耗(depletion)。

二、资源与资源资产的概念与界限

(一)资源资产的概念

资源资产的概念是一个需要深入探讨的问题,其内涵在不断发展。它是一种多形态、多用途、多属性的资产。它可以具有经营性和非经营性,而且在一定条件下可以相互转换。作为经营性属性,它能带来经济效益;作为非经营性属性,它可带来社会效益(主要是环境效益)或间接效益。为了便于管理和实际操作,依据经济观念,可以界定为:在人们现有的认识和现实的科技水平下,其开发利用能带来一定经济价值的资源,可称为资源资产。所谓"一定",是一个尚待研究的指标体系。它包括:对实物量有一定数量的要求,对存量的测定有一定精度的要求,对技术和经济价值有一定效益和指标的要求等等。从经济上,可把资源资产分为经营型和非经营型两大类。

(二)资源与资源资产的区别

资源与资源资产两者之间,既有密切的联系,又有很大的不同。资源是资源资产的源泉,资源管理是资源资产管理的基础,把资源变为资源资产是人类经营资源活动的经济目标,是社会投入资源管理的重要动力。因而,要把对资源的资源管理与资源的资产管理区别开来,同时又要把两者有机地结合起来,实行资源管理与资源资产管理并重的原则,才能真正管理好资源和资源资产。从以上的概念中我们看到,作为资产,首先必须是一种经济资源,资源资产是一部分资源资产化的表现形式,其物质内涵具有一致性。但由于资产与资源分属于不同的管理范畴,因而有显著的区别。资源揭示财富的物质属性,主要以实物管理、数量管理为基础;资源资产要揭示财富的经济属性,目标是对资源进行经济补偿或价值实现,以价值管理为核心。资源的取得或者是天然形成的,或者是人的劳动与自然环境共同作用而形成的。而资源资产的形成可以有3个渠道:一是由合法认定渠道,将一些资源作为资产;二是由人们通过自身劳动创造的;三是由买卖、租赁等产权交易实现的。作为资产的资源,还应当在法律上具有独立性,即有明确的属主,资产总是个体的资产,主体对其有控制权。资产应能够以货币计量,而资源主要以实物单位计量。资源资产的形成与人们认知程度有关,是在能够取得未来经济利益的现实能力后才构成资产,人们能够驾驭和享有资产的未来收益。资源资产往往以一定的技术条件为前提,通过对资源的发掘而产生。根据资产的获益性,资源中那些没有经济利用价值的因素或者在当今知识与技术条件下尚不能确定其有经济利用价值的因素不能成为资产。下列资源不构成资产:①资源在没有依法认定以前不构成资产。②尚未达到可利用状态的资源。③完全没有经济利用价值的资源。④在现有技术条件下不可计量的其他资源。

三、资源资产的特点

分析资源资产的特点,对于加强资源资产的管理具有重要意义。资源资产与其他资产相比,具有多质、多态、多途属性的特点。

资源资产包括丰富的物质内容。作为资产的主体既具有一般固定资产的特征,如位置固定性,在培育过程中有较为固定的形态等,必须依据于一定的环境因素与地理条件;也具有流动资产(原材料)的一些特征,如树木在采伐后,一次性消耗。树木作为木材生产的原料,它既非固定资产,也非流动资产,对林业企业来说,应单独作为一类资产来管理。资产经营的目标具有多元性,体现在资源经营必须考虑其经济目标、生态目标和社会目标,体现总体效益最佳的原则。这里既有经营性的一面,也有非经营性的一面。另外,每一项具体的资源资产在经营过程中也必须考虑这些因素。

(一)有 用 性

有用性是指存在的物质的使用价值,可为人类所利用并能给人类带来一定好处。这里需要明确的是,能成为资源资产的物质必须有使用价值,而具有使用价值的物质,未必都能形成资源资产,如太阳辐射能资源,有使用价值,人类利用太阳能可取得收益,但是,太阳能如果不能变成贮存资源,则它不能成为资源资产。

(二)有 限 性

有限性意味着人类认识自然、利用和改造自然的有限。如矿产资源随着开采,其储量渐趋耗竭;草地资源不加以保护,也会沙漠化,而逐渐萎缩等等。

四、资源资产管理的特点

所谓资源资产管理,简单地说就是将资源作为生产资料构成的资产来管理。这种管理具有如下几点特征。

(一)资源资产的所有者权益

我们知道,任何一项所有权在现实经济生活中的意义,不是所有者在名义上对物的拥有,而是拥有该物所能给所有者带来的经济利益,或所有者希望从它得到其他方面的利益。作为经济资源,所有者拥有所有权的意义,就是由这种经济资源的利用取得合法的经济利益,否则,这种所有权就没有任何价值和意义。

(二)自我积累增值性

资产同普通财产的基本区别之一在于前者是生产性的,能够在社会的再生产循环过程中不断地增值和积累。有观点认为,自然资源的量在一定的条件下是有限的,而且是不能由人们再生产出来的,自我增值和积累不可能。这种论点仍只是从自然资源的使用价值和物理性质来思考问题。我们不否认,资源与一般性资产在自然特征构成上的差异,但更要承认它们作为社会的生产资料,作为经济资源构成上的共同特征,认识它们能够参与商品生产和流转的共同性。这样,资源在社会再生产,特别是商品再生产中的自我增值和积累就是理所当然了。当然,这种积累在自然形态上有特殊性,如矿产品开采,它的补偿和积累不是将开采完的矿产品再生产出来,而是指将第一个矿产品开采中的收益用来再投资,进行新的同类或不同类矿产品的开采。如果前一时期积累的资金能够开发与前一矿井同样生产能力的新矿井，对社会而言，就是求得了资源再生产的完全补偿。如果生产能力更大一些，就有了积累，形成了扩大再生产。所以，资源开发、利用中的自我补偿、增值、积累，主要指的是价值运动。

(三)产权的可流转性

市场经济的实践证明，生产要素没有流动性(即要素产权没有流动性)，其资源配置的合理化就极难形成，产业结构的调整就十分困难，资源也很难充分合理利用。因此，对资源实行资产化管理，一个十分重要的特点就是要使资源具有产权流动性，使资源产权可参与到商品交换过程中去。当然，资源产权流转性有自己的特殊性。这要求国家或地区制定专门的法律或法规来规范资源产权的流转，管理资源产权市场。

五、资源资产化管理的必要性

对资源资产进行管理，是合理开发、利用和保护资源的需要对资源性资产来说，如果缺乏一个能够有效进行自我调节、自我约束的运行机制和管理手段，那么就会导致资源性资产开发利用秩序的混乱，导致资源利用率低下，环境恶化。比如说，过去，中国国有资源所有者代表人格化的问题没有解决，使得国有自然资源所有权与开发经营权、使用权不分，形成了谁开发、利用就归谁所有，或谁强占就归谁所有。其结果是企业缺乏珍惜、保护国有资源的责任心，乱开、乱采、滥用经常发生，企业的经营利润往往以大量牺牲资源为代价而获得，合理开发、利用和保护国有资源成了停留在文件上的"空话"。

(一)对资源资产进行管理，是规范资源资产产权交易的需要资源，是一定国家或所有者宝贵的财富

然而在现实社会中，资源资产产权，尤其是国有资源资产产权常常在不同程度上存在着非法或不规范的交易，其主要类型大致可归纳为下列几种。

(1)国有国营资源企业与其协作企业之间的"合法"变相转让。

(2)非法有偿转让。转让方一般是国有国营自然资源企业，受让方多为集体、个体企业，其有偿权仅体现为收取一定的使用费管理费等。

(3)非法无偿转让。这种转让也有"有偿"的一面，表现为收取一定的佣金(或红利)，且仅限于受转让方与转让方个别人或少数人之间。

(4)非法强占等。

这几种类型的非法或不规范的资源性资产产权交易，突出地反映了国家对国有资源性资产所有权管理的软弱无力。国家作为资源性资产所有者的合法资产收益受到严重侵害。

(二)对资源资产进行管理，是提高资源管理水平和经营效果的需要

自然资源的资产化管理，将按经济属性对资源与资产的界限进行划分，并将原来的数量管理与价值管理相结合，从而提高资源管理水平。如自然资源有了客观的价格，不仅消耗自然资源的经济价值有了客观的反映，也为自然资源交易价格的确定提供了客观的依据。人们可以真正按资产的属性去经营自然资源，这将使自然资源作为重要的生产要素

在市场作用下合理流动。现代市场经济的主要特征是产品、生产资料、企业产权等能作为商品在市场作用下合理流动。这种流动有利于优化资源配置,盘活存量资产,节约交易成本(transaction cost)。在企业内部实行商品化经营的条件下,自然资源资产核算成为企业内部效益考核的主要依据。所以资源资产化管理适应了市场经济的要求和现代企业运作的需要,能够从根本上提高企业资源管理的水平和企业资产经营的效果。

(三)对资源资产进行管理,有利于界定产权,理顺价值补偿与价值实现的关系

资源资产的形成,或者由借款形成,或者由投资形成,或者依法认定而形成。因而通过对资源资产数量和价值的核算,有利于产权的界定与计量,保护债权人、投资者的合法权益。另外,资源的价值形成有很大的特殊性,不完全依赖于人类的劳动。将资源作为资产有利于分清价值补偿与价值实现的关系。资源的再生和利用是一个完整的生产过程。在连续生产过程中,培育资源的成本应该计入产品成本,在最终产品中得到补偿。在资源发生产权变动条件下,应该按现行市场价格实现资源培育的价值。资源资产化核算反映了自然培育和利用的自然规律和经济规律,因此是一种理想的补偿和实现方式。因此,实行资产化管理从根本上理顺了资源价值补偿与价值实现过程中的经济关系。

六、中国对资源实行资产化管理的可行性

从我国目前资源管理状况看,已经基本具备了对资源实行资产化管理的条件。

社会主义市场经济体制的建立为资源实行资产化管理创造了必要条件。只有在市场经济条件下,资源的配置由市场来调节,以经济管理手段为主要管理手段,资源才能进入市场,作为一种资产来进行运作,以达到优化资源配置的目的。

初步估算我国的耕地面积为 9.62×10^5 km^2;自然的保有林地为 8.3×10^4 km^2,活立木总蓄积量为 105.7 亿 m^3;草场为 4×10^5 km^2;淡水资源总量为 2.8 亿 m^3;目前已发现 162 个矿种,矿化点和矿产地 20 万处;享有资源主权的海域面积 300 万 km^2,有 2×10^4 km^2多的滩涂,1.2×10^5 km^2 15 m水深以内的浅海,18 000 km长的大陆界线,6 000多个岛屿和大量适用于建深水海港的港湾。根据资源的特点,这个总量在若干年内不会有太大的改变。

国务院发布了一系列的资源管理法规,并在一定范围内收取了资源使用费。如《中华人民共和国水法》第三十四条规定:“对城市中直接从地下取水的单位,征收水资源费;其他直接从地下或者江河、湖泊取水的,可以由省、自治区、直辖市人民政府决定征收水资源费。”原水电部从 1983 年起,就大力宣传工程供水的商品属性,研究制定供水有偿服务、等价交换、按成本收费的政策。1985 年 7 月,国务院颁布了《水利工程水费核定、计划和管理办法》。该《办法》总则第一条明确规定:“为合理利用水资源,促进节约用水,保证水利工程必需的运行管理、大修和更新改造费用,以充分发挥经济效益,凡水利工程都应实行有偿供水。”1990 年 3 月,《国务院办公厅关于贯彻〈水利工程水费核定、计收和管理办法〉的通知》又强调:“多年来用水浪费的现象普遍存在,其重要原因之一,是由于水费标准过

低。”水费标准过低的原因，主要是没把水资源费计入成本，水经营部门、单位是作为事业单位管理，因而根本没有成本核算。1990年4月，水利部发布的《水利工程施工招标投标工作管理规定(试行)》中总则第二条规定：“凡列入中央和省、自治区、直辖市水利基本建设计划的大中型水利工程项目(包括新建、扩建、改建、加固)，均应按本规定进行招标。地方小型工程的招标，可参照执行。”这是水利工程建设向市场化过渡迈出的第一步，为实行水资源资产化管理打下了一定的基础。《中华人民共和国矿产资源法》第五条规定：“开采矿产资源，必须按照国家有关规定缴纳资源税和资源补偿费。”《中华人民共和国土地管理法》规定：“国家依法实行国有土地有偿使用制度。”这些都是对资源实行资产化管理的初步法律依据。全国各地对所辖的各类资源都制定了相应的收取资源补偿费的办法、标准等，对资源资产管理也起到了刺激的作用。

全国资源部门从事科研、教学、勘探、设计、行政管理的人员及在资源行业工作的人，有一个十分庞大的队伍。经过多年生产建设实践，他们熟悉资源管理的各项业务，为实行资源资产化管理提供了必要的人员、技术条件。

世界上资源比较丰富的国家(无论是发达国家还是发展中国家)，对国有资源都实行的是资产化管理(或有偿使用资源)。这为我国国有资源实行资产化管理提供了可以借鉴的经验。

现阶段，我国资源性资产的市场机制已经初具规模。在对资源实行有偿使用的同时，各地资源管理部门在开发、利用资源的过程中积极引入市场化机制，各种资源的所有权、经营权转让，以资源性资产进行合资、联营、租赁、抵押等经济行为时有发生，在交易形式上也出现了拍卖、招标、议价等多种形式，交易制度日趋完善。为资源性资产走向市场的各种服务性中介机构体系也已初步形成。

七、中国资源资产管理的目标、原则及基本要求

(一)资源资产管理的目标

在社会主义市场经济条件下，资源的配置主要是运用经济的、法律的手段。对资源实行资产化管理是与市场经济相适应的一种管理手段。从总体上讲，资源资产化管理的目标主要是：经过对资源的资产化管理，使资源的所有权和经营权适当分离，使国家对资源的所有权在经济上得到实现。经过对资源的资产化管理，使资源的培育、保护和发展走上良性循环轨道，以便资源业的经济效益、生态效益和社会效益同步实现。经过对资源的资产化管理，把资源纳入国民经济核算体系，使资源的价值得到反映和补偿。经过对资源的资产化管理，使资源产权流转转变为现实，使资源参与到商品交换过程中去，进而加入到社会主义市场经济行列。

(二) 资源资产管理的原则

对国有资源实行资产化管理是资源管理体制的一次重大转变，也是全国经济体制改革的重要组成部分。国有资源资产管理的新办法、新体制的确立有赖于经济体制从

宏观到微观的改革,有赖于政府部门职能的转变,以及新的经济运行机制的有效运转。

资源资产管理的目标是建立一种高效、科学的资源运作与配置体制——现代资源经营制度和资源产权市场,使得被消耗的资源得以再生和重建,存量有限的资源得以最有效配置,并最大限度调动起社会各方面对其的投入,使得资源开发与利用在高水平、高起点上得到和谐统一和相互促进,建立起持续、高产、高效、稳定发展的资源产业经营运作体系。实现这一目标的核心问题是产权市场管理,关键是资源的价值补偿与价值实现。为实现这样的目标,在对资源资产进行管理时,必须遵循以下10个原则。

(1) 对国有资源实行资产化管理要有中国特色。

(2) 把握重点,先易后难,循序渐进。

(3) 可持续发展原则。

(4) 市场化原则。

(5) 强化国家产权管理原则。

(6) 效益原则。

(7) 合理协调原则。

(8) 价值补偿与价值实现原则。

(9) 资产化管理与转轨建制相结合原则。

(10) 明确资产管理与产权管理的关系。

(三) 资源资产管理的基本要求

在资源资产管理中,资产管理的核心是产权管理。要发展社会主义市场经济,深化体制改革,就必须加强对资源产权的管理。要实现对资源产权的管理,必须建立和完善一系列的经济技术条件。

(1)把政府对资源的行政管理职能和所有权的职能区分开来,这是对资源资产管理的首要条件。

(2)建立和健全具有权威性的资源产权管理机构。

(3)资源资产商品化,确立科学的资源价格理论和科学的定价方法。

(4)资源产业化和坚持可持续发展的战略,是对资源资产管理的必要条件。

(5)加强资源核算,把资源的核算纳入国民经济核算体系,是对资源资产管理的重要手段。

(6)建立健全相应的政策法规,是实现对资源资产管理的政策保证。

第二节 资源资产的运营管理

一、资源资产的运作模式

在当代国际上,由于各国的经济社会制度不同,生产资料以及土地所有制的形式不同,因此,资源产权运行的模式也是不相同的。从历史和当代各国的资源产权运行情况来看,资源产权运行模式,大体上可以分为3种。

(一)以英、美等国为代表的土地所有者体系

在这种体系中,自然资源归土地所有者所有,土地所有者对其土地内赋存的自然资源享有所有权。只有土地所有者或从土地所有者那里得到许可的人,才能拥有对地表或地下的自然资源进行勘察和开发的权利。爱尔兰和南非等国家也部分采用了同英美类似的制度。但是,政府对土地所有者反对政府的行为和不与政府合作的举动拥有抑制的权力。值得注意的是,这种土地所有制度比较适合于技术不发达的时代进行小规模的自然资源勘察和开发利用。因为过去英、美等国常常因个别土地所有者反对,而使自然资源的大规模勘察和开发利用受阻。由于土地所有者的特权阻碍了政府自然资源业政策的实施,所以近代以来,英、美两国在一些地区,对一些特殊的自然资源采取了不同的政策。到20世纪70年代,英国在对石油和煤炭等矿种实行的国有化政策就体现了这一原则。法律修正案也规定了政府对土地所有者有一定的抑制权,从而保证了国家对自然资源的勘察和开发利用工作的顺利进行。

美国的土地私有者个人具有单方面封土权。该权力可以自由转让。在美国一般没有处理自然资源产权转让的专门法规。个人间的自然资源产权转让,一般依照有关处理不动产和契约的法律进行。因此,自然资源勘察者在进行勘察前,通常需要同土地所有者签订勘察契约,开发利用时需要签订租借契约或买卖契约。

(二)以日、法等国为代表的自然资源产权体系

在这种体系中,自然资源产权体制是欧洲大陆各国所采用的较为普遍的一种自然资源产权制度。它的特点是自然资源(特别是矿产资源)所有权与土地所有权相分离。如果没有申请特别权利,不能进行自然资源的勘察和开发利用。自然资源产权由政府授予勘察者或开发利用者。该体系的自然资源法律中规定的自然资源产权,不是单指对一定自然资源的所有权。这种所有权在开发利用过程中将自然资源与土地分离。所以,自然资源产权意味着对区域内未分离的自然资源的开发利用和对被分离自然资源的所有权。德国和法国的自然资源法律,对自然资源产权大体是相同的。但是,怎样分离自然资源,即具有自然资源(特别是矿产资源)所有权还没有明确规定。由此形成既有原则上为土地所有者所有之说和无主物之说,又有国家之说。该体系自然资源的法律,只是明确规定自然资源的所有权与土地所有权分离,不受任何一方约束。

(三)发展中国家的自然资源国家所有体系

这种自然资源产权制度为多数发展中国家所采用。这种自然资源产权体系,明确规定自然资源(特别是地下矿产)是国家或全民的财富,既不属于国家财产中的公产,又不属于私人财产的一种特殊财产。这种自然资源产权制度规定,自然资源产权为国家或代表国家利益的国营自然资源企业所有。这种自然资源产权体系的特点是:明确国家与自然资源的关系;确立了国家对自然资源所有和支配权力;设立国营自然资源开发利用企业,将自然资源产权授予国营自然资源企业,全权进行实际的勘察、开发利用和

处理；明确决定使用事项、生产分配，申请人进行作业等必须由国家参与指导，国家征收各种税收（生产税、关税、所得税等）以获取更大的利益；同国外企业进行自然资源的勘察、开发利用时，以本国的自然资源法律为准；解决国际间的自然资源纠纷时，在国内进行裁决，并以本国法为依据。

我国《宪法》明确规定，我国的自然资源属于国家所有。农村土地属于集体所有。如果自然资源在耕地下面，就形成了土地所有权和自然资源（特别是矿产资源）所有权的分离状况。这种状况决定了我国自然资源开发利用中的一种复杂状况；在开发和利用自然资源时，必须正确处理国家和农民、国家和自然资源勘察与开发利用企业之间的关系。我国这种体制模式与第二、三种模式有相似之处，即土地属于集体所有和国家所有，其他自然资源主要属于国家所有。

二、资源资产的会计核算

资源资产管理的核心是价值管理，价值管理的基础是会计核算。将资源资产纳入会计核算，有利于资源资产的保值增值，实现资源所有者在经济上的所有权的实现，理顺产权关系，盘活资源资产存量，不断提高资源资产经营管理的效益和水平。资源资产会计核算应遵循通行的会计核算原则，与建立企业资本金制度相联系，处理好资源价值补偿与价值实现的关系，并使价值量核算与实物量核算有机地结合起来，为有关各方面提供高质量的资源性资产会计信息。

（一）资源资产的计价

由人工投入形成的资源资产，应以累计历史成本作为计价依据。对无法取得历史成本资料的，可以以近几年实际成本水平估价入账。由于产权变动购入资源资产的，应以购入价格或评估价格计价入账。依法认定的资源资产，应以评估价作为计帐的依据。已入账的资源资产，如有后期投入，应按实际成本入账。资源资产消耗、转让、非常损失及其它损失，应按实际数额或成本数额削减资源资产的存量。

（二）资源资产会计核算

各资源资产经营单位设置"资源资产——××资产（分明细）"科目，正确核算各类资源资产的流量与存量，并逐步实现资源资产培育与利用全过程的资产核算。

自然形成的资源资产，按评估价值入账。人工投入的资源资产，按各年投入的、按生产成本逐年结转累计形成的成本入账（或在此基础上再加上资源资产本身的价值）。依法认定或产权变动所取得的资源资产按实际购入或评估的价值计价，借记"资源资产——××资产"科目，贷记有关科目。基层单位设置资源资产明细账，按购入价或评估价、生产成本、累计资源资产等项目核算，进行资料的积累和分析。资源资产在开发、利用、依法转让或遭遇到非常损失时，应按一定的标准结转资源资产的数额，减少其存量。

（三）资源资产权益的核算

国有资源资产包括由国家投资、专项拨款、资源开发利用基金等形成的国家权益，以及依法认定的天然资源资产等价值形成的国家权益。每年由国家权益形成的资源资产,按相应的资金来源转入资本公积(即资源资本),借记“专项应付款——资源占用费”等科目,贷记“资源资本(可分明细)”科目。根据有关规定,企业重组、合资等使产权发生重大变动,应对包括资源资产在内的全部资产进行价值评估和产权届定,登记实收资本,以正确计量各投资主体的权益。尚未纳入“资源资产”账户的资源资产的开发、利用时,仍按现行的有关规定进行核算和考核。

(四)财务报告与考核

资源资产会计核算后,资源资产及相关权益的数额应在年终资产负债表中单独予以反映,资源资产年末余额,以“资源资产”项目列于“无形及递延资产”项目之后,“资源资本”科目年末余额,以“资源资本”项目列于“实收资本”项目之后。

资源资产纳入账内核算的评价考核指标及其他管理方面的问题,由财政部等有关部门制定。

资源资产会计核算以后,企业可结合有关实物量指标进行资源资产消长变动的分析,加强资源资产保值增值的实物基础管理工作。

三、资源资产的评估及管理

(一)资源资产评估的依据及价格的实质

资源资产评估即是对资源资产在现实情况下有偿取用价格的估计或评定。这种“有偿取用”是运用资源使用权所获权益的本金化来实现的。

(二)资源资产评估的依据

资源资产的评估必须根据我国有关法律、法规进行。目前已规定的有关法规有:森林法、草原法、渔业法、矿产资源法、水法、野生动植物保护法、海洋环境保护法等。

资源资产的评估还要依据于依法界定的产权。按照国家法律规定,资源资产属于国家所有,法律规定的属集体所有的除外。国有资源资产只能转让开采权、使用权,而且这两权要经国家批准,核发许可证。

(三)资源资产的价格构成

资源资产的评估有3种不同类型的价格:一种是资源补偿价格,一种是资源的地租本金化价格,第三种就是资源的底价。资源补偿价格是维持资源的再生产或开发替代资源,以及补偿资源保护、开发的追加劳动所需消耗的价格。例如,征用草原要支付草原复种费用,开发矿产资源要支付土地复垦、青苗补偿和居民搬迁等费用。资源的地租本金化价格,就是根据资源使用的绝对收益和级差收益,按社会平均资金利润率还原本金的价格。资源底价是指资源作为具有垄断性的资产所具有的垄断价格。无论资源是优是劣,只要能被利用,都由于稀缺和垄断而要求支付取得使用权价格。

1. 资源补偿价格

资源补偿价格的构成,包括以下3部分。

(1)再生资源的再生产费用。再生资源的种类不同,其再生产费用也不同。自然再生资源的再生费用主要是与保护资源相关的各项费用。而依靠人工再生的资源,则应计算人工再生产的一切费用。

(2)替代资源的开发费用。遇有不可再生资源可用量有限,迫于持续需求的压力,必须开发替代资源。对于替代资源的开发费用,在该不可再生资源服务于人类的期间内,适当地预提,对于保证人类社会的均衡发展是十分必要的。国家对某些不可再生资源开征税费,如矿产资源补偿费,就带有这种性质。

(3)损失补偿费用。资源资产转让往往给转让方带来直接损失和不便。例如转让林地搞工业区不仅失去蓄木,造成直接经济损失,而且减少了林农的劳动就业手段,因而应计入征用林地的成本,由受转让方给予补偿。

资源补偿价格的各项构成,有的需按实际发生数进行核算和评估,具体方法可参照其他各类资产的成本价格的评估方法;有的则由国家明确规定,应严格按国家规定评估。

2. 资源的地租本金化价格

地租本金化价格的构成。资源资产的地租本金化价格,就是根据资源使用的绝对地租和级差地租,按适用本金化率还原成本金的价格。它包括以下 3 部分。

(1)绝对收益。绝对收益,即指资源资产不论是优等的还是劣等的,由于其独占性和有限性,都能在社会平均利润之上加价。在社会主义市场经济条件下,合理加价要考虑资源补偿费用和节约利用资源等双重因素。

(2)级差收益。级差收益,即指资源资产因其反映资源禀赋的等级不同,较高等级的自然生产要素可以带来较多的超过平均利润的差额收益。

(3)绝对收益和差额收益,在资源资产所创造产品的价格中得到补偿。要取得资源资产的使用权,就得支付超额收益的本金化的价格。评估资源资产的价格,离不开超额收益,即绝对收益和级差收益这两个关键因素。

3. 资源资产底价

资源资产底价是剩余超额收益现值价格。它与地租本金化价格不同的是:不是通过地租的本金化,而是以中等品级资源为准,通过倒算的方法,在扣除一切耗费、利税、利息及高出中等品级的超额收益之后,求得资源本身的固有的效用价值的货币价格。由于计算起来很复杂,国家往往要从法律上做些规定,如土地每亩的底价,那么,评估过程中也可按国家规定进行。

(四)不可再生资源资产评估

按照资源分类,不可再生资源包括两类:一是矿产资源;一是地质资源。地质资源是直接进入消费过程给人以舒适而产生的价值。由于目前我国还没有把它正式列入资源序列,所以也就很难把它作为资产来管理。矿产资源是国民经济建设和发展的物质基础。

1. 矿产资源资产价格构成

(1)矿产资源资产价值。矿产资源在没有被人类发现之前,处在自然状态下时,人们无论如何也不知道它是否有价值。只有人们发现了它,并且确认它是具有使用价值的矿产资源,这时人们才把它从感觉到的自然物升华到矿产资源,并被人们所垄断。由于"使用价值总是构成财富的物质内容",这时人们可以认为矿产资源有了价值。正如马克思所说的那样:"凡是自然力能被垄断并保证使用它的产业家得到超额利润的地方(不论是瀑布,是富饶的矿山,是盛产鱼类的水域,还是位置有利的建筑地段),那些因对一部分土地享有权利而成为这种自然物所有者的人,就会以地租形式,从执行职能的资本那里把这种超额利润夺走"。那么,构成这种"财富"的矿产资源,经过勘察劳动投入,最后形成储量矿产资源(区别于自然矿产资源),并可供社会使用,这时又有了劳动投入所产生的价值。只不过这种价值不像商品价值那样:"是从商品的交换价值或交换关系出发,才探索到隐藏在其中的商品价值"。而是处于可以实现交换但尚未实现交换状态下所隐藏的潜在价值。这时的矿产资源仍然没有脱离自然资源属性。

(2)矿产资源资产的权益价值。矿产资源资产在市场交易中除矿产资源实物交易外,还包括产权的交易,它是以货币为媒介的权利的交易,是无形交换。根据矿产资源资产附着的权利,这里应包括矿产资源资产所有权的权益、采矿权的权益。作为矿产资源资产只能是出让使用权。所以,所有权的权益主要表现在出让资源使用权时应获得的收益。矿产资源资产的收益价值是指所有者出让使用权而获得收益的价值,不包括采矿权人获得收益的价值。使用权没有具体的实物,是一种依附于实体的无形产权。只能在交易中去体现。所以,这种权益的价值是通过使用矿产资源资产的租金预测来确定的。也就是说对于拥有支配该项资产现在和将来所有服务的权利的代价。这种价值是收益现值法评估的依据。

(3)地勘成果资产的价值。由于地勘成果不是批量生产,而是个别生产,其价值不仅包括地勘成果生产者富有独创性的、复杂的脑力劳动创造的新价值,还包括地勘成果生产过程中耗费劳动资料及劳动对象所转移过来的价值、地勘成果资产的转移价值。凝结在地勘成果中的劳动是综合性劳动。如果我们把各种劳动具体化,它包括使用各种勘探手段所耗费的劳动、辅助生产所耗费的劳动、编写地质报告所耗费的劳动、各种测试所耗费的劳动。它们所转移过来的价值,是成本法评估的依据、矿产发现权权益价值。凝结在地勘成果资产中的矿产发现是一种特殊的脑力劳动,这种劳动为人类创造了巨大的物质财富,应该享有充分的矿产发现权的权益。这种权益价值不是用投入的必要劳动时间来决定的,而是由矿产发现的贡献来决定的。贡献值即是地勘成果资产的价值。这种价值是收益法评估的依据。

2. 矿产资源资产的评估方法及适用范围

矿产资源资产是一种单纯的资源资产,总的来讲其评估方法并不复杂。但由于其耗竭性、长经济寿命、利用不充分性、实现价值的依附性,再加上资产本身的权利特性等诸多原因,其评估方法又不是那么简单,关键在技巧和各种参数的选择上。矿产资源资产的评估价格构成包括5个方面的内容:一是采矿权益;二是对资源耗竭的补偿;三是对生态环境破坏的补偿;四是勘探的补偿;五是矿产发现权权益。这5项内容决定了它有3种评估方法,即底价法、收益现值法、市价法。各种方法不但针对其评估目的,同时也针对其评估内容。在价格构成的5个内容中,采矿权益大小要根据矿产资源贫富程度决定的超额收益情况而定;资源耗竭的补偿可根据补偿标准直接计算,也可按资源价值间接计算;生态环境补偿是根据土地复垦的预测费用计算;勘探是指对其劳动耗费的补偿。据此,矿产资源资产评估价为:

$$P_z = P_d + H_p + Y_b + P_p + K_j$$

式中 P_z——矿产资源资产净价;

P_d——矿产资源资产底价;

H_p——生态环境恢复补偿费;

Y_b——矿产资源补偿费;

P_p——勘探耗费的补偿费;

K_j——矿产发现权权益补偿费。

(1)底价法。转让开采权的权益是使用租金,即使用者必须交付的使用费,这是所有者的权益。从理论上说,转让矿产资源使用权,其所有者应该获得的租金是绝对地租;从具体操作上说是以评估底价,按比例收取的使用费。底价的计算原理是根据资源丰度不受任何勘察成本和开采成本的制约,即不管投入多少劳动消耗,都不会改变资源的丰度。但同样的劳动耗费获得的不同品位的矿石销价却不一样。探明矿床的矿石最高地质品位、最低地质品位及平均地质品位都是已知的,据此可以求出在这样一个品位段里每升高一个单位品位级的收益增量,再按该矿床的平均地质品位的收益量,计算总储量的总收益量,就是该矿产资源资产的底价。利用同样原理,对不同矿产资源的品位级都可计算出其收益增量,也就不难计算矿产资源资产的底价。现在我们将它转换成计算公式:

$$P_d = \Delta L \times C_p \times Q_j$$

$$= \frac{1}{n} \cdot \sum_{i=1}^{n} (py_i - s_g - s_k) \times (C_p - C_o) \times Q_j$$

式中 P_d——矿产资源资产底价;

Q_j——矿产的探明工业储量;

ΔL——矿石单位品位(品级)的平均收益增量;

P_y——该矿石不同品位(品级)的不同销价;

S_g——该矿石的开采成本;

S_k——该矿石的勘察成本;

n——不同矿石品位(品级)的个数;

C_p——该矿体的矿石平均品位(品级);

C_o——该矿体的矿石边界品位(品级)。

如果计算租金,则可根据当期国家的安全利率,计算出租金额;再按使用年限求其现值,即:

$$K_u = \sum_{i=1}^{n} P_d \times v \times \frac{1}{(1+r)^i}$$

式中　K_u——矿产资源资产使用租金现值;

v——当期安全利率;

r——适用贴现率;

n——使用年限。

(2)收益现值法。收益现值法与底价法有些近似。因为矿石的高品位(富矿)可为使用者带来高额的收益,如果超过平均品位的收益额又可获得超额级差收益。评估该项矿产资源资产时,可在底价基础上再加上超额的折现值。相反,对于不能获得超过平均收益的矿产资源资产,超额级差收益出现负值,那就要在底价基础上扣除差额部分的折现值。所以,收益现值法是考虑了超额收益或缺额收益的更高层次的评估,其计算方法是:

$$\begin{aligned} W_p &= \sum_{i=1}^{n} (W_{a_i} - W_b) \times \frac{1}{(1+r)^i} \\ &= \sum_{i=1}^{n} (E_{p_i} - S_{j_i} - Y_{s_i} - Y_{q_i}) \times (1-\delta) \times \frac{1}{(1+r)^i} \end{aligned}$$

式中　W_p——矿产资源资产净价;

W_a——年收益额;

W_b——部门平均收益额;

E_p——年销售收入;

S_j——年经营成本;

Y_s——资源税金;

Y_q——其他税金;

δ——部门平均收益率;

r——适用折现率;

n——计算年限。

(3)市价法。目前,矿产资源资产的产权交易在我国并不普遍,寻找一对相同的矿产资源资产交易价格还很困难。所以,采用市价法的时机不太成熟。但随着市场经济的发展,矿产资源资产产权交易会逐渐增多,当形成一定规模后,大致相似的参考对象也不是绝对没有的,利用市价法进行评估的可能性还是存在的。因此,不能排斥使用市价法对矿产资源资产进行评估。采用市价法进行评估时,要注意以下几个问题。

①在市场调查中,要坚持寻找矿种相同、自然成因类型相同、工业类型大致相似的参照资产,规模可以不要求一致。这时要注意参照资产的成交时间、成交地点、使用情况、预期效果以及有关资料的可靠程度。

②对比分析被评估资产与参照资产的差异,特别是矿石品位、品级、有用有害成分构成,采取性能等差异。

③再根据差异程度,合理选择有关参数进行调整。计算方法为:

$$P_s = P_x \times u \times \eta$$

式中 P_s——矿产资源资产净价;

P_x——参照物资源资产价格;

u——规模调整系数;

η——品位调整系数。

(五)地勘成果资产评估方法及适用范围

资产化后的地勘成果资产具有很强的垄断性、地域性和特殊性、能够使同量的矿产资源发挥极不相同的作用,如富、近、浅、易矿床与同规模的非富、近、浅、易矿床,所产生的经济效果截然不同。所以,地勘成果不是作为一般资产或其他生产资料来转让,“而是作为获利能力来转让,它的价格主要不是按其物化的价格,而是按其带来的价值来买卖”。也就是说,地勘成果资产当以资产收益现值来转让,即是对未来超额收益的分配。由于交易的时空、方式的不同,我们提出以下几种评估方法。

1. 自创自用的地勘成果资产的评估方法

对同一个矿区(矿产)而言,当低精度勘察阶段地勘成果资产化后,被高精度勘察阶段所利用,高精度勘察阶段的地勘成果的生产成本,应该包括前期低精度勘察阶段地勘成果资产的价值。这就是自创自用的真正含义。由于地勘成果的劳动耗费一般都有账面价格,或者有所投入的实物工作量。因此,其评估方法有两种。

(1)历史成本法。由于自创自用不发生产权交易,可以不运用现行成本,只确定该资产的劳动耗费。由于历史原因没有形成地勘成果总成本的,需要根据地勘成果资产的生产耗费重新估算。又由于这里既不考虑货币的时间价值,也不考虑货币贬值因素,完全利用账面原值,故称“历史成本法”。计算公式为;

$$P_n = \sum_{i=1}^{n} S_{a_i} \times (1 + \varepsilon)$$

式中 P_n——自用地勘成果资产的历史成本;

S_{a_i}——各种劳动耗费;

ε——管理费分摊系数;

n——劳动投入项数。

(2)重置成本法。自创自用的地勘成果资产,虽然不发生产权交易,但被利用的地勘成果资产形成的时间较早。为了能与现期堪查阶段生产成本相匹配,或者为了资产保全,可将资产早期所投入的物化劳动量和活劳动量乘以现行市价,计算该项资产现值成本,用公式表示为:

$$P_b = \sum_{i=1}^{n}(U_{b_i} \times P_{u_i}) \times (1+\varepsilon)$$

式中　P_b——自用地勘成果资产的现值成本;

U_b——各种劳动投入量;

P_u——相对应的劳动量现行市价。

如果账面原值很齐全,也可利用当年利率或物价指数调整帐面值,作为地勘成果资产的重置成本。

2. 外购地勘成果资产的评估方法

自创自用的地勘成果资产,原则上不离开本企业。一旦离开本企业的地勘成果资产,原则上不离开本企业。一旦离开本企业而又不是投资入股或者向行业外转让,则成为行业内的卖出或外购资产,这时就发生产权交易。其评估方法为在重置成本基础加上利润,计算资产的价格。计算公式为:

$$P_c = P_b + L_m + D_j = P(1+\eta) + D_j$$

式中　P_c——外购地勘成果资产评估价格;

L_m——利润额;

D_j——当期勘探登记费;

η——成本利润率。

3. 以投资为目的的地勘成果资产的评估方法

以地勘成果资产投资,其成果必须是最终地勘成果,而所依附的矿产资源实体也必须是探明了的。当其资产化后,以整体资产的价格入股,其评估方法首先要测出重置成本,然后测算其获利大小,确定地勘成果资产的价格,即收益成本法。全额计算公式为:

$$P_c = S_y \times (1+F) + L_m + L_n$$

式中　P_c——投资的地勘成果资产评估净价;

S_y——地勘资产全过程重置成本;

L_n——应分摊的超额利润。

$$L_n = M_x \times W$$

$$W = \frac{M_v}{S_y \times (1+F) + G_c}$$

式中　W——收益分配率;

M_v——收益现值总额;

G_c——矿山建设总投资；

M_x——超额利润总额；

F——全过程堪查风险系数。

由于矿产资源的开发受国内外经济形式的影响，以及开采技术经济条件和地理位置的制约，其获利能力有很大的差异。因此，在上述计算方法的基础上，按获利能力的大小来确定地勘成果资产的价格，其定价方式可分以下几类：

当超额利润>0 时，$P_c = S_y \times (1 + F) + L_m + L_n$

当超额利润≤0 平均利润时，$P_c = S_y \times (1 + F) + L_m$

当平均利润 = 0 时，$P_c = S_y \times (1 + F)$

当平均利润<0 时，资产无价或者从重置成本中扣亏损额降价评定资产价格。在应用上述评估方法时，如果所投资的地勘成果资产包含前期矿产发现权，则须计算权益价值，计入该项资产评估价格。

4. 一次性转让的地勘成果资产的评估方法

在地勘成果资产产权交易中，所有者或法人财产所有者并不以资产合资、合作、联营，不以股份分红或者不在企业未来经营中获得利益为目的，而是一次性终极成交，使用该项资产的未来收益好与坏与转让者无关。这种交易为一次性转让。它的价格就不像以投资入股评估那样，只有一种转让价格。这种资产价格的计算公式为：

$$P_h = J_p \times \sum_{i=1}^{n} J_{p_i} \times \frac{\delta}{(1 + r)^i}$$

式中 P_h——一次性资产转让全价；

J_p——$S_y \times (1 + F)$。

（六）可再生资源资产的评估

在可再生资源中，有些资源如气候资源都存在一种非垄断性和非专有性，没有专有权的财产就不可能取得使用的代价，所以，它们不可能形成资产。真正能够形成资产的只有土地资源，陆地生物资源(包括森林、草原、野生动物)，海洋资源中的生物资源和海底矿藏。在这些可再生资源性资产中，土地资源已被列入房地产物业产权评估系统；海底矿藏已被列入矿产资源资产的评估系统。这样，可再生资源性资产评估主要涉及陆地生物资源和海洋生物资源。那么，可再生资源性资产就可简化为生物资源性资产。不过这里须指出的是：在海洋生物资源中，那些不可能划定固定海域的生物如鱼类，就难以被确认为专有性财产，所以，它也不可能成为资产。真正能作为资产评估的，只有那些能够划定区域具有专有性财产的生物资源。从目前我国生产要素市场的交易情况来看，还没有发现进行森林和草原资源资产产权交易。

可再生资源资产评估方法总的原则是：除计算实际追加劳动的费用外，还要根据评估对象的实际情况，按照国家有关的法规与土地评估计价同时进行的计费标准。

一般评估方法有收获收益现值法和轮作最优法。

1. 收获收益现值法

任何一项生物资源都存在幼小期、成熟期、衰老期的生长过程,使用该项资源资产时,就要考虑何时收益价值最大,也就是收获收益最大化法。评估中除计算收获收益外,还要计算应补偿的费用和初始的投资。计算的方式为:

$$A_p = \left(\frac{B_t - C_t}{(1+r)^t} - P_h\right) + H_a$$

式中　A_p——可再生资源资产的评估净价;

B_t——在时期 t 中的销售价;

C_t——在时期 t 中的生产成本;

P_h——初始时期的投资;

H_a——保护性补偿费用;

t——生物资源生长期(年)。

这种方法适用于作为一次性转让的一级产权交易。至于土地的评估价按土地评估方法进行。

2. 轮作最优法

对于任何一项可再生资源资产,所有者仅仅希望其收获净价最大化是不够的。因为,生物资源所生长的土地或者水及海洋水域,既可用来生产这种生物,也可以用来生长另一种生物。使用者在使用可再生资源时,就会周密计划在什么时候养殖这种生物最佳,而在另外一个时候或交叉或接续养殖何种生物最佳,这就是轮作的最优选择。它意味着在这项可再生资源资产中,使用者要从生物资源中获得最高收益。而所有者也必然从这最高收益中,获得他应该获得的最大收益。所以,评估就从这种预测轮作中取得可再生资源资产的最优计划。计算公式为:

$$B_b = \sum_{i=1}^{n} \frac{B_{t_i} - C_{t_i}}{(1+r)^i} - P_h + H_a + K_0$$

式中　B_b——可再生资源资产轮作总净价;

K_0——体现在再生资源生长地中的资本化时期 0 的现值;

i——轮作生物种类 ,$i = 1,2,3,\cdots,n$。

复习思考题

1. 什么是资源资产,其主要特点有哪些?
2. 为什么要实行资源资产管理?
3. 简述我国资源资产管理的目标和原则。
4. 试分析现阶段我国资源资产管理的改革措施。

第九章　资源核算管理

资源是经济发展的物质基础,是社会再生产的基本要素之一。资源的核算既是独立的系统工程,也是整个国民经济核算体系的一个重要组成部分。资源的核算,既包括存量的核算,也包括流量的核算;既要有实物形态的核算,也要有价值形态的核算;既要对各类资源分别进行核算,也要进行综合核算。同时,把资源的核算同国民财富增长变化的核算以及国民经济运行所使用的投入、产出方面进行的核算联系起来。我们对资源的核算分 3 个层次进行:第一层次是对每一种资源进行核算,反映它的增减变化;第二层次是对资源进行综合核算,反映资源总量的增减变化;第三层次是把资源核算纳入国民经济核算体系,全面地反映国民财富的增减变化,资本形成的规模以及国民生产总值(GNP)与净值(NNP)的实际状况。

第一节　资源的分类核算

由于各类资源的属性不同,需要分别核算。须对各类资源的变化量(增量或减量),开采量和其他损失量、存量等进行核算。其核算公式为:

期初存量 + 期内增加量 − 期内减少量 = 期末存量

设:S_0 为期初存量;Q 为实物量;P 为单位资源价格;A 为期内增加量;A_1 为期内新发现量;A_2 为期内重估增加量;D 为期内减少量;D_1 为已开采使用量;D_2 为重估减少量;D_3 为期内损失量;N_C 为期内净变化量;S_c 为期末存量;V 为价值量。

则

$$S_0 + A - D = S_c$$

$$A = A_1 + A_2$$

$$D = D_1 + D_2 + D_3$$

$$N_C = A - D$$

$$V = QP$$

其核算表式如表 9-1。

由于资源价格是资源核算的关键,而资源价格与资源产品的价格有着密切的联系,因此需要观察资源价格是如何形成的。即它是由哪些因素构成的,它与相应的资源产品的国内市场平均价格以及国际市场平均价格之间存在着怎样的对比关系。资源的价格个其他产品的价格一样，在一定时期内不是固定不变的，随着市场供求关系的变化，资源价格也会变动。因此，还须观察资源价格在不同时期内的变化状况，进而为制定正确的资源价格政策提供依据。有关资源价格的理论、定价方法见前面的章节。这里就核算公式作些说明。

表 9-1　单项资源核算表

1. 资源名称
2. 类别
3. 报告期
4. 填报单位

	计量单位 A	实物量 B	单价 C	价值量 D=BC
5. 年初存量				
6. 年内增加量 (6=7+8+9)				
7. 新发现量				
8. 重估增加量				
9. 生长量				
10. 年内减少量 (10=11+12+13)				
11. 开采量				
12. 重估减少量				
13. 损失量				
14. 净变化量 (14=6−10)				
15. 年末存量 (15+5+6−10 =5+14)				

设　某种资源的价格是由多种要素($f_1, f_2, f_3, \cdots, f_n$)构成，则有：

$$P = F(f_1, f_2, f_3, \cdots, f_n)$$

反映价格变动的基本公式为：

(报告期价格－基期价格)/基期价格＝价格升降幅度

设某种资源的基期价格为 P_0，报告期的价格为 P_1，则有：

$$价格变动率(\%) = (P_1 - P_0)/P_0$$

核算表式如表 9-2 和表 9-3。

表 9-2　资源价格形式与比较表

1. 资源名称
2. 类别
3. 报告期
4. 填报单位

5. 单位资源价格
6. 价格形成要素
7. 直接成本(7 = 8 + 9 + 10 + 11 + 12)
8.
9.
10.
11.
12.
13. 间接成本(13 = 14 + 15 + 16)
14.
15.
16.
17. 资源产品国内市场平均价格
18. 资源产品国际市场平均价格

表 9-3 资源价格变动表

1. 资源名称
2. 类别

××年		××年	升降(%)
3. 单位价格			

4. 填报单位

为了使资源核算同资源产品的核算连接起来,还要设计资源平衡表与资源产品部门投入产出表。资源产品部门,如林业部门,可以编制投入产出表,其横行表示林产品用到什么地方去了,纵列反映部门的生产经营活动要消耗哪些要素,产业部门和产品部门划分的粗细,主要取决于需要与可能。产品平衡的基本公式为:

期初存量 + 期内增加量 − 期内使用量 = 期末存量

期内增加量 = 期内生产量 + 进口量

期内使用量 = 期内消耗 + 出口量 + 其他消耗

国内消耗 = 生产用量 + 投资用量 + 生活用量

设:Q 为某种产品数量;P 为单位价格;S_0 为期初存量;A 为期内增加量;P_t 为生产

量;M 为进口量;U 为使用量;D_s 为国内消耗量;D_{s1} 为生产用;D_{s2} 为投资用;D_{s3} 为生活用;X 为出口;O 为其他消耗;S_c 为期末存量。

则 $S_0 + A - U = S_c$ $A = P_t + M$ $U = D_s + X + O$

$D_s = D_{s1} + D_{s2} + D_{s3}$ $V = QP$

核算表式如表 9-4。

表 9-4 资源产品平衡表

1. 资源产品名称
2. 类别
3. 报告期
4. 单位产品价格

	数 量	价 值 量
5. 年初存量		
6. 年内增加量 6=7+8		
7. 生产		
8. 进口		
9. 年内使用量 9=10+14+15		
10. 国内消耗 10=11+12+13		
11. 生产用		
12. 投资用		
13. 生活用		
14. 出口		
15. 其他		
16. 年末存量 16=5+6−9		
17. 年初年末存量变动 17=5−16		

投入产出核算的基本公式是:

$$中间投入+最初投入=总投入$$

$$中间产品+最终产品=总产出$$

$$总投入=总产出$$

中间投入是指生产经营过程中所消耗的物品与劳务,如原材料、燃料、动力、广告等等。最初投入是指从事生产经营活动最初投入的机器设备等固定资产以及人力,它由固定资产折旧、工资、福利、税金、利润等所构成。用于中间投入或中间消耗的物品与劳务,叫做中间产品。在一定时期内不再进行加工,用于满足消费、投资、出口需要的产品，叫做最终产品。从一个部门来说，总投入等于总产出。从国民经济来说，也是这样。从投入来说，反映本部门在生产经营活动中消耗了其他部门的多少东西，本部门提供了多少增加值(Value Added)，即对国民经济作了多大贡献。从产出来说，反映本部门生产的东西用到哪些方面去了，用作中间产品的是多少，用作最终产品的是多少。总的来说，反映出部门与部门之间的物质技术联系(见表9-5)。

表9-5　资源产品部门投入产出简表

产出 / 投入	中间产品		最终产品		总产出
	按产业部门分类	小计	按消费投资出口分类	小计	
中间投入（按产品部门分类）					
最初投入（按要素分类）					
总投入					

设：PC为最初投入；IP为中间产品；IC为中间投入；FP为最终产品；TI为总投入；TO为总产出。

则　$PC + IC = TI$　　　$IP + FP = TO$　　　$TO = TI$

第二节　综合资源核算

自然资源再生产是自然再生产与社会再生产过程的结合。在现代社会大生产对自然资源需求日益增大的情况下，单纯依靠自然再生产已远远不能满足需要，必须通过增加社会投入来扩大自然资源的再生产能力，增加自然资源总量，以满足今世和后代的需求。因此，必须实事求是地把自然资源再生产活动作为一种产业活动、作为一个产业部门来看待。

各种自然资源的实物量是无法加以综合观察与分析的。在商品货币的条件下，只有借助于价格这个相同的测量尺度，才能求得自然资源的总量，反映自然资源产业部门的总水平。通过第一层次自然资源平衡表中的价值量指标可以求得自然资源的总量指标。它的核算公式是：

$$期初存量 + 期内增加量 - 期内减少量 = 期末存量$$

设：S_0 为期初存量；A为期内增加量；A_1 为期内新发现量；A_2 为期内重估量；D为期内减少量；D_1 为已开采使用量；D_2 为重估减少量；D_3 为损失量；N_C 为净变化量；S_c 为期末存量。

则　$S_c = S_0 + A - D$　　　$A = A_1 + A_2$

$$D = D_1 + D_2 + D_3 \qquad N_C = A - D$$

核算表式如表 9-6、表 9-7 所示。

表 9-6　自然资源价值量综合平衡表

1. 报告期
2. 计量单位(亿元)
3. 报告单位

	合计	矿产	土地	森林	草原	水	…
4. 年初存量							
5. 年内增加量 (5=6+7+8)							
6. 新发现							
7. 重估价							
8. 生长量							
9. 年内减少量 (9=10+11+12)							
10. 已开采							
11. 重估价							
12. 损失							
13. 净变化量 (13=5-9)							
14. 年末存量 (14=4+5-9)							

表 9-7　综合资源价值净变化表

单位:亿元

	综合资源价值净变化量($\Delta R = \sum^{n} R_i, i = 1,2,3,\cdots,n$)					
	矿产 ΔR_1	土地 ΔR_2	森林 ΔR_3	草原 ΔR_4	水…ΔR_5	合计 ΔR
1991 年						
1992 年						
……						
……						

第三节　资源与经济一体化核算

如何将资源因素纳入国民经济核算体系,实现"持续发展"目标导向下资源—经济一体化核算,是当今人类社会发展过程中一个重要命题,亦是目前世界各国政府及理论界普遍关注的焦点问题。建国以来,我国所采用的国民经济核算制度,是一类单一且不很完整的经济核算制度,它基本上属于前苏联和东欧国家实行的物质产品平衡表体系(MPS)。由于它是与高度集中的计划管理体制相适应的,因而在过去的经济管理中曾经发挥了重要作用。然而,随着我国经济体制改革的深入及其经济运行机制的转变,特别是建立社会主义市场经济目标模式的确定,这一核算制度暴露出与当今宏观决策和宏观管理需要不相适应的缺陷。

针对这一问题,早在20世纪80年代初,理论界就已围绕我国国民经济核算体系改革,开始着手进行研究。1984年,国务院在《关于加强统计工作的决定》中,就明确提出要建立统一的、科学的国民经济核算制度。随着相继成立了国务院国民经济统一核算标准领导小组及全国经济核算协调委员会,具体组织和协调新国民经济核算体系的研制工作,经过8年广泛深入的研究《中国新国民经济核算体系方案》由国务院组织的论证会上正式通过,并于1992年8月已在全国范围开始实施。

新国民经济核算体系将国民经济作为一个有机联系的整体,在整体结构上把国民经济循环中实物运动与资金运动、经济流量与经济存量以及国内交易与国外交易紧密联系起来,对国民经济循环进行了完整的描述,整个核算体系由社会再生产核算表和经济循环账户两部分组成。其中社会再生产表采用平衡表和矩阵式平衡表,反映社会再生产全过程及各环节、各部门的经济活动。经济循环账户采用"T"形账户和复式记账方法,把基本核算表中各种流量和存量的基本指标连接起来,形成一套逻辑严密、结构严谨的账户体系,系统地描述国民经济循环过程中各环节、各部门间的内在联系。与原有核算体系相比,新核算体系把宏观核算范围从过去的物产领域扩大到社会所有产业,并在吸取MPS和SNA两大核算体系的基础上,根据我国实践经验,统一规定了整个经济的核算结构,指标体系和分类标准。另外,为了全面反应社会再生产过程,进一步拓宽和加深研究的广度和深度,新体系在反映生产过程、资金运动过程时,还对社会再生产自然条件进行了核算。即社会再生产核算在基本核算表的基础上,还设置了用以反映人口再生产、劳动力数量和安置情况,以及自然资源状况的3张补充表:即人口资源表、劳动力平衡表和自然资源表(见表9-8)。

新国民经济核算体系的确立和实施是我国宏观核算理论和实践的一个重大进展。它对于发挥统计整体功能,提高决策咨询水平,对于全国准确了解国民经济整体运行状况,对于改变政府管理职能,实现决策科学化都具有重要意义。然而,应当看到这一进展同当今以实现可持续发展为目标导向的社会、经济发展总潮流相比还存在相当大的局限性,这集中表现在新体系所关注的问题核心依旧是经济自身运行情况,虽然通过一系列补充表的设置,使得社会再生产核算表,在一定程度上反映了人口、资源、劳动力等社会再生产基本条件。但这种处理方法都是较为粗略简单的,并未能充分反映自然状况,同时作为非货币化(实物)核算形式(见表9-8),这种处理方式未能将自然条件核算同经济核算紧密地联系起来。因而也就依然未能彻底突破传统对发展的认识及传统国民经济核算方式,全面反映经济、社会、科技和自然资源环境状况及其相互关系。这种情况下,以新核算体系为依据,进行国民经济核算体系再改革,构建以 EDP 而非 GDP 为核心,可持续发展战略前提下绿色(Green)核算体系,已成为一项紧迫而艰巨的任务摆在广大理论界及有关部门的面前。

表 9-8　自然资源表

项　目	顺序号	单　位	数　量
一、可耕地面积	1	万 hm^2	
其中:已耕地面积	2	万 hm^2	
二、园地面积	3	万 hm^2	
三、林地面积	4	万 hm^2	
其中:有林地面积	5	万 hm^2	
四、森林覆盖率	6	%	
五、林木蓄积量	7	万 m^3	
六、草地面积	8	万 hm^2	
其中:可利用面积	9	万 hm^2	
已利用面积	10	万 hm^2	
七、淡水面积	11	万 hm^2	
其中:可养殖面积	12	万 hm^2	
已养殖面积	13	万 hm^2	
八、海水可养殖面积	14	万 hm^2	
其中:已养殖面积	15	万 hm^2	
九、海洋渔场面积	16	万 hm^2	
十、水力资源蕴藏量	17	亿kW	
其中:可开发的	18	亿kW	
已开发的	19	亿kW	
十一、矿产储量	20		
(按重要矿产分列,并列出"其中:可利用的储量,已开采量)	21		

第四节　资源—经济账户核算

账户核算作为现代国民经济核算体系中核心核算方式,在实践中具有十分重要作用。如前所述,我国新国民经济核算体系中虽采用了平衡表及账户两种核算形式,但由于账户核算形式具有系统描述国民经济循环过程各环节、各部门间的内在联系的特点,这种核算形式在整个新核算体系中同样处于中心地位。本节我们首先基于账户核算形式,阐述自然资源账户核算问题。

一、基本概念和分类

自然资源,是指在一定的技术经济条件下,自然界中对人类有用的一切物质和能量,通常包括岩石矿产资源、土地资源、水资源、生物资源等。自然资源分类有多种,目前,我国比较通用的对自然资源分类系统如下:按自然资源是否可再生可分为再生性自然资源和非再生性自然资源两大类。再生性自然资源主要是指由各种生物与非生物要素组成的系统,如土地自然资源、森林自然资源、水资源等。该类自然资源在正确管理和维护下,可以不断地被更新和利用;反之,则会遭到破坏以至消耗殆尽。非再生性自然资源主要是指各种矿物和化石燃料。其中一些非消耗性的宝石和贵重金属如金、铂、银等,能重复使用;而另一些自然资源如化石燃料(石油、天然气、煤炭等)大多数非金属矿物和消耗性金属等,则会由于大量使用消耗以至枯竭,它们属于不可重复使用的自然资源。

我们以协调性考虑并依循国民经济核算体系中"货物+劳务"分类原则,又将自然资源按其作用分为实物自然资源及环境资源两大类,这里的实物自然资源,是指能提供物质性产品供给的自然资源(如产品资源、矿产资源、森林资源、土地资源、水资源等);环境资源是指能提供一定服务的自然资源(如大气、森林、土地、水等)。实物自然资源的使用将导致自然资源在量上暂时或永久地耗尽。环境自然资源的使用则与自然资源质的消减(性能恶化)相联系。按这一定义分类,显然许多自然资源兼有二重性,既具有实物资源的特性又具有环境资源的特性,如森林等。另外,与国民经济核算中资产(人工资产)相对,我们这里沿用 SEEA 定义将自然资源又称为自然资产。

二、核算原则

根据"协调"核算的主导设计思想,这里,我们除沿用现有经济核算体系(SNA)所固有的"T"形账户基本核算形式及规则、复式记账原则和权责发生制等基本核算原则之外,自然资源核算与经济核算连接方式选择,以及具体连接账户设置方面,还遵循以下几个原则。

(一)间接性原则

近年,世界各国就如何将自然资源因素纳入国民经济核算体系提出过多种有价值的理论和方法,其中最具有代表性的无外乎两种:一是所谓直接法,即对现行国民经济核算账户体系(SNA)的概念及结构进行全面修正,增加自然资源因素,直接将自然资源核算项目融汇到国民经济核算内容中;二是所谓间接法或称卫星账户法,这一方法是在维持现行国民经济账户不变的前提下,设计专门反映环境与经济之间关系的独立账户体系,并将之作为国民经济核算核心账户的"卫星"账户(体系),间接地将自然资源因素纳入国民经济核算。由于直接法将自然资源因素直接引入 SNA 内部,因此它在全面修正传统核算体系以及保持 SNA 与经济持续发展新趋势一致方面具有较大优势,但因涉及 SNA 本身结构变化,该方法不利于历史比较,使用时工作量大且"成本"昂贵,目前已逐渐为人们所放弃。间接法通过卫星账户不仅能充分反映 SNA 核算账户中没有反映的环境因素,而且能保持 SNA 核心账户的相对稳定。该方法有利于历史比较,也便于 SNA 在各国的持续。正基于此,20 世纪 80 年代中期以来,特别是随着联合国"环境—经济"一体化核算体系(SEEA)(这里环境包括了自然资源)及(93)新 SNA 框架体系的确立,间接法的研究逐渐成为主流。

(二)边际机会成本(MOC)估价原则

作为自然资源核算与经济核算关联问题研究,不可避免地要面临自然资源估价问题。估价作为自然资源货币化计量的关键,是自然资产经济应用中最为困难的部分,按自然资源—经济一体化核算要求,自然资源核算估价同经济核算估价应保持一定的协调性。因此,对于自然资源估价问题我们这里仅考虑采用边际机会成本理论。

边际机会成本(MOC)是根据自然资源与环境经济学观点从经济角度对自然资源耗竭后果加以抽象和度量的一个有用工具,它反映了由社会负担的自然资源耗竭代价。理论上自然资源使用者所付的自然资源价格应等于边际机会成本,低于边际机会成本的价格会刺激过度开发利用自然资源,高于边际机会成本的价格会抑制合理消费。

边际机会成本由 3 部分组成。

(1)资源使用者由于消耗自然资源而偿付的直接费用 MPC,其中包括内部环境成本 MEC_1(目前中国煤炭企业成本开支中"其他支出"项目所含的煤炭开采环境补偿,包括地面塌陷补偿费、造林费等)。

(2)未来可使用这些自然资源的人们的净利益损失 MUC(也适用于不以永久持续利用为目的所进行的可再生自然资源的开发利用),其中对不可再生自然资源而言,MUC 主要指自然资源数量方面的损失,对可再生自然资源既有数量方面的损失又有质量方面的损失,而对循环性自然资源则主要指自然资源质量下降损失。

(3)目前或者将来对他人造成的损失 MEC_2,即所谓的外部成本,包括未内部化环境成本(如对地表水资源而言,MEC_2 包括新增加工业、生活污水的处理费用;新增的水源地保护和水质费用;新增过量使用或新增排污导致的水环境价值的损失费用等)。即:

$$P = MOC = MPC(含\ MEC_1) + MUC + MEC_2$$

其中 P 表示自然资源价格。

(三)适用性原则

实现自然资源—经济一体化核算的最终目的,是将自然资源核算同整个国民财富增长变化核算以及国民经济运行中投入、产出使用的核算系统全面地联系起来,准确反映出自然资源在整个国民经济活动中所起的作用及其具有的影响力。然而,就目前绝大多数国家特别是广大发展中国家现有统计及核算体系而言,这一目标不可能一蹴而就,因此需要我们先从一些能反映自然资源与国民经济本质联系的方面入手。同时,研究自然资源核算及其与经济核算相关联问题,特别是进行有关连接账户设计,不可能也没有必要立即涉及自然资源系统的所有方面,而可以首先着眼于某些关键适用性部分(如与经济活动有关的部分)。正是在这一思想指导下,我们展开有关账户体系设计及其相关分析的。

三、"主体—连接—卫星"账户

所谓"主体—连接—卫星"账户体系模式构架,是基于对构建持续发展目标导向下经济—社会—科技—环境宏观整体化核算体系的思考及SEEA中分设核心账户体系与卫星账户体系,并规范其间关系的思路提出的;它是一种体现不同专业核算相互联系,具有整体核算功能的协调模式(见图9-1)。

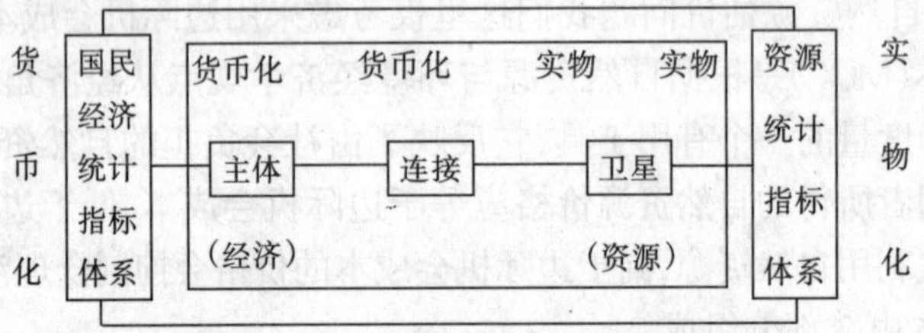

图9-1　三位一体账户体系模式构架

其中各专业核算自成一体,并按各自领域的要求和特征(尤其是各领域现有统计指标体系特征)建立完善。各专业核算之间则通过适当媒体设计实现某种联系和协调。所不同的是这里各专业账户间联系的媒体是通过一套独立的账户体系——连接账户体系实现的,而且不强求以货币共同度量为基础。

具体地说,主体账户体系即国民经济账户体系(SNA)是以消费、积累、国外及资产负债账户五大合并账户为核心的。作为一个有特定描述客体(经济)和既定功能目标并且相对独立完整的体系体账户体系在概念结构上具有完全一致性,同时又与现有国民经济数据有良好的协调性。这里,严格的复式登录方式及核算指标内容全货币化则是主体账户的两大特点。

相对于主体账户体系,卫星账户体系指除经济之外其他专业(如社会、科技、自然资源等)领域核算账户体系,在此特指自然资源领域核算体系。从功能上讲,卫星账户体系具有自身特定的描述客体和既定的功能目标;同样,作为一相对独立的体系,其在概念结构上也具有自身一致性,但是为了与现行自然资源统计数据(实物量)保持良好的协调性,卫星(自然资源)账户的核算指标内容以非货币化的实物指标数据为主,这是卫星(自然资源)账户的一个显著特征;另外,全部账户不一定成为一个封闭体系,即不一定都采用严格的复式登录方式,特别对自然资源核算体系而言,描述存量流量变动的实物型核算方式,则又是其一显著特征。

连接账户的提出则是基于SNA账户体系中完全连接性的考虑而提出的。连接账户体系作为衔接主体与卫星两大账户体系的中间媒体，其本身并不刻意追求独立描述功能，它的目的主要在于衔接各专业核算账户体系，为全方位宏观考察和评价提供可能、创造条件；在概念结构上，连接账户与所连接的两端保持逻辑对应关系并分别与它们相协调，其指标在同主体账户连接的一边要求货币化，而在同其他专业账户连接的另一边却不一定要求，特别是在与主要以实物数据为基础的自然资源核算账户连接时，非货币化的特征则尤为显著。另外，由于每个连接账户中所包含项目与其两端专业核算账户体系中的账表项目或指标项目相互对应衔接，所以可以说连接账户采用的是一种复式登录方法。这里我们称其为广义复式登录方法，以示同经济账户的严格复式登录方式相区别。与 SNA 中完全连接性相比，这里所谓的连接只是一种广义上的连接(它并非本体账户体系间，而是同其他账户体系间，如 SNA、自然资源账户的连接)。同时，它并不一定要求完全性，也可是非完全性的，即可是若干“关键”的连接。

四、连接账户

在上述自然资源—经济一体化核算“主体—连接—卫星”账户体系中，当主体账户形式(货币化)及卫星账户体系核算形式(非货币化/实物)业已确定的情况下，连接账户的设置就显得非常重要，可以说它是整个账户体系的最关键的一部分，因此本节对于账户核算主要集中在连接账户的有关说明上。而连接账户，反过来又依赖于与其所连接的专业账户(主体、卫星)的设置具体内容。就国民经济核算体系而言，账户间完全连接性及数据余全货币化是其两大特征；而就自然资源核算体系而言，在现有自然资源统计指数体系背景下，账户间非完全连接及数据非货币化则更为突出。

连接账户直接对应于卫星(自然资源)实物存量流量账户，其连接指标可由反映自然资源经济使用的存量变动量实物指标表征。下面着重对连接账户同主体(经济)账户间的连接及其连接指标作进一步说明。

我们知道，经济同自然资源联系的核心部分是通过经济活动，尤其是生产活动来实现的，具体表现为经济活动对资源现有状况的影响以及反过来经济活动受变化了的资源状况的影响。

由此，我们围绕经济活动，从生产活动入手，集中考虑以下三方面：①为生产活动而开采和使用的实物(自然)资源；②因生产活动导致实物(自然)资源耗减少；③因生产活动导致环境自然资源服务质量下降。

对于生产活动中已开采和使用的实物自然资源，其被使用量的直接价值可视为生产投入要素成本，以煤炭(坑口原煤)为例，具体计算其使用量的直接价值时，可通过四步完成。

(1)根据矿采边际品位、平均品位、规模大小、开采技术条件、交通运输条件等因素划分相应的等级。

(2)采用系数法加以简化而确定劣等自然资源条件具体标准。

(3)在(1)(2)的基础上分别用各地的实际平均成本乘以等级修正系数得出 MPC(含可内部化环境成本 MEC_1)。

(4)通过 MPC 确定煤炭使用量的直接价值量。这部分显然应同经济核算体系中生产账户相对应。

由生产活动导致自然资源耗减,可被看成(自然)固定资本消耗;对不可再生自然资源,这一损耗是永久不能恢复的,而对可再生自然资源,如无乱砍滥采则是可恢复的,此时可以人工自然补偿费评估折旧,如是过度开采,则这一部分也是无法恢复的,其价值量可通过 MUC 给出。同时作为一种固定资本损耗,自然资源耗竭在这里对应于同资本形成即投资账户。

环境自然资源服务作为一种无形资产,其质量下降应同作为有形资产损失的实物自然资源耗损一起反映于资产负债账户中。另外计量环境质量下降的经济成本,一般是以环境质量恢复到某些标准水平所需的费用来代表,并根据环境质量下降的原因区分为由人类经济活动导致的环境质量下降和非经济力量及自然变化本身导致的环境质量的下降,显然,对于前者其价值量可以通过各自然资源使用 MEC_2 确定。

另外,依据我国新国民经济核算体系,作为核心账户体系的循环账户体系是由国民经济账户、机构部门账户及经济循环矩阵三大部分构成。其中为了适用于不同的研究目的,在部门层次又对国民经济活动主体进行了两种不同类型的分类,一种是机构部门分类,一种是产业部门分类,如图 9-2 所示。

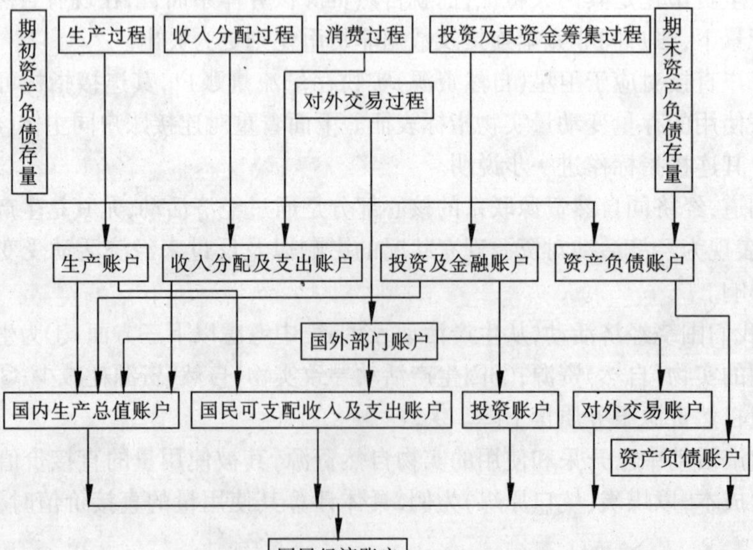

图 9-2 账户体系图

图中最下层账户是国民经济账户,它包括国内生产总值账户、国民可支配收入和支出账户、投资账户、对外交易账户和资产负债账户。国民生产总值账户是围绕国内生产总值这一总量指标设置的。它综合反映国内生产总值的3种表现形态或3种设计方法,它是由生产账户、收入分配及支出账户、投资及金融账户和国外部门账户中的有关指标汇总而得。

国民可支配收入及支出账户,反映整个国民经济的收入初次分配、再分配和由此而形成的国民可支配收入在最终消费支出与储蓄之间的分配及代表这些分配结果的总量指标间的相互关系。它亦是由生产账户、收入分配及支出账户、投资及金融账户和国外部门账户中的有关指标汇总而成的。投资账户反映整个国民经济各种形式的投资及相应的资金来源。它是由国内机构部门投资及金融中的投资汇总而成的。对外交易账户反映所有常驻机构单位同非常驻机构单位之间的经常性交易和资本交易,它是国外部门账户的一种简略形式。资产负债账户是反映整个国民经济的期初期末资产负债存量,它是国内机构部门的资产负债账户汇总而成的。

图中间一层则是部门账户,包括机构部门账户(与机构部门分类相对应)及产业部门账户(与产业部门分类相对应)。其中生产账户(含机构部门生产账户和产业部门生产账户)同图形中的收入分配及支出账户,投资及金融账户和资产负债账户构成国内机构部门账户。而国内机构部门账户同图形中的国外部门账户一起构成机构部门账户。各产业部门生产账户结合在一起,构成产业部门综合账户。所谓生产循环矩阵则是上述账户核算内容按矩阵形式排列而成。显然循环账户体系中,部门账户直接反映具体经济活动效果,而作为用以反映国民经济运行整体效果的国民经济账户,实质上是对部门账户(包括机构部门账户及产业部门账户)进行汇总的结果。

概括地说,国民经济账户与机构部门账户间的关系包括国内生产总值账户与机构部门相关账户汇总间的关系,国民可支配收入和支出账户与机构部门相关账户汇总间的关系、投资账户与机构部门投资账户汇总间的关系、对外交易账户与机构部门国外账户汇总间的关系和资产负债账户与机构部门资产负债账户汇总间的关系;而与产业部门账户之间的关系则表现为国民生产总值账户与产业部门生产账户汇总(综合账户)间的关系。鉴于前文所述有关连接账户设计的指导思想,我们认为从部门层次入手有较大分析优势,其一,可直接反映出经济活动同具体自然资源相互影响关系,为部门层次相关政策制定提供可靠的依据;其二,可以以此为基础通过合并有关账户,得到自然资源—经济总体影响关系,进一步为整个宏观自然资源—经济一体化管理提供决策支持。因此,就与经济SNA主体账户连接层次上,我们这里选择部门层次为基点。

综上所述,连接账户与经济连接的指标可以MOC三部分表征,整个连接账户由3个独立账户构成,即连接账户(1)、(2)、(3),其左边指标完全货币化且分别对应于主体账户体系中生产、投资、资产负债账户,其右边指标,如前所述均为非货币化类型指标且均对应于自然资源存量流量账户(实物)(见图9-3)。

另一方面,经济循环国民经济账户中,国内生产总值账户不仅可表示为国内机构部门生产账户的合并账户,而且也可表现为部门综合账户间的关系,即国内生产总值账户左端各项指标与产业部门综合账户中相同指标的合计额对应相等。因此,就 MOC 三部分而言,相应 MUC 及 MEC 的两个连接账户应分别与主体经济账户 SNA 中,国内机构部门账户体系中非金融部门投资和资产负债账户相对应,而相应 MPC 的连接账户则既对应于机构部门非金融部门生产账户,也直接对应于产业部门生产账户。具体来说见图 9-4。

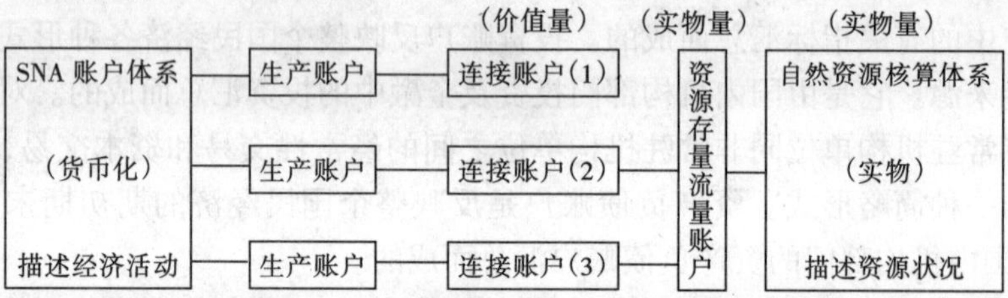

图 9-3　SNA 账户与自然资源核算体系的关系图

生产账户

固定资产折旧 劳动者报酬 生产税净额 营业盈余	产出 中间投入(—)
增加值	增加值

连接账户(Ⅰ)

MPC (含内部化 MEC_1)	期内存量 变动净值 (经济使用)
投入	来源

资本形成(投资)账户

固定资产形成 库存增量 其他非金属 资产购买 净值 资金余缺	储蓄 固定资产 折旧 资本转移支出 自然资本转移 支出(—)
投资	来源

连接账户(Ⅱ)

MUC	期内存量 变动净值 (经济使用)
投入	来源

资产负债账户

非金融资产 金融资产	负债 . 应补偿(自然)资产 资产负债差额
资产	负债及资产负债差

连接账户(Ⅲ)

MUC MEC_2	期内存量 变动净值 (经济使用)
投入	来源

图 9-4　连接账户体系表(1)

资源账户(实物)	
期内存量 　期内增加 　探明储量 　人工恢复 　期内减少 　经济使用 　　生产 　　生活 　其他损失 期末存量	矿产森林

图 9-4　连接账户体系表(2)

连接账户(I)左边由 MPC(含 MEC_1)表征的货币化指标构成,它同主体经济账户中部门(国内机构部门(非金融企业部门)及产业部门)生产账户按生产价计量的产值对应,右边为实物量指标——资源期内存量变动(经济或更具体说生产使用部分),它同资源核算账户同类指标相对应。

连接账户(II)左边由 MUC 表征的货币化指标构成与经济账户中国内机构部门非金融企业部门资本形成(投资)账户(严格地说是考虑了自然资本(产)的调整账户形式)中的自然资本转移支出相对应,右边同样为实物量指标,同资源存量流量账户相对应。

连接账户(III)右边为由 MUC 及 MEC_2 表征的货币化指标构成,它同主体(经济)账户体系国内机构部门非金融资产负债账户(同样是考虑了自然资产的调整账户形式)中应补偿自然资产相对应,右边同上述账户(I)及(II)一样对应于资源存量流量账户。

第五节　资源—经济投入产出核算

自 20 世纪 30 年代,列昂惕夫(W. Leortief)首次提出投入产出表,投入产出分析已发展成当代经济学理论与实践的一个重要的分析工具。最初投入产出表与国民经济核算制度是相互独立的,随着投入产出技术的发展和国民经济核算的完善,投入产出表逐步被纳入国民经济核算体系,形成当代国民经济核算体系的一个独特组成部分——投入产出核算。投入产出核算的引入,完善了国民经济核算体系,扩充了国民经济核算体系的功能,丰富了国民经济核算体系的内容,它使国民经济核算体系的诸核算间建立了联系,已成为国民经济核算体系的重要支柱。

一、自然资源—经济投入产出表式

投入产出分析作为对具有复杂联系的经济现象进行数量分析的一种有效方法,它研究的是国民经济中各种经济活动相互间投入与产出的关系,相应构成其分析基础的投入产出表就是根据国民经济中各种经济活动投入产出之间相互依存关系——投入产出关系编制而成的一种数据核算分析表式。这里“投入”的含义是指经济活动过程中各种生产要素的消耗，包括各部门在生产活动中所消耗的各种物质产品（如原材料、辅助材料、燃料及动力）和劳务，以及各部门生产过程中所消耗的固定资产（固定资产折旧）和消耗的劳动（包括劳动报酬、福利基金、利润、税金及其他）；“产出”则是指各部门产品或劳物分配使用去向。其中“部门”按其所提供相应产品、劳务种类划分（参见各国所编制的投入产出表）。从本质上讲可以说投入产出是瓦尔拉“一般相互依存（general inter-depengdent）这一古典经济理论的具体延伸”，是“用新古典学派的一般均衡理论对各种错综复杂的经济活动之间在数量上相互以来关系进行经验研究”。

二、投入产出理论的发展

显然，同许多经济理论（传统）一样，传统投入产出理论及其基本核算表式设计均是建立在经济系统分析基础之上，对于经济活动有密切相关的（自然）资源/环境系统并未加以考虑。其投入产出仅考虑了经济活动所造成的资源/环境损耗以及由此而引发的资源/环境保护活动等经济活动社会性一面。

事实上，由于经济外部性的存在，现实中经济活动同自然资源/环境之间存在着相互影响，相互作用的负反馈机制。任何一项经济活动的成本代价，不仅包括对各种生产要素的消耗，而且也应包括由于其外部不经济而对自然所造成的代价。森林的砍伐通常会对周围生态环境产生一定影响，使涵养水源、保护土地、调节气候、制造氧气等功能部分或全部消失；煤炭资源的开采、加工、使用会引起地表塌陷及矸石、废水、空气污染等等。如果同样将资源（自然资源）按其作用分为实物资源和环境资源两大类，那么由经济活动带来的这种资源环境代价（损耗）也可划归为两大类：一类是由于经济活动对资源的过度开发使用而造成的生态破坏，主要指实物资源在量上暂时或永久地耗尽，为某种矿产的消失；另一类是由于经济活动中所产生的污染均向外界排放而造成的生态破坏，这里主要指环境资源的削减（性质恶化），即环境服务质量下降，如大气臭氧层的破坏。

同时，针对经济活动同外在资源/环境存在着的这种负反馈机制，当经济活动对自然造成负面影响而反过来这种影响又作用于经济活动本身时，为了保持整个经济的正常运行，人们逐渐意识并主动开展了保护环境活动。这类活动按目的的不同亦可大致分为两类。其一，环境保护（污染治理），通过污染治理（如废水、废气净化，废渣治理等），以达到消除污染物、净化环境、保持高效的环境服务质量；其二，资源恢复（资源再生产）、通过对消耗资源的恢复（再生产，如矿产资源普查与勘探、土壤改良、耕地的恢复、采种育林、育草、水产育苗、海洋调查与勘探等），使自然资源（实物）不断更新、积累。这样，围绕资源/环境问题研究的核心——资源/环境状况平衡问题可以概括如表 9-9。

这种情况下，作为国民经济宏观分析工具的传统投入产出理论及作为其分析基础的投入产出表均显示出不完备性。因此，资源的投入产出关系表是应该建立在考虑了经济外部性的基础上的。

表 9-9 资源环境状况平衡表

资源环境状况	与资源环境有关的人类活动	对环境资源的影响	资源环境状况
平衡	破坏(过度使用/污染)	导致失衡	失衡
	保护(预防措施)	预防失衡	平衡
失衡	治理(资源恢复/污染治理)	恢复平衡	
	破坏(过度使用/污染)	导致平衡	失衡

三、投入产出表

投入产出表如表 9-10 所示。不难看出这是一实物扩展型投入产出表,即考虑了各部门附加值的实物型投入产出表,从表的纵向来看,“投入”由 3 部分构成:其一,新增实物资源投入(资源量消耗)部分,这部分按资源种类划分为若干类(如各种矿产、森林等),以经济活动过程中各种资源实物消耗(使用)量表征;其二,传统(生产)投入(消耗)部分,这部分依旧沿用传统投入产出表中投入部分,由部分中间产品消耗和最初生产要素投入(固定资产折旧工资、税金等)部分构成;其三,所增环境资源投入(资源质的损耗(消耗)部分,这部分按污染物种类划分为若干类(如大气污染 CO_2、SO_2 等)),以经济活动过程中污染物排放量表征。从表的横向来看,“部门”由传统单一生产部门一类扩展到同时包含资源恢复(在生产)部门,生产部门以及污染治理部门三类,其中污染恢复部门按相应被恢复资源种类分类,每一部门仅对应一种资源;污染治理部门按相应被治理污染物类别分类,每一部门同样仅对应一种污染物;生产部门则依旧按传统表中分类法分类。相应,最终产出及总产出亦由三大类组成,其中第一类(对应资源消耗(使用))及第三类(对应污染排放)分别以最终产品的领域资源消耗(使用)量及整个经济活动过程中污染物排放表征,而第二类部门则依旧,同传统投入产出表。

表 9-10 加入资源/环境状况平衡的投入产出表

产 出 投 入	资源恢复	生产部门	废物治理	最终产品	总产出
资源使用					
生产部门					
废物排放					
新创价值					
总 投 入					

复习思考题

1. 我国的资源核算理论来源是什么?
2. 我国进行资源核算的方法有哪些?
3. 为什么要强调国民经济核算体系中的资源核算问题?

参考文献

1 李金昌,等编著.资源经济新论.重庆:重庆大学出版社,1995
2 周凤起,等主编.中国中长期能源规划.北京:中国计划出版社,1999
3 曾培炎主编.中国新能源与可持续发展.北京:中国计划出版社,1999
4 邱大雄主编.能源规划与系统分析.北京:清华大学出版社,1995
5 中华人民共和国国家计划委员会交通能源司.中国能源.北京:中国物价出版社,1997
6 孟淑敏主编.再生资源学.北京:中国物资出版社,1991
7 李书正主编.企业物资消耗标准化.北京:中国标准出版社,1995
8 金岚主编.环境生态学.北京:高等教育出版社,1998
9 孙启宏,等译.生命周期管理和贸易.北京:中国环境科学出版社,1996
10 杨秀苔,等.资源经济学:资源最优配置的经济分析.重庆:重庆大学出版社,1993
11 刘伟著.资源配置与经济体制改革.北京:中国财政经济出版社,1989
12 汤兵勇,等著.环境系统工程方法.北京:中国环境科学出版社,1990
13 宗寒著.资源经济.北京:人民出版社,1994
14 孟淑敏主编.再生资源学.北京:中国物资出版社,1991
15 刘文,等著.资源价格.北京:商务印书馆,1996
16 王金南,等著.环境经济学.北京:清华大学出版社,1994
17 程福祜著.环境经济学.北京:高等教育出版社,1993
18 厉以宁,等主编.环境经济学.北京:中国计划出版社,1995
19 中国环境与发展国际合作委员会编.中国自然资源定价研究.北京:中国环境科学出版社,1997
20 朱启贵著.可持续发展评论.上海:上海财经大学出版社,1999
21 钱阔,陈邵志著.自然资源资产化管理.北京:经济管理出版社,1996
22 北京市统计局.北京统计年鉴(1998).北京:中国统计出版社,1998
23 国家技术监督局.国民经济行业分类与代码(中华人民共和国国家标准).1994
24 中华人民共和国固体废物污染环境防治法.北京:法律出版社,1995
25 联邦德国环境保护局编.生活垃圾特性分析指南.甄金环译.北京:中国环境科学出版社,1990
26 中国统计年鉴.北京:中国统计出版社,1999:893
27 王莉.物流学导论.北京:中国铁道出版社,1995
28 中国环境年鉴.北京:中国环境科学出版社,1996:528
29 中国环境保护"九五"计划.北京:中国环境出版社,1996:11

30 李章大.我国尾矿利用现状及21世纪展望.1996
31 葛振华.我国二次资源综合利用现状与对策.北京,1998
32 张坤民.可持续发展.北京:中国环境科学出版社,1997
33 李振.物流学.北京:中国铁道出版社,1996
34 李书正.物资消耗标准化.北京:中国标准出版社,1995
35 袁正兵.垃圾围城.科学时报,1999(11)
36 施阳.北京市垃圾问题的现状及对策.北京:环境科学出版社,1998
37 汝宜红,田中勝,古市徹,小泉明.都市清扫.地域特性と廃棄物発生構造との関連分析,1996
38 臧文超.我国城市生活垃圾现状与管理问题.环境保护,1998(9)
39 周岳薇.北京市固体废弃物资源化的现状及对策.环境保护,1998(9)
40 汝宜红.我国铁路客车垃圾发生特性分析及治理对策研究.铁道学报,1999(6)
41 中华人民共和国建设部.城市垃圾发生源分类及垃圾排放(中华人民共和国城镇行业建设标准).1996
42 中华人民共和国建设部.城市生活垃圾采样和物理分析方法(中华人民共和国城镇建设行业标准).1995
43 任福民,汝宜红,吕伟.旅客列车垃圾中重金属元素含量调查及防治对策.北方交通大学学报,1999(3)
44 中国标准出版社第二编辑室.环境质量与污染物排放国家标准汇编.北京:中国标准出版社,1997
45 兰嗣国,等.城市生活垃圾理化特性研究.中国环境监测,1997(11)
46 麦启洲,等.城市生活垃圾热值的测定和计算.广州环境科学,1994(12)
47 汝宜红,姚家奕,任福民.特大城市铁路客运固体废物发生源治理对策.第五届全国青年管理科学与系统科学学术研讨会,1999(6)
48 汝宜红,姚家奕,徐杰,黄波.旅客列车垃圾投放量空间特性分析.北方交通大学学报,1999(6)
49 汝宜红,徐杰.客车固体废弃物的管理现状及铁路部门的对策.铁道物资科学管理,1997(3)
50 汝宜红,姚家奕,徐杰,渡辺征夫、田中勝,中国における鐵道客车ごみの排出特性分析及びその低减化对策,环境技術,2000(1)
51 Young, H. Providence. air allocation. R.I. Amer c1985
52 Dennison. RCRA regulatory compliance guide. Park Ridge, N.J., U.S. c1993
53 Norton. Resource and environmental management Mitchell, Essex : Longman, 1997
54 Kneese. Managing water quality: economics, A Washington D.C. : Reso c1984
55 Loannis Agapitidis, loannis Frantzis, A possible strategy for municipal solid waste

management in Greece, Waste Manager & Research, 1998(3)

56 J. C. Agunwamba, O. K. Ukpai, I. C. Onyebunyi. Solid waste management in Onitsha. Nigeria, Waste Manager & Research, 1998(3)

57 Pingsun, Changshan Lin. Classified and representative method - a useful way to select variables in ecology. Ecological Modeling, 1991